南沙大桥工程建设系列丛书

建设项目管理

广东省公路建设有限公司
广东省公路建设有限公司虎门二桥分公司 编著

人民交通出版社股份有限公司
北京

内 容 提 要

“南沙大桥工程建设系列丛书”本着“以问题为导向”的特色,原汁原味地反映了建设进程中实际遇到的关键难题,在突破关键难题的同时,展现了新的技术水平,总结了新的管理经验。本册主要从业主管理角度介绍了南沙大桥项目的建设历程与管理经验,内容包括工程战略、工程理念、工程组织、工程控制、工程成果等方面,旨在总结南沙大桥项目在高品质工程建设过程中所取得的管理经验,从而为其他桥梁工程建设管理提供借鉴。

本书适用于工程建设、监理、施工等参建单位的相关从业人员阅读,也可供各院校道路桥梁、建筑工程及工程管理等专业的师生参考。

图书在版编目(CIP)数据

建设项目管理 / 广东省公路建设有限公司, 广东省公路建设有限公司虎门二桥分公司编著. — 北京 : 人民交通出版社股份有限公司, 2023.8

(南沙大桥工程建设系列丛书)

ISBN 978-7-114-18894-7

Ⅰ.①建… Ⅱ.①广…②广… Ⅲ.①跨海峡桥—桥梁工程—工程项目管理 Ⅳ.①U448.14

中国国家版本馆 CIP 数据核字(2023)第 135040 号

南沙大桥工程建设系列丛书
Jianshe Xiangmu Guanli

书　　名: **建设项目管理**
著 作 者: 广东省公路建设有限公司
广东省公路建设有限公司虎门二桥分公司
责任编辑: 郭晓旭
责任校对: 孙国靖　刘　璇
责任印制: 张　凯
出版发行: 人民交通出版社股份有限公司
地　　址: (100011)北京市朝阳区安定门外外馆斜街 3 号
网　　址: http://www.ccpcl.com.cn
销售电话: (010)59757973
总 经 销: 人民交通出版社股份有限公司发行部
经　　销: 各地新华书店
印　　刷: 北京武英文博科技有限公司
开　　本: 787×1092　1/16
印　　张: 14.5
字　　数: 334 千
版　　次: 2023 年 8 月　第 1 版
印　　次: 2023 年 8 月　第 1 次印刷
书　　号: ISBN 978-7-114-18894-7
定　　价: 88.00 元

“南沙大桥工程建设系列丛书”顾问委员会

“南沙大桥工程建设系列丛书”编审委员会

本书编审组

主　　编	崖　岗					
副 主 编	周旭东	李彦兵	谢琳琳	朱　超		
编写人员	第 1 篇	崖　岗	张太科	鲜　荣	梅　刚	万志勇
	第 2 篇	代希华	周旭东	朱　鹏	张秉银	菜依花
	第 3 篇	李彦兵	韩冬冬	古建宏	朱治宝	杨奉举
		邹　庆				
	第 4 篇	姚志安	钟　献	王钦堂	车卓君	许兆斌
		马增琦				
	第 5 篇	张鑫敏	丁东平	李金晖	凌思威	赖嘉华

总　　序

2019 年 4 月，南沙大桥(原名虎门二桥)建成通车，成为珠江口东西两岸又一新的“黄金通道”。南沙大桥位于珠江三角洲核心区域，连接珠江口两岸的广州南沙和东莞，是粤港澳大湾区快速交通网络的重要节点，是纳入《粤港澳大湾区发展规划纲要》的重大交通设施项目。

南沙大桥工程全长 12.9km，八车道高速公路标准，包括主跨 1200m 的大沙水道桥和主跨 1688m 的坭洲水道桥等两座特大跨径钢箱梁悬索桥，是世界上少有的同期建成两座主跨千米以上特大型悬索桥的集群工程。

南沙大桥是全体建设者以虎门大桥“艰苦探索、自主建设”的精神为榜样，历经十年规划、研究、设计、施工等，以“安全耐久、和谐美观、环保节约、科学创新”为目标，以“平安百年品质工程”为理念取得的特大型桥梁建设又一新进步、新成果，进一步推动了我国由桥梁大国向桥梁强国迈进的新征程。

大桥建设中，针对珠江口的环境条件和大跨径悬索桥特点，开展了超大跨径悬索桥抗风、合理结构体系与关键装置、正交异性钢桥面板构造细节与疲劳性能、一体化除湿系统及可更换成品索预应力锚固系统等专项研究，为大桥工程设计提供有力支撑。此外，在国内率先开展了 1960MPa 高性能桥梁缆索关键技术及产业化研究，攻克了大跨径缆索桥梁关键材料核心技术等“卡脖子”难题，实现了全产业链国产化批量生产和规模化应用，形成了具有自主知识产权的高性能桥梁缆索全产业链产品性能和质量标准体系，推动我国桥梁缆索制造业进入国际领先水平。

大桥建设中，针对通航安全保障、防御台风措施、特殊梁段安装、线形控制、合龙与体系转换等方面的安全风险和技术难题，深入开展施工方案研究，发展了先导索无人机牵引、基于物联网的索股架设控制、浅滩区钢箱梁连续荡移安装及活动托架法、临时索前吊后支法安装无索梁段等工法，保障了安全、提高了质量、提升了工效。在大型索鞍、超宽钢箱梁制造中，采用机器人自动焊接、三维激光跟踪测量、超声相控阵焊缝检测评定等新技术，实现了我国桥梁钢箱梁制造技术、装备的升级换代。

大桥建设中，针对重交通、高温、多雨等严苛的运营条件，开展了热拌环氧沥青混凝土的性能评价与材料设计，钢桥面铺装精细化施工的组织、管理、装备、工艺等一系列创新，保障了 13 万 m^2 的钢桥面铺装高水平实施，推动了我国特大型桥梁钢桥面热拌环氧沥青铺装技术的新进步。

大桥建设中,始终贯彻“精品建造、精细管理”的现代工程管理理念,创立了“方案审查、首件验收、过程检查、技术总结”的管理“四步法”;全面推行“工序流程卡”和“专控工序”制度;践行了“高标准,细程序,严监控”的标准化、程序化与精细化管理,为打造公路行业“品质工程”积累了宝贵经验;在公路行业率先开展了特大型桥梁工程BIM(建筑信息模型)+技术研究,探索了基于“BIM+”的建养一体化管理平台建设,带动了公路行业BIM+技术的广泛应用,推动了我国桥梁全寿命周期信息化管理迈上新台阶。

“南沙大桥工程建设系列丛书”再现了大桥建设的全过程,展现了大桥设计、施工、科研、管理等各方面的技术成果,是全体建设者十年心血和汗水的结晶。希望本书能为桥梁建设者提供有益的借鉴,也为我国特大型桥梁建设历史留下一笔宝贵的财富。

2021年7月

前　言

南沙大桥(原名虎门二桥)是粤港澳大湾区核心区域东西向跨珠江的第二条公路通道。南沙大桥的成功修建,极大程度上缓解了虎门大桥的交通压力,对于助力粤港澳大湾区成为更具活力的经济区、宜居宜业宜游的优质生活圈和内地与港澳深度合作的示范区,助力打造国际一流湾区和世界级城市群具有深远意义。

大型复杂工程的建设受到土地、规划、环保、航运、水利、金融、文化、环境、政治等多要素的制约和影响。工程的建设具有投资规模大、周期长,技术复杂、风险大的特点,项目的建设期需要达成安全、质量、工期、投资控制等多方面的综合目标,实施难度大。南沙大桥地处珠三角经济发达地区,各种制约因素的影响更为突出。独特的地理和经济环境使大桥具有了超大的规模、超长的主桥跨径、复杂的技术设计、紧迫的建设工期和大量的安全风险。同时,作为粤港澳大湾区核心区标志性建筑,在加快建设交通强国这一新时代背景下,建设者还承担着推动"桥梁强国"建设的使命,追求工程品质必然成为项目建设的重要目标。这些因素构成了对建设者的重大挑战,又是时代所赋予的推进工程建设高质量发展的重要使命。

项目业主广东省公路建设有限公司虎门二桥分公司在项目筹建伊始即以"安全耐久、和谐美观、环保节约、科学创新"为目标,提出并践行业主主导的专业化管理、全寿命周期管理、质量"零缺陷"、安全"治未病"等理念。在建设过程中创新管理方法,通过推行"四步法""工序流程卡""主动管控流程""专控工序"和建立信息化系统等措施,使程序化管理落到实处;通过系统的制度建设、组织建设和工程文化建设,保障了各项工程控制措施卓有成效;立足于工程需求开展科技创新,保障了工程的安全耐久;大力推动各类微创新,实现"机器代人、工具助人",有力地促进了工程品质的提升,同时也提高了施工效率。

经过十年的艰苦努力,建设者克服了征地拆迁、极端气候和异常地质等诸多困难,胜利提前完工,使南沙大桥成为党中央、国务院《粤港澳大湾区发展规划纲要》颁布以来首个投入使用的重点交通工程。工程质量优良,施工全过程安全平稳,获得了2019年度公路水运建设"平安工程"冠名,工程造价控制实现了"超级工程不超概"的目标。

本书重点从业主管理的角度真实而具体地记载了南沙大桥在建设工程管理领域的实践经验,详细介绍了项目的基本情况及战略定位,阐述了项目建设过程中特有的工程理念及其实践过程与效果，重点介绍了工程组织、制度体系与工程控制措施，对工程成果与创新进行了汇总与介绍。书中介绍的整个管理实践活动清晰地呈现出大桥从工程战略、工程理念、工程控制到工程成果这样一条完整的脉络。正是这一科学、严谨的脉络，使整个南沙大桥工程实践活动条理清楚、衔接紧密、协调高效，充分表现出理论思维与管理分析对于工程实践建设产生的重大指导意义。

当前，我国社会经济正全面转向高质量发展的新阶段，在工程建设领域，工程技术、管理机制和管理理论都在由粗放式向精细化、科学化方向转型。南沙大桥项目建设就是在当前国内建设市场的发展水平和现实条件下的一次颇有价值的探索。其项目管理的成果，为我国重大工程项目建设管理迈向更高的水平提供了有益经验。

南沙大桥项目的建设，受到了交通运输部、广东省交通运输厅和广东省交通集团有限公司的高度重视和大力支持，得到了广州市、东莞市地方政府和有关部门的全力帮助。在工程建设过程中和本书编写过程中，有关专家在工程管理方面提出了宝贵的建议，在此表示衷心感谢！限于编者水平，本书难免存在一些纰漏和不当之处，敬请读者批评指正，不胜感激！

编　者

2022 年 10 月

目　　录

第1篇　工程战略

第2篇　工程理念

第3篇 工程组织

第4篇 工程控制

第1篇

工程战略

国家重大工程项目历来承载着重要的历史使命，服务于国家发展是工程项目建设的根本动力。粤港澳大湾区经济发展催生的南沙大桥，对于助力打造国际一流湾区和世界级城市群具有重要的发展意义。南沙大桥作为广东省高速公路网规划中连接广州和东莞的重要通道，是广东省重点建设的一项超级工程、民生工程。工程的建设，一方面要打通珠江东西向过江交通瓶颈，促进经济进一步发展；另一方面，要实现和谐发展和高质量发展，做到投资、环保、资源利用、安全运维等诸方面的协调，并为实现"桥梁强国"，助力"交通强国"建设作出重要贡献。南沙大桥的工程战略规划和实施就是基于这样的背景展开，从项目规划、预可行性研究、省内预审、行业审查到项目核准历经10年，大量的专题研究和专家论证，几经反复，确定了线位、标准、规模、总体方案，通车后运营情况证明了工程战略规划决策的科学性、前瞻性。

第1章　南沙大桥科学规划

南沙大桥(原名虎门二桥)项目起于广州南沙,跨越珠江水道,止于东莞沙田,全长12.891km,采用双向八车道高速公路标准,设计速度为100km/h,投资111.8亿元。项目建成后更名为"南沙大桥",成为继虎门大桥后珠江口第二条东西向跨江公路通道。

1.1　粤港澳大湾区的大动脉——南沙大桥

粤港澳大湾区是继东京湾区、纽约湾区和旧金山湾区之后发展起来的新的世界级湾区,是由香港、澳门和广东省的广州、东莞等9个城市组成的城市群,是中国加大改革开放、融入全球的重要载体。广州、东莞是粤港澳大湾区的核心城市,分处珠江入海口的西岸、东岸。2017年底,广州市常住人口1450万、地区人均生产总值达2.2万美元,东莞市人口834万、地区人均生产总值达1.35万美元。交通是联系两大城市经济、社会与文化的纽带。然而,自1997年以来,虎门大桥是湾区唯一的东西向过江高速公路通道,非节假日的日均车流量最高已达14万辆,难以满足两岸交通需求。

在此背景下,为了进一步落实《珠三角地区改革发展规划纲要(2008—2020年)》,满足珠江东西两岸交通需求,完善跨江综合运输体系,缓解现有通道交通压力,在珠三角核心区域打造第二条连接珠江口东西两岸广州、东莞的东西向过江高速公路通道——南沙大桥迫在眉睫。

(1)从南沙大桥在珠三角地区服务的范围角度来看,南沙大桥可以承担番禺、佛山、肇庆及以远地区与东莞、深圳、香港、惠州及以远地区之间的跨江交通需求,以及少部分珠海、中山、江门及以远地区与东莞西北部、东莞东部、惠州北部及以远地区之间的跨江交通需求。

(2)从南沙大桥的规划线位角度看,线路与广州南二环高速公路连接,推动了广州市域快速路网的建设与完善,加快形成以广州为中心的"两小时经济生活圈",带动环路沿线地区的经济发展;直接连接东莞至广州番禺、佛山顺德,为两区域跨江车辆缩短绕行里程近15km,提高跨江交通整体运行效率。

(3)从珠三角区域路网角度看,南沙大桥直接分担虎门大桥的部分车流量,分散集中在中部水道的跨江交通量,对均衡珠江水道跨江交通量的分布起到重要作用。

为此,《广东省高速公路网规划(2004—2030年)》中规划了番禺至东莞的加密线和联络线——南沙大桥,其位于虎门大桥上游约12km处,东西分别与番莞高速公路和广州南二环高速公路相接。南沙大桥的成功修建,将有效缓解虎门大桥的交通压力,为佛山、广州、东莞这几大城市间增添一条快速通道,串联起广州南沙自贸片区、东莞滨海湾新区、深圳大空港新城等重大平台,进一步推动区域间各类创新要素的加速顺畅流动,完善了区域公路网布局和功能,有利于建设开放的现代综合交通运输体系；对于珠三角实现高质量发展、完善交通体系、打造国际一流湾区和世界级城市群意义深远。

1.2 南沙大桥工程概况与特点

南沙大桥路线起点位于广州市南沙区东涌镇，顺接国道主干线广州绕城公路南环段，同时通过东涌枢纽立交与广珠北线高速公路相接，往东跨越大沙水道（设大沙水道桥）后，进入番禺区石楼镇海鸥岛（设海鸥岛互通立交），再往东跨越坭洲水道（设坭洲水道桥）后进入东莞市沙田镇境内，终于广深沿江高速公路（设沙田枢纽立交），路线全长12.891km。图1-1为南沙大桥整体效果图。

图1-1　南沙大桥整体效果图

南沙大桥坭洲水道桥采用双跨吊悬索桥，突出悬索桥的整体性；钢箱梁覆盖江面，桥型舒展，与周围环境浑然一体。大沙水道桥与坭洲水道桥采用同样桥型，风格统一。为节约用地，大桥海鸥岛互通立交采用环形立交整体式螺旋匝道的设计方案，上下行需绕行三圈。高空俯瞰，海鸥岛互通立交桥就像一个巨大的音符，与两座超千米的跨江特大桥交相辉映。引桥连续箱梁下部结构采用板式墩，墩身设凹槽呈哑铃形，以提升墩身景观效果，如图1-2所示。

图1-2　海鸥岛互通立交

南沙大桥工程主线全线均采用桥梁方式建设，包括东涌、骝东（规划预留）、海鸥岛、沙田4处互通立交和两座特大桥。其中坭洲水道桥为658m+1688m双塔双跨钢箱梁悬索桥（图1-3），为当时世界最大跨径的钢箱梁悬索桥；大沙水道桥为1200m双塔单跨钢箱梁悬索桥（图1-4）；引桥采用30～62.5m跨径预应力混凝土桥，其中低墩区桥梁上部结构采用预制小箱梁，中、高墩区桥梁上部结构采用节段预制箱梁。南沙大桥标准断面宽度 41.0m(桥梁宽度 40.5m),全线桥梁工程布置见表 1-1。

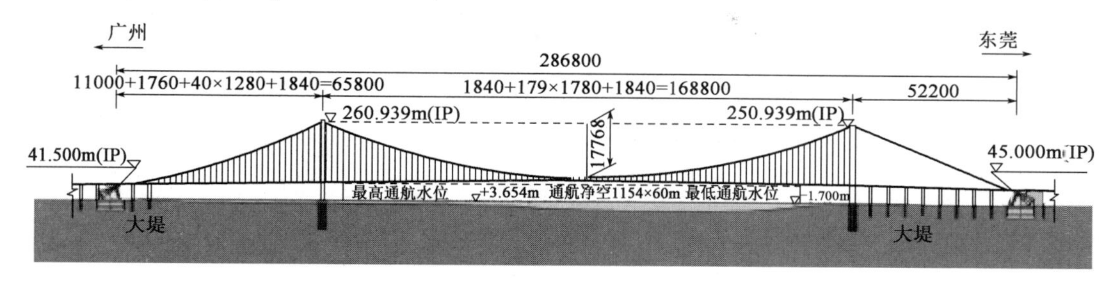

图 1-3　坭洲水道桥立面布置图(尺寸单位:cm)

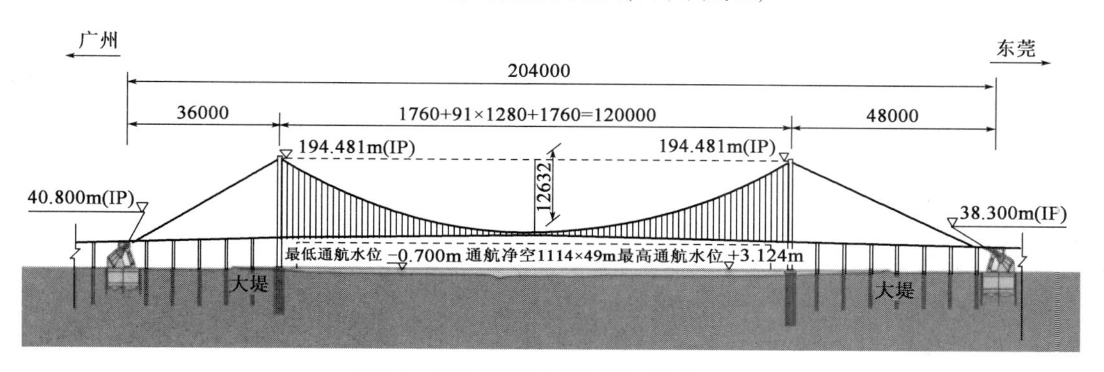

图 1-4　大沙水道桥立面图(尺寸单位:cm)

南沙大桥工程规模表　　表 1-1

序号	桥名	孔径布置(m)	桥梁全长(m)	结构形式
1	东涌蹓东复合互通主线桥	24 +2 ×50 +30 +10 ×31.5 +40 ×30 + 38 +56 +38 +2 ×35 +17 ×45	2636.0	连续箱梁
2	西引桥	49 +10 ×62.5	674.0	连续箱梁
3	大沙水道桥	1200	1200.0	悬索桥
4	中引桥	(11 ×62.5) +(7 ×45) +(54.5 +3 ×100 +54.5) + (20 ×45) +(11 ×62.5)	2999.0	连续箱梁
5	坭洲水道桥	658 +1688	2236.0	悬索桥
6	东引桥	20 ×55 +50 +19 ×45	2005.0	连续箱梁
7	沙田互通主线桥	36 +58 +36 +25 ×30 +27 +2 ×30.5 + 26 +46 +26 +26 +26 +23.1	1141.1	连续箱梁
合计			12891.1	

南沙大桥工程主要技术特点如下:

(1)世界最大跨径的钢箱梁悬索桥:坭洲水道桥主跨跨径为 1688m,在同时期钢箱梁悬索桥中跨径最大(图 1-5)。

(2)世界最宽整体式悬索桥钢箱梁:主桥双向八车道钢箱梁,全宽 49.7m,是世界上最宽的整体式悬索桥钢箱梁。

图 1-5　坭洲水道桥

(3)首创超大跨径悬索桥新型结构体系:塔梁间设置纵向静力限位-动力阻尼和横向阻尼减振装置。

(4)最高强度的国产缆索钢丝:坭洲水道桥主缆采用 1960MPa 超高强度镀锌铝平行钢丝,是世界最高强度等级并实现首次实桥应用。

(5)国内直径最大、长度最长的主缆:坭洲水道桥主缆直径 1m,缆力 50000t,缆长 3km。

(6)国内最高悬索桥塔:主塔为门式塔,高 260m(含塔座),为同时期国内最高塔。

(7)世界最大直径桥梁地下连续墙:地下连续墙外径最大 90m,壁厚 1.5m,是国内最大直径的桥梁结构地下连续墙(图 1-6)。

图 1-6　坭洲水道桥锚碇地下连续墙基础

1.3　南沙大桥战略规划决策

1.3.1　投资主体

根据广东省人民政府的规划,将莲花山大桥和罗阳高速公路项目投资建设进行打包招标。由于莲花山大桥投资成本较高、罗阳高速公路属于效益较低的山区项目等原因,项目未能吸引到社会资本。2008 年,广东省人民政府以《关于莲花山大桥(东莞厚街至番禺东涌高速公路)和阳江至云浮高速公路阳春至罗定段投资主体有关问题的复函》(粤办函〔2008〕9 号)同意将两个项目交由广东省交通集团有限公司负责投资建设经营。

广东省交通集团有限公司确定由广东省公路建设有限公司牵头负责莲花山大桥项目的建设和经营管理。

2011年12月,广东省人民政府在《关于同意调整虎门第二公路通道项目投资主体的复函》(粤办函〔2011〕767号)中同意虎门第二公路通道项目交由广东省公路建设有限公司按100%股权投资建设和经营管理。

2011年12月21日,广东省交通运输厅与广东省公路建设有限公司签订《虎门第二公路通道项目投资协议》,明确虎门第二公路通道项目由广东省公路建设有限公司独资建设和经营管理。

1.3.2　项目名称

2003年初,广东省交通厅委托广东省公路勘察规划设计院负责编制项目预可行性研究报告。项目名称暂为"莲花山大桥"。2008年8月,广东省交通厅组织召开《虎门二桥路线总体方案》评审会,并将项目名称暂定为"虎门二桥"。2013年6月,国家发展和改革委员会以《国家发改委关于广东省虎门二桥项目核准的批复》(发改基础〔2013〕1181)批复了项目。2019年4月2日,虎门二桥项目建成通车,改名"南沙大桥"。

1.3.3　项目建设规划

2008年,为迅速启动大桥项目前期工作,高质量、高标准、高起点完成项目建设任务,广东省公路建设有限公司组织建设规划研究,制定了工作大纲,明确了项目建设目标和理念、工作思路、组织机构、准备期和建设期工作目标和要点。

1.3.3.1　建设目标和理念

初步拟定了"安全耐久,和谐美观,环保节约,科学创新"的建设目标和为实现建设目标应坚持的建设理念。

(1)可持续发展的设计。坚持"六个坚持、六个树立"的公路勘察设计新理念,即坚持以人为本,树立安全至上的理念;坚持人与自然相和谐,树立尊重自然、保护环境的理念;坚持可持续发展,树立节约能源的理念;坚持质量第一,树立让公众满意的理念;坚持合理选用标准,树立设计创作的理念;坚持系统论的思想,树立全寿命周期成本的理念。

(2)设计、施工、运营维护系统化实现安全耐久。桥梁的安全与耐久性理念贯穿建设、运营全过程,保障结构的安全、耐久是基于设计、施工、运营维护整体考虑的系统工程。工程设计具有合理的安全储备、有效的耐久性措施、明确的材料与施工要求、周密的运营维护规划是安全耐久的基础,优良的工程质量、细致的运营维护则是安全耐久的保障。

(3)尊重科学、注重实效的技术创新。依托大桥项目,有针对性地开展项目建设所需的关键技术研究,以科学的态度对待先进技术的应用和创新技术的开发,在引进并充分吸收现有先进技术的基础上,结合项目本身的特点、难点,力争获得真正意义的创新成果。

(4)大力推进管理创新。认真开展项目建设精细化、信息化管理,努力创造具有中国特色的特大型基础设施建设管理的新鲜经验;强化建设队伍的素质教育,以人的素质保证工程品质,通过大桥的建设培养一批高素质的桥梁科研、工程管理人才。

(5)桥梁功能与建筑艺术结合。坚持桥梁建设与艺术美学有机结合、与自然环境和谐统一、与人文内涵完美融合的理念。大桥建设不仅要求满足桥梁的交通功能,还要将桥梁建设与艺术美学和周围环境有机结合起来,利用桥梁自身的体量、比例和三维的张力与周围的自然风貌、地形地物特点、人文背景进行融合,使其赋予时代特色、人文内涵和观赏特质,形成桥梁结构与建筑艺术的完美结合。

1.3.3.2 工作思路

总体工作思路是:依托上级单位的重视与支持,以全面的工作规划为先导,以全过程质量管理为核心,以科技创新为动力,以廉政建设为保障,学习国内外桥梁建设经验,借鉴国内外先进技术和科技创新成果,精心规划、精细管理,抓好工程建设的各个环节,完成一项世纪精品工程。具体如下:

(1)寻求上级单位/部门的支持。在广东省交通厅等上级单位支持下协调沿线地方关系、成立技术委员会,并由广东省交通厅牵头成立大桥建设领导小组,对项目建设的重大问题进行决策。

(2)在广泛调研大型桥梁建设经验的基础上,制定项目总体工作规划,明确项目的重点工作目标,并以此为指导,编制项目工作各阶段的详细计划,提出各阶段的工作重点、保证措施和落实方案。

(3)工程可行性研究阶段增加桥型方案设计竞赛环节。在有关建设条件专题研究的基础上,适时进行桥型方案征集活动,学习国内外特大型桥梁建设经验,把握特大型桥梁建设发展趋势,集思广益,博采众长,对工程可行性研究阶段的设计构思进行补充和完善。

(4)认真组织项目的设计咨询工作,以全面、深入的设计促进安全、耐久、美观等建设理念的贯彻落实。设计应涵盖施工方案和运营维护,对重要施工方案明确工法、设备、质量等要求,充分考虑运营维护工作的要求,落实相关措施。

(5)针对本项目各工作阶段面临的重点、难点问题,分阶段提前开展有关关键技术研究、专项技术咨询工作,为项目建设提供技术保障。

(6)重视结构耐久性。加强构造体系整体防腐、养护维修系统及桥梁健康监测系统等建设内容,并结合超载超限的现实及项目实际情况,开展大桥适用荷载等专题研究。

1.3.3.3 成立组织机构

鉴于项目建设规模大、技术复杂、难度高且建设周期短,成立以下机构:

(1)成立建设领导小组和技术委员会。建设领导小组由广东省交通厅、广东省交通集团有限公司的主要领导组成大桥建设领导小组,负责项目的重大问题决策,协调沿线地方关系、调动相关资源,保证项目顺利实施。技术委员会由相关专业国内外著名的专家组成,对建设中的重大技术方案、关键技术难题、质量控制标准、科研课题、新技术、新工艺、新材料运用和建设管理等方面进行技术决策与把关。

(2)引入咨询机构。聘请专业咨询机构对初步设计、技术设计及施工图设计等文件进行审查。聘请国际著名专业机构对特殊构件设计与施工提供技术支持。通过中介公司完成桥型方案国际性征集活动。

(3)成立项目筹建处(合作公司)。及时抽调综合能力强的相关人员,迅速组建项目筹建处，并适时成立合作公司，负责项目的前期筹划、建设及经营管理工作。

1.3.3.4　项目准备期工作要点

（1）编制项目申请报告。大桥项目采用核准制的方式办理报批手续。依据国家相关规定，开展各项专项研究，编制《项目申请报告》，报国家发展和改革委员会核准立项。作为《项目申请报告》的主要附件，工程可行性研究报告编制必须确保质量。由于工程规模大，建设条件复杂，技术难度大，项目前期工作应深入并适度提前，部分专项工作研究深度应适度加大，除惯常工作外，工程可行性研究阶段尚需重点完成以下工作：

①进度适度提前，工作交叉进行。以桥位、桥跨的研究为主线，迅速启动前期工作，配合桥位研究安排相关专题；在明确桥位、桥跨的初步方案后，即时启动环评、规划选址与用地预审等工作；在桥型方案基本确定后，立即启动工程设计的招标工作等。

②确定桥位和基本落实接线方案。加大项目建设条件研究的深度与广度，完成项目评审和工程方案研究需要的各项专题研究，由广东省交通运输厅组织大桥桥位及接线方案评审会，明确桥位和基本落实接线方案，基本确定项目用地红线图，以加快项目用地手续的报批工作。

③开展桥型方案征集活动。在取得必要的基础资料后，委托中介机构，开展桥型方案竞赛，组织桥型方案的全球征集活动，并进行相应的评比工作，以达到吸取最先进的特大型桥梁设计及建筑技术、优化桥型设计方案的目的。

④关键技术研究。结合基本明确的桥型方案适时开展关键技术研究。

⑤技术标准的确定。鉴于项目的重要性和治超工作的客观现实，开展与设计荷载相关的专项研究。

（2）设计工作安排。为加快前期工作进度，同时亦利于项目有关专题研究和关键技术研究的深入开展，设计工作应尽早开展，在工程可行性研究阶段的桥型方案征集活动后，即以优胜方案为基础，进行设计招标，启动设计工作，并针对不同设计阶段所要解决的关键问题，深化有关专题研究和咨询工作。

①开展招标确定设计和总体咨询单位，选择一批经验丰富、能力强的专业机构开展专项研究和咨询工作。

②在桥型、结构方案确定后，分阶段编制项目专用设计指南。

③设计应包括重要施工方案的研究，提供方案可实施性的分析及保证质量、安全所需的工法、设备、工艺要求。

④结构耐久性设计。按照100年使用期的要求，加强大桥整体性耐久性设计，结构设计应具有可检性、可修性、可换性及可控性。

⑤桥梁健康监测系统设计。为准确、及时掌握结构的使用状况，评估大桥健康状况，增加桥梁健康监测系统设计，要求简便实用，便于维护。

⑥充分考虑管养便捷。设计永久或可装拆的巡检通道，实现任何部位均可到达、可检查、可维护；设计养护维修系统，包括但不限于养护机具的设计。

⑦编辑大桥养护手册。手册内容包括大桥的设计理念、结构布局、所采用的设计参数、各部位检查和维修养护的标准、频率、方式等有关的资料。

1.3.3.5　项目建设期

（1）立足于选择一流的队伍，采用先进的工法和设备，通过精细的工艺和管理来保障工程质量,实现工程的安全、耐久、美观。

(2)以规模化、大型化、专业化为原则,合理划分施工标段,择优选择施工单位。

(3)根据大桥的项目特点和设计要求,编制大桥专用施工技术规范,作为国家和交通运输行业标准的补充,以更有效地控制过程和产品质量。

(4)在对大型桥梁的施工监理、施工监控进行调研的基础上,选择合理的施工监理、施工监控的组织与管理模式,使监理、监控的工作更有效、更到位。

(5)对重要施工方案及关键设备提前进行研究,做到充分论证、深入咨询、多方审查,确保安全、可靠。

(6)吸收已建大型桥梁的成功经验,针对近海环境下如何有效保证结构的耐久性进行材料和工艺方面的技术攻关。

(7)建立项目建设管理的综合化信息平台,为项目管理的高效运作提供硬件基础。

(8)加强业主的服务意识,为监理、施工人员提供良好的工作生活环境。

1.3.4 立项历程

重大基建项目的建设,会对社会经济各个方面带来重大影响。因此,在国家基本建设程序的各个阶段,必须对技术、经济、安全、环保、各地方和相关群体的要求等各方面因素进行反复权衡协调与充分论证比选。南沙大桥项目从规划到完成立项历经10年时间,其间完成了通航尺度论证、压覆重要矿床评估、地质灾害评估、环境影响报告评审、水土保持方案评审、文物考古调查、防洪评价、海域使用和河道使用审批等专项工作。其间因项目规模发生变化,对环境评价、海域使用、河道使用等工作又进行了重新评审。主要节点如下:

2003年初,广东省公路勘察规划设计院编制预可行性研究报告,项目名称暂为“莲花山大桥”。

2004年底,广东省公路勘察规划设计院完成《东莞寮步至番禺东涌公路预可行性研究报告》。

2005年4月,广东省交通厅主持召开协调会议,对预可性研究报告进行审查。

2007年5月,广东省公路勘察规划设计院完成《东莞厚街至番禺东涌公路预可行性研究报告》。

2008年1月,项目投资建设招标。经两次招标流标后,广东省人民政府同意将莲花山大桥项目交由广东省交通集团有限公司负责投资建设与经营。

2008年3月,广东省公路建设有限公司委托中交公路规划设计院有限公司和广东省公路勘察规划设计院有限公司共同承担虎门第二公路通道工程可行性研究报告的编制工作。

2008年8月,广东省交通厅在《虎门二桥路线总体方案》评审会上将本项目名称暂定为“虎门二桥”。

2009年4月,广东省交通运输厅组织召开《虎门二桥工程可行性研究报告》省内预审会。

2011年7月,交通运输部主持召开“广东省虎门二桥项目申请报告审查会”。

2012年2月,国家发展和改革委员会委托中国国际工程咨询公司主持召开“广东省虎门第二公路通道项目申请报告咨询评估会”,与会专家提出了将项目全线路基宽度由六车道调整为八车道的意见。

2012 年 7 月，广东省公路建设有限公司根据项目申请报告咨询评估会意见和《珠江口跨江通道统筹规划研究》成果，按八车道规模开展项目前期工作。

2013 年 6 月，国家发展和改革委员会以《国家发改委关于广东省虎门二桥项目核准的批复》(发改基础〔2013〕1181)核准项目。

2013 年 9 月，交通运输部批复项目初步设计。

1.3.5 线位比选

本项目在《广东省高速公路网规划(2004—2030 年)》中定位为高速公路加密线，东西向与广珠东线、广深沿江高速公路及广深高速公路等互通，并具备继续东延的可能，以加强珠三角主要城市的交通联系。项目起点位于已建成通车的南二环高速公路和广珠北线高速公路互通立交处，在南二环高速公路建设期已预留了本项目接口。根据路网规划，本项目终点位于东莞市沙田镇，与广深沿江高速公路相接，并考虑路线继续向东延伸。终点的确定主要受起点方案选择、跨江特大桥桥位选择以及虎门港规划等因素的影响。在路线方案比选阶段，理论上存在一条位于规划走廊带以南的“南线方案”，而且只需一座跨海特大桥，建安费较低。但桥位附近的工厂、码头等各类设施建设速度快，已经具备了一定规模，路线如不落在所经地区的规划用地和预留走廊带，将导致巨大的拆迁量，总体投资更大，同时对地方经济的影响重大。因此，路线方案选择基本受路线总体规划的走向控制。

1.3.6 桥隧方案比选

从地质条件、通航要求、工程实施难度等方面分析，本项目具备修建桥梁或隧道的条件。

隧道方案具有交通受气候影响小、工程对景观影响小的优点。隧道方案的缺点是在施工过程中由于埋深大，线位附近的地质情况复杂，风险大，施工期间对航道影响大，预计造价比桥梁方案高出 20 亿元以上。在运营期间，隧道需要照明和通风，养护费用高，抗火灾和意外事故的能力较弱。

桥梁方案具有施工风险小、建设及运营成本低、抗灾能力强、具有地标性建筑功能等优点，缺点是受雨、雾、风等自然因素的影响相对较大。

经综合分析，最终采用桥梁工程方案。

1.3.7 桥梁形式比选

1.3.7.1 坭洲水道桥

(1)跨径选择。

交通运输部批复坭洲水道桥需具备 1154m × 60m 的通航尺度。根据通航尺度和东塔位置的限制，坭洲水道桥的最小主跨为 1366m，适宜采用的桥型方案为悬索桥方案和斜拉桥方案。由于斜拉桥方案主跨很大(1366m)，远超过目前世界最大跨径斜拉桥俄罗斯岛桥(1104m)，设计难度和实施风险均很大，技术尚不成熟，需要深入论证，因此选择悬索桥方案更为合适，故而仅对悬索桥方案进行比选。

根据防洪要求，悬索桥锚碇需布置在岸上，初步设计阶段对主跨 1688m 和主跨 1580m 悬索桥方案进行了比较。

主跨1688m双塔双跨悬索桥方案，跨径布置为658m+1688m+540m（钢箱梁长度为548m+1688m），主墩位于河道浅滩，消除了引桥的船撞风险。

主跨1580m双塔双跨悬索桥方案，跨径布置为766m+1580+518m（钢箱梁长度为656m+1580m），与1688m双跨吊方案相比将西塔向江中移动了108m，边中跨比达到0.485。

现有多跨连续悬索桥边跨双向挠度多在1/140~1/160之间，主跨1580m方案仅为1/116。后者超过规范和常用范围，设计建造存在风险，方案技术需要论证。边跨挠度过大将带来行车舒适性差、疲劳强度低、桥面铺装容易损伤等问题。

（2）双跨吊形式的选择。

项目从航运影响、防洪影响、景观及工程造价等方面进行了单跨吊悬索桥方案与双跨吊悬索桥方案对比。由于双跨吊悬索桥水中桥墩仅有东、西两塔和过渡墩，其中东塔和过渡墩均位于岸边滩涂区，船撞风险较高的只有位于水中的西塔；由于西塔基础规模大，对船撞力的承受能力较强。而单跨吊悬索桥，西边跨引桥均位于水中，水中桥墩平均水深3~5m，桥墩设计由船撞力控制，为抵御55MN的船撞力，桥墩规模增加很多；桥墩数量和规模的扩大，不仅增加了结构阻水面积，压缩了过水断面，局部冲刷深度加大，而且水中混凝土桥梁对环境的影响也超过了西边跨为钢箱梁的双跨吊悬索桥。通过环境评价影响分析，双跨吊方案的经济和社会效益明显优于单跨吊方案。

1.3.7.2　大沙水道桥

大沙水道通航净空为：单孔双向通航1114m×49m。满足主跨跨径的桥型方案有主跨1200m单跨吊悬索桥方案和主跨1200m混合梁斜拉桥方案。

项目从通航、防洪、设计、施工、景观、耐久性、管养、造价各方面综合比较了悬索桥和斜拉桥方案（图1-7）。对于斜拉桥方案，1200m斜拉桥已超越同类桥型的世界最大跨径，仍有不少关键技术问题需要解决，施工难度大、施工风险高，全寿命成本高。在景观上也与坭洲水道桥不协调。因此，大沙水道桥选择了主跨1200m的悬索桥方案。

图1-7　大沙水道桥

1.3.8　车道数论证

综合考虑交通量预测结果、番莞过江通道、项目功能定位、投资估算、经济评价等影响因素，2009年初的工程可行性研究认为，在有上游的莲花山过江通道分流情况下，到2034年时将达到80466辆/d,故拟采用六车道高速公路(远期可维持八车道),桥梁标准宽度35.5m。

2012年,国务院正式批复《广州南沙新区发展规划》,标志着南沙新区成为深化粤港澳全面合作的国家级新区。规划中的南沙新区将建设成为与国家新区相匹配的区域生态中心、区域交通中心和区域性服务中心,并提出要推进珠江湾区东西两翼跨江通道建设,构建通达珠三角湾区城市半小时交通圈的概念。这必然要求增强珠江东西两岸的交通联系,带动交通量大幅增加。

在随后的交通运输部评审、国家发展和改革委员会咨询评估过程中,部分专家认为本项目位于珠三角核心区域。珠三角区域是我国经济中最具生机活力的区域之一,经济发展较快,车辆保有量增长迅猛,交通量受经济发展及产业布局、产业结构调整、区域路网变化等因素的影响,从珠三角区域已经建成通车的几条高速公路来看,交通量的预测值均比实际交通量小,交通量预测具有较强的不确定性。考虑到过江通道的稀缺性和远期发展,为提高高速公路的通行能力,维持二级以上的服务水平,应选择双向八车道技术标准。

综合上述情况,最终国家发展和改革委员会批复了采用双向八车道路基宽度技术标准、桥梁宽度40.5m的方案。

在前期的决策阶段,对车道规模的反复研究论证的确花费了不少时间和精力,但是竣工通车后的运营情况证明了前期论证和决策的正确性。南沙大桥通车后,已连续运行22年的虎门大桥随即开始进行养护维修,限制货车和大型客车通行,使南沙大桥通车初期的交通量剧增,日均车流量由5万辆迅速攀升到12万辆,高峰时达17万辆(自然车流量),堪称世界上最繁忙的桥梁。正是因为南沙大桥采用了双向八车道标准,才有能力承担起这样巨大的压力,化解了大湾区核心部位的一个交通梗阻。虽然这种极端的超高交通量只是一种暂时的状况,将来随着虎门大桥的养护维修结束和邻近大桥的建成,南沙大桥的交通流量将恢复平稳,但这终究是一个无法回避的必经阶段。显然,双向八车道的方案是一个必然选择。南沙大桥的建设实践为今后类似项目的战略决策提供了一个重要的思考角度。

1.4　南沙大桥建设历程

2013年12月,广东省交通运输厅批复项目技术设计;

2013年12月28日,虎门二桥先行标段(S1)动工;

2014年1月,广东省交通运输厅批复项目主体施工图设计;

2014年4月30日,举行了建设动员大会暨主桥土建标施工合同签约仪式;

2014年8月28日,大沙水道桥西塔桩基开钻,主桥正式开工;

2015年9月25日,坭洲水道桥最后一根主塔钻孔灌注桩浇筑完成,悬索桥全面进入承台施工阶段;

2016年1月19日,坭洲水道桥东塔承台完成混凝土浇筑,悬索桥全面进入塔柱施工阶段;

2016年10月9日,大沙水道桥东西双塔封顶;

2017年1月20日,大沙水道桥先导索过江;

2017年8月7日,主缆架设完成,用时69d架设338根主缆索股;

2017 年 4 月 12 日，坭洲水道桥东塔塔柱封顶；

2017 年 6 月 16 日，先导索过江；

2017 年 12 月 17 日完成 504 根主缆索股架设，用时 82d；

2018 年 1 月 9 日，大沙水道桥钢箱梁吊装合龙；

2018 年 3 月 16 日，完成钢箱梁环缝焊接；

2018 年 5 月 31 日，主缆防护涂装完成；

2018 年 8 月 15 日，猫道全部拆除；

2018 年 11 月 7 日，开始钢桥面铺装；

2018 年 5 月 25 日，坭洲水道桥 176 片钢箱梁吊装合龙，用时 70d；

2018 年 8 月 21 日，坭洲水道桥钢箱梁焊接完成；

2018 年 9 月 20 日，主缆防护涂装完成；

2018 年 10 月 19 日，完成猫道及门架拆除；

2018 年 11 月 1 日，开始钢桥面铺装；

2018 年 11 月 20 日，引桥节段箱梁架设到位，全线合龙贯通；

2019 年 1 月 10 日，坭洲水道桥钢桥面铺装完成；

2019 年 1 月 30 日，大沙水道桥钢桥面铺装完成；

2019 年 4 月 2 日，虎门二桥通车。

通车后，虎门二桥更名为南沙大桥，从佛山、广州番禺等地区到东莞的路程可缩短 10km，减少约 30min 的车程。南沙大桥迅速成为珠三角东西向公路交通最便捷、最重要的通道。

1.5 南沙大桥建设面临的挑战

1.5.1 建设条件的挑战

1.5.1.1 气候条件

南沙大桥位于沿海台风多发区，设计基本风速 34.4m/s，颤振检验风速 63.3m/s。因此，必须确保大桥在建设期和运营期的抗风安全。

1.5.1.2 地理条件

桥位的河道为潮汐河道，咸淡水交替，对桥梁结构具有较强的腐蚀性。大沙水道和坭洲水道均为国家Ⅰ级航道，航运繁忙。因此，必须确保主桥施工期间的通航安全。

区域河涌纵横交错、鱼塘密布、软基深厚。如锚碇基坑距离珠江大堤最近只有 30m，基坑施工全过程必须确保大堤的安全稳定，万无一失，施工技术措施和组织面临诸多困难。

1.5.1.3 社会环境

项目处于珠江三角洲核心区域，经过东莞沙田、广州南沙和番禺三个行政区，经济发达，人口稠密，沿线房屋设施多。以项目起点的东涌互通立交为例（图 1-8），互通区需穿越高速铁路、高压线，有 8 处跨高速公路、9 处跨高压燃气管线、5 处跨地铁高架桥。涉及的单位、部门和利益群体多，安全管理和征地拆迁协调难度大。

图1-8 东涌互通立交

1.5.2 超大规模的挑战

南沙大桥共设置两座悬索桥，坭洲水道桥主跨658m+1688m+522m，大沙水道桥主跨360m+1200m+480m。一个项目同时建设两座超千米的悬索桥，这在世界桥梁的建设史上还是首次。坭洲水道桥建成后将成为世界最大跨径钢箱梁悬索桥，同时也是最宽的钢箱梁悬索桥。超大跨径导致主缆缆力达5万t，对高强钢丝索股和纵横向结构体系的协调受力提出了很高的要求。同时，也相应地使锚碇、索鞍等构件的体量规模成为世界之最。

超大的规模和超大的跨径带来了一系列的挑战，主要有：

(1)超高强度主缆钢丝的研发与应用。悬索桥不断向大跨径发展，对主缆强度的要求日趋提高。研发更高强度的主缆材料是桥梁持续发展的必然需求，可以减少钢丝用量，减轻主缆自重和截面积，减小主塔、锚碇、索鞍、索夹的规模，缩短工期，提高桥梁的可持续发展能力。事实上，在悬索桥建设的发展过程中，主缆材料的每一次更新都对悬索桥发展起到了决定性的推动作用。高强度高性能主缆材料研发及产业化是悬索桥材料产业升级、悬索桥跨越能力提高的关键。主缆钢丝强度的提高是悬索桥跨越能力提高的主要因素之一。

在项目筹备时期，国内悬索桥实桥应用的主缆钢丝强度等级为1770MPa，国外有1960MPa钢丝的研究并进行了小量试用。要在有限的时间内成功自主研发并实现大规模生产，是建设者面临的巨大挑战。

(2)坭洲水道桥是双跨悬浮体系悬索桥。随着悬索桥跨径的加大，在活载、风、温度和地震等荷载作用下，构件将产生更大的位移及变形，对桥梁的耐久性和行车舒适性造成了不利影响。如何优化桥梁结构体系，降低变形和应力是保证结构安全和功能的关键。

(3)超大型索鞍的制造。索鞍体量巨大，而且鞍槽的加工精度要求高。重达100t的索鞍是国内最大的钢铸件，没有现成的热处理炉和车床。技术方面，由于焊接量大，焊接变形大，铸件与厚板组拼焊接在国内尚无标准，如何保证焊接质量，是一项不小的挑战。另外，鞍槽深度大，机床主轴行程长，悬臂刚度弱，导致加工精度也面临压力。

(4)市场供应力的考验。南沙大桥拥有史上最大规模的锚碇圆形地下连续墙，最大直径90m，墙厚1.5m，4个锚碇需同时开工，当时国内具备施工1.5m厚地下连续墙的铣槽机数量不足。两座悬索桥主缆钢丝用量达4.6万t，几乎超过国内主要桥梁缆索钢丝厂年产量总和。

1.5.3 工期的挑战

在南沙大桥通车之前，虎门大桥是沟通珠江两岸东西方向唯一的公路通道，六车道的路面车流量高达13万辆/d，拥堵成为常态，曾一度成为网络热门话题，社会各界及各级政府都急盼南沙大桥的早日开通。

南沙大桥自2014年正式开工，需要在5年时间内完成两座主跨千米以上悬索桥及数公里的引桥施工。悬索桥的特点是跨径越大，则索塔越高、索股和梁段越多。各道工序前后串联，大跨径就意味着长工期。同时南沙大桥还面临每年数次台风的影响。如何既保证质量又保证工期，是工程建设者必须解决的重大问题。

1.5.4 桥梁长寿耐久的挑战

南沙大桥设计使用寿命为100年，设计方面要考虑的是如何采取切实有效的耐久性设计和养护方案，同时又不至于无限制增加造价；施工方面要考虑的是如何保证耐久性指标的完全合格，如何克服混凝土裂缝和施工精度不足这一长期以来的顽疾，如何组织施工一线的工人打造世界一流水平的精品工程。

在构件抗疲劳方面，钢箱梁桥面板的使用寿命取决于其抗疲劳性能，这正是全球所有正交异性板钢桥梁共同面临的最大挑战。

1.5.5 施工安全风险的挑战

南沙大桥结构复杂，施工界面多，参与单位多，存在大量的交叉作业、高空作业、水上作业、跨铁路和高速公路施工、跨高压燃气管线施工、大型特种设备施工等高风险工作，还存在台风、雷暴、软基等不利自然条件。要在长达5年的时间里确保安全生产，创建平安工程，是全体建设者面临的重大考验。

第2篇

工程理念

从20世纪80年代以来，我国交通基础设施建设经历了30多年的发展，建成了一批在世界范围内具有影响力的跨海桥梁、长大隧道、大型沿海港口工程，建设成就举世瞩目。随着时代的发展，我国综合国力和人民群众生活水平显著提升，人们对于交通的需求已不满足于现有的交通基础设施提供的一般性服务，要求多元化乃至个性化、增强追求品质服务的需求更加强烈。交通基础设施不仅需要数量的增长，更需要品质功能的提升，从注重工程实体质量向提升工程品质转变。2015年10月，交通运输部提出打造“品质工程”要求，正是顺应时代，促进交通建设高质量发展的重要举措。南沙大桥的建设正逢这一时代背景，为了实现工程品质的飞跃，必须在原有建设理念、管理措施和建造技术上进行突破，向更高标准挑战。大桥建设者根据国内建设管理和技术发展状况与市场实际，提出了“业主主导，实施专业化项目管理”“全寿命周期管理，促工程可持续发展”“追求零缺陷，争创品质工程”“治未病，强化安全生产事前管理”“坚持程序化管理，不走捷径”等建设管理理念，进一步深化了专业化、精细化、标准化、人本化、信息化管理，使业主和各参建单位在建设中的责、权、利清晰，目标明确，实现高效协调管控，引领建设全过程安全、优质、高效，为实现“百年平安品质工程”打下了坚实基础。

第2章　南沙大桥专业化项目管理

大型工程建设项目是一个多层次、多维度、多界面、多子系统的开放的复杂系统,具有实施周期长、一次性投资大、技术密集度强、参与方众多以及系统要求高的特点。南沙大桥这种特大型悬索桥工程的复杂性尤为突出,只有核心高效的项目管理体系才能保障项目顺利实施。业主是建设工程项目实施过程的总集成者和总组织者,是项目管理的核心,业主的管理理念和实施决定了项目的发展走向。

2.1　南沙大桥项目建设管理模式

多年来,我国高速公路建设的业主管理模式主要有“指挥部”模式和项目法人模式[1]。“指挥部”模式是新中国成立以来被广为采用的模式,具有鲜明的行政特色和时代特征。它主要有两种组织模式:一是在项目建设指挥部的领导下,按照工程职能划分建立的职能式组织架构;二是按照项目划分的项目式组织架构。依靠巨大的行政权,“指挥部”模式具有较大的资源调动和协调能力来控制与减少项目的不确定性。

作为推行市场化较早的地方,广东省在国内率先尝试“收费还贷”的建设模式,吸引了大量的外资[2]。高速公路建设投资主体呈现出多元化的特点,市场化程度相对较高,普遍采取所谓的建设-经营-转让(Build-Operate-Transfer,BOT)模式,实施项目法人制管理。

广东省交通集团有限公司旗下的广东省公路建设有限公司,是广东省从事高速公路投资、建设管理和经营的主力军,投资建设和管养的高速公路里程已超1000km。该公司的高速公路建设均采用项目法人管理模式,包括股份制的合作公司和独资的项目公司两种形式,也接受委托开展代建和代管业务。在长期的高速公路投资建设和运营管理的实践中,该公司一直坚持采取“业主主导,专业化管理”的模式,取得了卓越的成就。

这是一种发挥业主核心主导力量的“强业主”模式。“强业主”模式和国外投资公司采取的“小业主”管理模式不同,项目业主在项目建设过程中,不仅是一个投资人的角色,而是配备专业团队,对工程建设的全过程进行全方位管理的综合实体角色。实践证明,这种模式在我国当前的条件下具有其独特的优势。

1)统筹各方,保证建设目标顺利达成

从建设目标的角度,尽管通过招标所选择的每一个参建单位都是专业化的团队,经验丰富,国内一流,但都有着各自不同的企业文化和价值观,对参与工程的目标定位也不尽相同。派驻施工现场的施工团队理念、认知水平、技术水平和管理水平差异性较大,如果不加以引导和规范,是难以做到自觉承担项目建设责任的。因此,业主强有力的管理是实现项目建设目标的保证。

2）管控风险，尽量避免工程风险回流

从风险控制的角度来看，高速公路项目投资巨大、周期长，建设过程中会有较多的风险。虽然承包商和监理都是有经验、有资质的专业队伍，而且均购买了一定程度的保险，但有些风险是承包商无力承担的，加之国内建设市场的保险、担保机制并不完善，如果过程控制不力，一旦出现较大问题，最终工程风险依然会回流至业主。2005 年发布的《公路建设市场管理办法》第二十九条明确规定："公路工程实行'政府监督、法人管理、社会监理、企业自检'的质量保证体系。"同时又明确规定："项目法人对工程质量负管理责任。"以上文件都强调了项目业主对公路工程建设项目质量管理的重要性。

3）明确责任，项目业主承担应有的社会责任

从责任的角度来看，在我国，项目业主还承担着质量、安全、工期、环保、维稳等诸多的社会责任。这些责任无法"外包"，主要是由业主承担，对于国有企业尤其如此。

4）防患于未然，在过程中进行严格管控

从大型工程的特性来看，大型工程的特点也决定了加强过程控制的极端重要性。例如，工程的外观、内在质量、材料、工艺、设备品牌等要求的实现不能等到工程完工后再来验收，因为等到工程验收时才发现的问题往往都已经成了既成事实，由于时间和资金成本的关系，往往已无法整改。因此，业主必须在工程的过程管理中进行严格管控。

"业主主导，专业化管理"模式的优势有很多：一是依靠制度的力量而不是行政的力量进行管理，在一系列的项目建设过程中，经验、制度、人才得到不断的继承和积累，不断地改进提升，有利于企业的可持续发展；二是管理团队高效有力，在设计、采购、施工等环节，业主可以利用自身丰富的工程知识和建设经验进行策划与过程管理，规避风险，少走弯路；三是管理顺畅且高效，由于管理人员本身熟悉本企业的建设管理体系，也对当前建设市场各主体有充分的了解，可以和各个参建单位进行无缝对接，有利于各单位的协同管理；四是实现建管养全过程统一，在这种模式下，业主既是投资主体，又是管理主体，还是运营主体，在养护工作中发现的问题可以有效地反馈至新建项目的设计和施工中，建设项目的设计和决策者可以从全寿命的角度采取管理政策和技术方案，从而避免短期行为。

针对南沙大桥这种一体化程度高、工艺技术复杂、各个阶段实施环节关系紧密相交叉的特大型桥梁工程，广东省公路建设有限公司在吸收各类优秀管控模式的基础上，结合南沙大桥工程实际，精选了一大批具有一定工程建设管理能力、技术能力和决策能力的管理人员组建南沙大桥分公司，直接对设计单位、施工单位、监理单位等诸多参建单位进行管理，践行"业主主导，专业化管理"的模式。

2.2 业主主导管理的重点内容

2.2.1 愿景和目标的主导

南沙大桥的主桥结构是两座超千米级的悬索桥，引桥是混凝土连续箱梁桥。坭州水道桥主跨 1688m，是同期世界最大跨径的钢箱梁悬索桥。"世界之最"的名称不仅是一个冠冕，更是一个人类拓展认知边界的里程碑。因此，这一项目建设的成功，将为我国桥梁建设技术的进

步作出重要贡献。此外，改革开放以来，我国的桥梁建设取得了巨大进步，我国已成为当之无愧的“桥梁大国”。但是，我国离“桥梁强国”尚有差距，在桥梁工程技术的基础理论研究、结构的耐久性与安全性和成套施工技术等方面，与发达国家相比还有一定的差距。南沙大桥的建设正赶上了我国转向“高质量发展”模式的关键节点。

作为继港珠澳大桥之后在珠江口建设的又一座超级工程，交通运输部、广东省交通运输厅、广东省交通集团有限公司等各级领导对项目高度重视。项目业主在筹建伊始，即以“四个一流”（一流团队、一流管理、一流形象、一流工程）为愿景，以“安全耐久、环保节约、科技创新、至臻建设、争创鲁班奖”为建设目标，以“精益创造，止于至善”为核心理念，创出品牌，实现桥梁建设水平新的飞跃。

2.2.2　工程文化的主导

广东省公路建设有限公司在长期的公路建设过程中形成了“至尊建设、欢畅同道”的企业文化，全公司一直保持着务实进取、敢打硬仗的精神。秉承这种文化，该公司在公路建设中创造了大量的优质工程项目，成绩斐然，同时在高速公路运营管理方面倡导优质服务创造了卓越的成绩。因而，该公司在承担南沙大桥这个超级工程的过程中会主动将其优秀的企业文化融入工程建设。

项目在筹建阶段即策划制定了工程文化建设方案，确立了“至臻建设，止于至善”的工程理念，决心用诚心、耐心、恒心、匠心，打造放心工程。这种理念通过制度建设、组织建设以及各种活动宣传等措施深入工程建设的方方面面。在建设过程中，业主的各级管理人员率先垂范，表现出务实求真、心无旁骛、廉洁奉公的精神风貌。同时，在改善工人生产生活条件、保证农民工工资发放等方面，业主单位实施强制性的标准化措施，确保工人拥有安全而有尊严的劳动环境。这一系列措施为充分带动监理人员、施工管理人员和一线工人努力工作，形成合力，为项目建设全面实现既定目标注入了巨大的动力。

2.2.3　技术标准的主导

要实现创世界一流工程的愿景，必须通过达成高水平的技术标准来实现。然而，普通高速公路的技术标准和技术规范显然不能完全满足技术复杂的超级工程的要求，必须形成一套与项目建设目标相对应的技术标准。并且，这一标准要清晰体现在招标文件中，这一方面使得技术标准具备合法性，另一方面也能够促使潜在投标人在工程造价工期和技术方案方面进行充分的准备。

在长期的高速公路建设实践中，项目管理团队对于珠江三角洲地区的地理特征（如软土地基、海水环境等）有了深刻的认识，在如何提升混凝土的外观、质量、裂缝控制和耐久性等方面积累了较丰富的经验。同时，广东省交通运输厅组织编制的《广东省高速公路标准化施工指南》，为项目技术标准的设立提供了极有价值的参考指导。在项目筹备期间，管理团队积极学习国内外桥梁技术的先进经验和最新的成果和理念，按照建设世界一流工程和100年设计使用寿命等目标，组织制定了南沙大桥的设计和施工技术标准。

例如，针对100年使用寿命提出具体指标，对设计提出“可到达、可检查、可维修”的要求。针对大体积混凝土水泥材料提出了低 C_3A 含量和低水化热的标准，为实现混凝土裂缝控制和提高耐久性提供了巨大的帮助。另外，引入粉煤灰活性技术以鉴别真伪，有效杜绝了市场上假冒伪劣粉煤灰的进入。

2.2.4 管理体系的建立与运行

为了保证建设目标的实现和技术标准的有效执行，必须建立一套统一而有效的质量管理体系，并使之有效运行。由于业主和承包商并非隶属关系而只是合同关系，双方作为承建单位都有一套自有的质量管理体系和习惯做法，如果任由各单位自行其是，就会出现发展水平不均衡、建设目标大打折扣、管理效率低下等问题。然而，业主也不可能制定一套“一竿子到底”的全面细致的制度体系在每个承包商中推行。因此，业主管理的核心任务就是抓住关键要素，使质量管理体系更加科学、合理和高效，采取的措施主要包括以下几个方面。

一是要求所有投标单位的质量安全管理体系都必须满足标准化要求。在安全管理方面，把我国现行法律法规所规定的一系列制度如安全生产责任制、一岗双责制度、教育培训制度、特种设备管理制度等作为最基础的要求。在此基础上，制定本项目更具体的、可落地的、更具备实操性的规定。在建设过程中，业主高度重视各标段管理体系的运行情况，对于现场发现的问题或隐患深挖其背后的原因，重点找到体系方面的原因，并督促整改，防止同类问题再发生。

二是监督检测和监测工作实行专业化管理的方式，其中包括专业化的测量控制中心、第三方试验检测中心、悬索桥上部结构施工测控中心、节段梁拼装施工监控、组织专业人员对特种设备的定期检查等。这些专业力量承担了检测监测抽查校核以及统筹管理等一系列的工作，在工程高品质建设中发挥了重要作用。

三是应用信息化系统，对关键流程进行管控，确保了流程制度的严肃性，同时也提高了管理效率。

2.2.5 标准化建设的主导

为了确保工程各参建单位的建设和管理全面达到较高的水平，业主指导大力推行施工标准化，在《广东省高速公路工标准化指南》和《广东省高速公路施工安全生产标准化指南》的基础上编制了南沙大桥施工标准化文件，将有关施工质量控制、设备的配置等要求纳入合同文件中的专用施工技术规范。在安全生产和现场文明施工方面，业主方分别编制了安全生产标准化和文明施工标准化两个专册对其进行有效管理(图 2-1)。

图 2-1 安全生产标准化和文明施工标准化管理手册

2.2.6 统筹规划的主导

充分深入的前期准备工作为南沙大桥成功实现建设目标奠定了坚实的基础。筹建期开展的主要工作包括：

(1)编制了项目工作大纲和项目建设管理纲要。明确了建设目标、建设理念和管理思路；明确了为打造世界一流工程，在工程品质、技术创新、工程管理上突破的方向。

(2)开展方案竞赛、设计咨询和专项技术研究，及时将研究成果应用到设计文件中，落实全寿命周期设计理念。

(3)开展施工组织方案研究。对施工方案、施工设施进行了深入的调研分析，为设计提供依据，为准确把握工程的造价、工期创造了有利条件。在统筹规划方面主要有：

①工作条件的预备与协调。在工程开工之前，尽可能为施工创造便利条件，做到未雨绸缪。

②明确工作界面。在招标文件中，明确了各个标段和各个专业单位之间的工作界面，避免了大量的交叉和纠纷。在工程开工之前，尽可能为施工创造便利条件。例如，考虑到海鸥岛的供电能力不足，提早设置了 10kV 施工专线；提早完成了施工临时用海域的申请，在开工前及时开展临时用地的协调。

③共用设施的安排。公路桥梁建设工程是一种线状的工程，必然会出现多个单位在一起工作的情况，而由于场地受限，为了节约资源，不同的单位需要共用一些设施。业主通过对施工过程的详细研究，对各项施工需要的临时设施进行了预测分析，在招标文件中对于栈桥码头、便道、电源接口和包括猫道在内的各类工作平台的共用事项均作了明确的约定。如为了充分利用码头资源，要求主桥的施工单位在码头设置的索鞍起重机必须具备卸吊引桥节段梁的条件，以达到共用的目的。

④工序衔接的计划。南沙大桥工程根据工作量和专业的情况划分成为数十个标段，它们之间存在着大量的工序作衔接点，如果配合不当，将会严重影响到工程质量、工期和造价。业主在前期的施工组织研究中对这些衔接节点进行了认真分析，周密制定节点计划，留有余地。此外，对于因结构或工艺特点而导致的冲突进行了提前安排。

2.2.7 专业化团队的协作

悬索桥的特点之一就是涉及的专业众多。业主通过对工程建设的重点和难点分析，明确了进行专业化控制的重点环节。这些工作在普通的项目中，有资质的承包商均有能力提交合格产品。但是像这种技术复杂、质量标准高的重大项目，对于任何一个承包商来说，都是一个很大的挑战。业主出于目标控制和风险控制的目的，必须汇集社会的优质资源参与协同管理，引入专业化团队进行管理，包括设计咨询、测量控制中心、第三方试验检测中心、施工测控等，这些专业力量承担了检测监测抽查校核以及统筹管理等一系列的工作，在工程高品质建设中发挥了重要作用。

2.2.8 信息化技术的应用

在本项目的管理中，参与各方包括业主、监理、承包商及工班，还有检测、咨询等众多单位和层级。根据基建管理程序的要求,必须严格实施层级管理,以确保管理运行的合规性,防范风险。然而,这同时也带来了管理环节多、信息沟通效率低的问题,在计划纠偏、问题处理、施工协调方面需要一个扁平化的机制来提高系统的运行效率,信息化技术的应用较好地解决了这一问题。

南沙大桥项目业主牵头研发使用的国内首个"大型桥梁工程建筑信息模型(Building Information Modeling,BIM)+建养一体化平台",一方面充分利用信息化技术,对关键的生产和管理流程进行管控,确保流程制度的严肃性;另一方面,系统通过移动互联网技术,有效推送、分享相关信息,打破信息孤岛,提高了管理效率。

2.2.9 精细化管理的实施

对管理流程进行完善和优化,执行程序化和清单化管理。对项目涉及的关键工艺进行深入分析、研究,制定切实可行的技术标准和工艺要求,"机器代替人"和"工匠精神"两手抓,追求"零缺陷"目标,并通过系统的检查考核制度确保执行到位。

在南沙大桥项目中,使用 BIM 技术能够通过参数模型将与项目有关的所有信息进行整合,在对项目进行策划、运行和维护的时候共享和传递信息,让技术人员能够进一步理解整理出来的信息并且能够及时应对,实施项目的单位相互支持,在生产效率得到提高的同时,降低施工成本、缩短施工周期,实施精细化管理[3]。

2.2.10 施工过程中的协调

在南沙大桥这一超级工程的施工过程中,必然会出现许多的突发状况,造成参建各方之间的矛盾。这便需要强有力的业主方对施工过程中出现的各类问题进行协调,及时纠偏,保障工程施工的顺利进行。

(1)及时进行纠偏调整。大型建设工程受各种条件的影响,不可避免地会发生计划进程的变化,此时需要增加架桥机,加快索股架设,增加运索投入,以让工程进度重回正轨。

(2)开展工作面的协调。为了满足工期要求,路面施工需要同步进行悬索桥主缆防腐、鞍室安装、猫道及主塔平台拆除、主塔涂装、附属设施安装、标线施划、设置伸缩缝、阻尼器安装等工作。最高峰时有十几家单位同时在路面上工作,需要业主进行各工作面的协调。

(3)加强标段间的学习互动。互动学习的措施包括劳动竞赛优质优价评比、实验室评比、工艺总结、优秀班组评比等。此外,在施工过程中,当业主和监理发现其中某个标段工作中有一些亮点或者不足的时候,也会及时组织学习或者帮扶。

第3章　南沙大桥全寿命周期管理与可持续发展

3.1　可持续发展理念

2008年6月，广东省公路建设有限公司作为项目法人制订了《莲花山大桥工作大纲》(以下简称《大纲》)，以迅速启动项目前期工作，争取项目尽早开工，高质量、高标准、高起点完成项目的建设任务。《大纲》提出南沙大桥项目建设目标为："安全耐久，和谐美观，环保节约，科学创新"。为了实现项目建设目标，《大纲》提出了相应建设理念：①可持续发展的设计理念；②全寿命周期理念；③尊重科学、注重实效的技术创新理念；④管理创新理念；⑤桥梁功能与建筑艺术结合的景观理念。

建设可持续桥梁工程是21世纪世界性的使命与挑战。生态可持续、经济可持续和社会可持续是可持续桥梁工程的三大指标。因此，实现可持续桥梁工程的主要工作目标为：①促进社会经济的可持续发展；②生态与环境保护；③做到全寿命经济成本最优。南沙大桥工程项目基于项目规划、方案设计、详细设计、工程施工与运营维护等四个阶段，提出了可持续桥梁工程的三大目标，即促进社会可持续发展、生态与环境保护和全寿命经济成本最优。

从促进社会经济可持续发展方面看，桥梁工程是区域间沟通联系的重要纽带，是交通基础设施的关键节点。在经济仍处于快速发展的地区，跨江、跨海通道将极大促进社会经济发展，并且对其联系的区域经济发展格局具有重要影响。

绿色发展是我国新发展理念的重要内容之一，桥梁工程的建设和运营坚持生态与环保的发展目标是绿色发展理念在工程建设中的具体体现。桥位与路线走廊选择应以不改变生态为原则，从而使得工程建设能够最大限度地减小对环境的影响，实现节能环保运营。

此外，桥梁全寿命周期设计理念正在逐步深入人心，遵循"安全、适用、耐久、美观、环保、经济"六项基本原则，围绕桥梁全寿命周期的不同阶段，通过合理设计、精细施工、科学维护，实现全寿命周期内的成本最优，是可持续发展的实现手段。合理的设计就是要在桥梁结构体系、构件及细部构造、材料、关键装置、检查维护设施等各方面的设计中都尽量做到合理，实现"桥梁优生"。精细施工就是在材料加工、构件制造、现场安装等各个施工环节做到精细和高标准要求，为工程的安全、耐久、美观、经济的建设目标打好"基因"基础，实现"桥梁优育"。科学维护就是要建立基于结构构件的检查检测系统和基于建管养一体化信息管理平台，提供检查维护的科学决策支持，实现"健康运营"。

3.2　可持续发展建设管理的责任与义务

在任何一个项目中，项目的参与者包括政府部门、业主、勘察与设计单位、监理单位、施工单位、材料供应商、金融机构、用户等。每一个参与者的行为都将对整个项目的可持续发展产生极大的影响。

政府部门作为项目的审批者和监督者、社会公共利益的代表者，如果能够在项目的立项审批、规划审批、设计审批等方面提高对项目的可持续发展要求，同时积极开展“社会评价”，使得项目的发展有利于自然资源的合理利用与生态环境保护，将有利于我国的经济建设和节约有限资源，保护自然与生态环境，造福人类，实现以人为本的可持续发展。

业主是项目的投资人，一般情况下，在保证质量和功能的前提下自然会考虑项目的经济可行性。但是如果采用全寿命项目管理方式，则意味着业主要将该项目放置在一个更高的层次，即从社会和自然的角度来进行项目的可行性研究和设计，筛选项目的承包商，采用新的环保材料、建造技术和环保技术。

勘察与设计单位，是业主的委托方，必须考虑委托方的经济利益，但是在某种程度上勘察与设计单位可以利用自己的专业知识，向委托方提供有利于可持续发展的项目管理方式的设计方案、新的环保材料、建造技术和环保技术。

监理单位的主要作用在于协调业主和各个项目参与者的关系，保证项目的质量、进度等公共利益。

施工单位是完成项目建设期建设的核心，如果项目中标的施工单位在业主、监理单位和政府法规的约束下，采用可持续发展和全寿命周期理论的项目管理方式，采用绿色环保施工建造技术，将进一步完善现有的施工方法，提高企业自身的核心竞争力。政府和业主应该给予其更多的奖励或提供更多的中标机会。

工程项目的施工建造需要大量的材料，材料供应方作为整个可持续发展项目管理链上的一个组成，应该从法律上保证其提供的材料符合发展要求。

3.3　“全寿命周期管理”理念在南沙大桥中的实践

3.3.1　与原有生态环境和谐相处

本项目所经地区为平原区，项目区大部分为水田、鱼塘和菜地。在测设过程中坚持节约土地和可持续发展的原则，贯彻严格保护耕地的精神，路线选线时尽量减少占用耕地及可建设用地。沿线管理、养护、收费设施尽量合并设置，互通式立交用地根据功能需要从严控制。

为减少项目建设对环境的干扰，项目主线全线均采用高架桥梁形式建设，最大程度减少了对原有土地的占用。海鸥岛互通立交设计方案采用了盘形布置，最大限度地减少土地占用（图3-1）。

桥梁工程施工过程中的桩基础和基坑施工是污染问题较突出的阶段，必须采取专项措施进行控制。南沙大桥在海鸥岛上跨越一条江鸥沥水道，这属于当地村民进行水产养殖的水域。

为了防止施工期间产生的污水影响水质，保护生态环境，施工前即在施工区域外设置了江鸥沥防污帷幕（图3-2），阻断污水外流，直至项目完成，才将防污帷幕撤离。

图3-1　海鸥岛互通立交

图3-2　江鸥沥防污帷幕

锚碇基坑施工期间有大量的土石方挖运，将产生大量泥水，而施工区域周围是池塘。为了不影响池塘内水生生物的生存，在施工过程中，沿着施工区域设置隔墙（图3-3），将施工区域与鱼塘隔离，同时加强对排水隔水设施的管理维护，在基坑施工期内未发生一起污水泄漏事件，实现了锚碇基坑施工与鱼塘的和谐共处。

在南沙大桥工程项目主墩桩基和锚碇地下连续墙钻孔施工中设立了泥浆循环处理系统，对泥浆进行循环利用，对钻渣进行集中处理，有效控制了泥浆污染（图3-4）。

图3-3　鱼塘区域无污染施工

图3-4　泥浆循环系统

沥青混凝土施工也是容易产生污染的工序，主要污染物是粉尘和烟雾，尤其是环氧沥青混凝土拌和温度高，环氧树脂散发的烟雾和气味更为浓烈，必须妥善处理。为此，本项目在沥青拌和楼增设了除尘除味系统，主要是在运料皮带设置集气负压罩，将粉尘带至喷淋塔处理；在沥青混凝土搅拌站设置负压集气罩，将含粉尘和烟雾的气体送至喷淋塔和活性炭处理后排放（图3-5）。

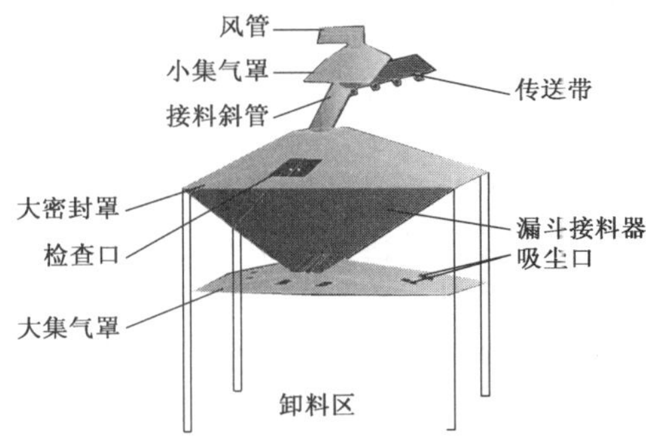

图3-5　负压集气罩装置示意

3.3.2 科学规划，为可持续桥梁工程创造良好条件

项目规划阶段的可持续发展目标最主要的是需要合理地选择桥位与路线走廊。南沙大桥在桥位与路线走廊的选择中遵循了如下原则：①符合区域发展规划，有利于社会经济发展；②作为关键节点，顺畅衔接珠江两岸；③不改变生态，有利于环境保护。基于这些原则，开展了北线、中线和南线三个线位的比较。为了与两岸高速公路顺畅衔接、尽量减少对地方现有建筑和规划用地的破坏、将沿江港口码头的不利影响降至最低，经过对路线走廊、桥隧方案、桥位选择、桥跨布置的充分论证，选择与高压电缆共走廊的中线方案，作为规划阶段的推荐桥位和路线走廊。

3.3.3 基于全寿命周期的设计，实现"桥梁优生"

3.3.3.1 方案设计

方案设计阶段的可持续发展目标主要是确定合理的桥型、桥跨布置及总体结构体系，具体包括：①合理确定桥型与桥跨布置，满足航道、航运发展和航运安全；②桥跨布置要满足结构、环保、防洪需求；③选择合理的结构体系。

以坭洲水道桥为例，方案设计阶段坭洲水道桥的主要控制因素包括：为满足各类航道需要，通航尺寸要达到1154m（宽）×60m（高）；由于坭洲水道桥航迹线偏向东侧，东塔须位于浅滩区，还要保护好北侧水中的既有电力设施。

针对上述控制因素，首先开展了斜拉桥与悬索桥的方案比较。经过比较，主跨1600m左右的悬索桥技术更为成熟，能更好地满足各类航道发展的需要。

大沙水道桥采用相同的原则，同深度比选了主跨1200m悬索桥和斜拉桥，考虑景观协调、技术成熟与建造风险后确定为主跨为1200m的双塔单跨吊悬索桥。

在引桥方案选择方面，考虑到桥位处软基深厚，传统现浇梁桥施工耗材多、环境影响大、建设周期长、质量控制难，选择了具有节能、环保、高效、耐久特点的节段预制拼装箱梁桥，很好地满足了可持续发展的要求。

3.3.3.2 详细设计

详细设计阶段的可持续发展目标主要是通过设计研究与创新确定合理的结构、构造及装置，通过高强度高性能新材料的研发，减少材料用量，充分保障钢结构与混凝土结构的耐久性，提升健康运营能力，实现运营期的可持续发展。

（1）结构、构造与装置的详细设计。

南沙大桥处于台风多发地区，台风强度强、频率高。桥的跨径越大，抗风安全性问题就越发突出。作为当时世界最大跨径的钢箱梁悬索桥，其抗风稳定性如何，人们并没有经验。由于这一问题关系到桥梁在全寿命使用过程中的结构安全和使用安全，设计人员进行了大量审慎而细致的研究。首先通过节段模型风洞试验优选加劲梁结构形式，确定了整体式钢箱梁抗风性能优于其他结构形式。然后通过大比例尺节段模型试验优化设计细节，采用整体式扁平流线型钢箱梁，斜腹板与底板夹角为17.4°，并增加了一个风嘴（该风嘴也设计提供了一个检修通道）；通过全桥气弹模型试验综合验证施工、维护期的抗风性能，实现了17级抗风系统

设计。

如何保证钢箱梁桥面板的抗疲劳性能，是正交异性板钢桥设计需要解决的关键问题。在业主的组织下，设计、科研单位开展了钢箱梁的细部疲劳试验，优化了细部构造，并通过足尺节段模型试件的静载试验。经过400万次的疲劳试验，结果表明，疲劳性能满足100年使用要求。

通过适宜结构体系研究，详细设计阶段提出了塔梁间设置纵向静力限位-动力阻尼的纵向新型结构体系，可以有效控制梁端纵向位移，减小伸缩装置规模，提高行车安全性，降低维修养护成本，体现了可持续发展理念。

在横向结构体系方面，提出一种采用蝶形弹簧＋阻尼器的新型横向抗风支座的横向减振耗能体系。该体系能改善桥梁横向受力性能，保证主梁与支座始终紧密贴合，具有自复位功能，能够提高行车舒适性。

在锚固系统方面，为解决锚固系统的耐久性和易维护性，研发并使用了多束成品索作为预应力束的无黏结主缆锚固系统。这种锚固系统的锚固索体在工厂完成制造，具备多重防腐体系，具有耐久性好、更换方便等优点。

为便于钢箱梁及主缆在运营期的检查维护，专门研发了钢箱梁内部和外挂检查车及主缆检查窗，实现“可到达、可检查”的功能，为运营期可持续发展目标的实现提供了保障。

（2）新材料研发——1960MPa悬索桥主缆索股技术研究与应用。

随着世界经济大发展和技术的进步，悬索桥不断向大跨径发展，对主缆强度的要求日益提高。现有的1770MPa钢丝难以适应未来2000m以上跨径悬索桥的需要。超大跨径的桥梁需要更高强材料，研发更高强度的主缆材料是大势所趋，这对于提高桥梁的可持续发展能力具有重要意义。在设计阶段，以南沙大桥项目为平台，数家国内企业开展世界上强度等级最高的1960MPa悬索桥主缆索股技术研究，并成功实现大规模应用，为大跨径悬索桥的可持续发展创造了有利条件。

（3）耐久性设计。

提高钢结构和混凝土结构的抗腐蚀性能，确保全寿命周期结构的耐久性，是详细设计阶段实现可持续发展的重要手段和保障。

对悬索桥的钢结构来说，主要是做好主缆及钢箱梁的耐久性设计。钢梁的防腐技术和材料目前已经相对成熟，设计的重点在于对主缆的耐久性措施进行研究，为此提出了智能中央除湿防腐系统方案。通过主缆密封、功能集成的干空气制备站、与健康监测网络兼容的集中监控等手段，实现钢箱梁、主缆、锚室、鞍室统一主动防腐，且具有更低的能耗。

针对混凝土结构100年防腐性能的设计，业主和设计单位组织开展“长寿命清水混凝土设计与施工技术研究”，研究人员研究桥位的特征，并结合在邻近环境多年的观测成果，提出了高性能防腐的混凝土技术标准、适当的混凝土保护层设计和疏水孔栓物、硅烷浸渍、防腐涂装等附加措施，为混凝土结构全寿命的耐久性提供了保障。

3.3.4　精细化施工和制造，实现“桥梁优育”

完备的耐久性设计只是实现100年设计使用寿命的第一步，如何在施工中实现预定目标，是建设者面临的更大挑战。他们通过积极践行建设品质工程的理念，在管理、技术、设备等方面持续创新,全力打造品质工程。

工程质量方面推行“零缺陷”理念,在混凝土构件、钢筋加工与安装、预应力、钢结构制造、悬索桥上部结构施工等关键工作中实现精细化。

对于混凝土结构,以信息化控制技术实现混凝土生产品质的精准稳定;通过专项技术有效控制混凝土结构的裂缝,通过对各类接缝、槽口、螺杆孔等细部的精细化处理措施,有效提升混凝土耐久性;通过严格管理和辅助性工具,基本实现钢筋保护层厚度和主筋间距浇筑前合格率100%;通过工艺创新,大幅提升预应力张拉均匀度。

对于钢结构制造,运用并进一步改进相控阵检测技术,倒逼焊缝质量的提升,通过运用索鞍机器人自动焊接技术、基于BIM数字化三维激光跟踪测量+虚拟节段拼装技术、数字离线编程模拟控制焊接+远程控制等先进技术,大幅提高了精益制造水平和生产效率,主体焊缝一次检验合格率达99.9%,加工制造精度实现了主要部位的“零缺陷”。

3.3.5 建立基于BIM的建养一体化平台

南沙大桥项目探索研发了交通建设领域首个“基于互联网+BIM技术的建养一体化平台”并全面应用,实现了建设期辅助设计、施工管理、钢箱梁智能制造、档案管理等多项功能,为BIM技术在桥梁工程的应用积累了经验;并坚持以需求为导向、覆盖全寿命周期管理的开发理念,推进BIM与健康监测、养护管理系统的融合,将建设实施阶段的BIM模型及与模型挂接的大数据信息,按桥梁结构养护需求归纳划分,传递给BIM+运维平台。构建质量可溯源、病害可定位、问题可跟踪的数字化、智慧化管养平台;结合结构监测和养护管理需求,形成基于建养大数据的桥梁状态动态评价体系;利用动态风险评估、智能应急等先进技术,结合健康监测预警信息,打造信息化、智能化的应急安全管理系统。这为项目的全寿命周期管理创造了有利条件。

第4章 南沙大桥“零缺陷”管理理念

4.1 “零缺陷”管理理论的诞生与发展

质量是企业参与竞争的核心要素,是企业的立命之本。质量控制理论自诞生以来经历了一次又一次地推陈出新,从科学管理理论、统计质量控制理论、全面质量管理理论逐渐过渡到“零缺陷”管理理论。

在20世纪30年代以前,质量控制理论以泰罗的科学管理理论为代表,质量控制的重点放在了事后检验。从20世纪30年代至20世纪60年代,质量控制理论以休哈特的统计质量控制理论为代表,质量控制的重点放在了制造阶段;这将检验环节从事后提前到了事中,使不合格品在即将形成或刚开始形成时能及时发现,予以阻止,但统计质量控制因为过分强调统计分析方法而忽视人的主观能动性,影响了质量控制理论的普及。在20世纪60年代,质量控制理论以菲根堡姆的全面质量管理理论为代表,质量控制延伸到全概念、全过程、全体成员。

随着社会的发展,消费者对产品质量的预期变得越来越高,人们对质量缺陷的容忍度也在逐渐降低。传统质量控制理论决定了企业会存在一定固定比例的不良品,这不仅难以充分满足消费者的质量需求,还会造成企业信誉损失,进而影响企业由此而获得的质量成本节约。在此背景下,管理者们再次审视质量控制与质量投入成本的关系,探讨零不合格率的最高质量是否应当被追求。直到1979年,后来被誉为“全球质量管理大师”和“零缺陷之父”的克劳斯比出版了《质量免费》一书,第一次提出了“零缺陷”的概念,即质量要“符合要求”,而非“可接受的质量水平”。在质量上,克劳斯比并不认同产品总会存在一定不合格率的观点,他认为任何水平的质量缺陷都不应该存在,质量控制的目标应是“零缺陷”。在质量成本上,克劳斯比认为高质量并不意味着高质量成本,质量其实是免费的,质量水平提高的关键主要是观念的转变与方法技艺的提高。

“零缺陷”理论因其独树一帜的质量控制思维引发了一场轰轰烈烈的质量变革运动,并在很多公司得到了验证,帮助这些公司大获成功。起初,“零缺陷”质量控制最初是作为一种高端的管理手段进行定位的。“零缺陷”质量控制首先应用于对于产品质量要求很高的国防企业,随后进入美国各大公司,例如国际商业机器公司(International Business Machines Corporation,IBM)、美国通用电气公司(General Electric Company,GE)、摩托罗拉(Motorola)、明尼苏达矿业及机器制造公司(Minnesota Mining and Manufacturing,3M)、惠普(Hewlett-Packard,HP)等。随后,世界各国的企业也在不断引入“零缺陷”的质量控制手段。而“零缺陷”管理理念的诞生与发展在工程建设领域也引起了思想变潮。在经济发展的早期阶段,人们对桥梁的要求主要是安全通达。高质量发展是新时代我国经济社会发展的必然要求。社会各界对桥梁工程的安全性、耐久性、舒适性和审美标准都有了更高要求,对工程的缺陷容忍度越来越低。桥梁建设领域必须适应这一要求,转变观念,通过严抓工程质量、严控工程缺陷,将工程建设水平提升至新阶段。

南沙大桥作为粤港澳大湾区重要的交通动脉和地标性的超级工程,任重道远。为了达到100年使用寿命,对于一些影响结构耐久性的缺陷必须尽可能完全消除,在外观和安全舒适方面必须让公众满意。因此,南沙大桥在施工伊始即推行"零缺陷"目标,争创品质工程,践行"精益创造,止于至善"的价值观。

4.2 "零缺陷"理念在南沙大桥的实践

克劳斯比认为,人在质量管控中发挥出关键作用,好的质量控制观念可以充分调动起员工的内部驱动力,有助于企业形成精益求精、追求卓越的企业文化。其著作《零缺陷的质量管理》中明确提出了"零缺陷"理念包括一个中心和四项原则。

1)一个中心:第一次就把正确的事情做对

所谓正确的事,就是满足客户需求,质量过硬的准确明晰的标准。所谓做对,就是要坚持"零缺陷"的管理标准,始终以此为准绳进行管理动作而非满足于及格。预期质量成果的实现需要人在每个工序、每处细节都以零缺陷为标准,认真执行质量管理,做到不在自我工序中制造出不良品,不向下一道工序输出不良品。所谓第一次就做对,就是要求员工第一次就将事情高质量完成,以避免后续人力、物力、财力的浪费,降低质量成本,提高质量控制效率。在南沙大桥的钢结构制造管理中,对于构件加工精度、焊缝质量推行追求"一次检验合格率"的理念。对于土建工程而言,由于构件规模大,返工造成的经济损失和时间损失较大,一般都追求一次成活即通过,但也存在着明知有"小缺陷"却"不忍"返工的情况,致使缺陷永久保留下来。对此,南沙大桥的策略是重点抓好工程"首件制",在"首件"或"试验段"实施过程中认真打磨施工工艺,各标段、各班组交流学习,在后续施工中达成"一次做对"的目标。

2)四项原则

其一:质量的定义就是符合要求,而不是好。

该项原则对于质量的概念作出了界定,质量的含义在于"符合标准",并不是"好""不错"等主观上具有模糊性的概念。南沙大桥广大建设者们对此的理解即是"按标准做事",建设者们严格依照开展建设工作。为此,管理者们早在大桥兴建之前就以客观、严谨的态度,在现有的国家标准和行业标准基础上,编制了《南沙大桥工程质量创优标准》《南沙大桥专用技术规范》《南沙大桥项目管理手册》等系列技术标准、工作标准和管理标准。在建设过程中,组织编制了焊缝相控阵检测标准、铸钢与厚板焊接标准、钻孔桩孔形检验标准等一系列补充标准,这些工作旨在尽可能多地将项目建设的管理和技术领域各个层面各环节的工作赋予标准。这避免了在建设过程中出现的做事无规矩,凭经验、理解、感觉做事的乱象,达到了工作要求明确、界面清晰、便于考核、易于复制推广的效果。

其二:工作标准是零缺陷,而不是差不多就好。

"零缺陷"观念的工作目标是向缺陷为零而无限接近,这要求产品不仅在最终质量上做到零缺陷,更是要在各个环节中都能达到零缺陷的要求。南沙大桥的建设者们为此提出"确保优良工程,铸造精品工程,分项工程合格率100%,主体工程优良率100%"的质量目标。他们认为"零缺陷"就是"止于至善"的具体体现。当然,南沙大桥项目是一个大型复杂系统,在目前国内建筑市场的实际情况下,不可能做到工程建设事无巨细都达到“零缺陷”。他们将重点锁定在影响结构安全和耐久性、生产安全等关键指标上。如混凝土钢筋保护层厚度,由于对使用寿命有直接影响,为了实现百年目标,值得下大力气追求“零缺陷”。坚持“零缺陷”理念,就是在任何时候都绝不向任何不符合要求的情形妥协。例如,大沙桥西锚其中的一层混凝土施工前的交验,就因为钢筋和模板的安装不满足标准要求,反复进行了7次才得以通过。正是由于业主和监理坚持不接收缺陷、不制造缺陷、不传递缺陷的态度,催生了大桥主体质量指标大面积零缺陷的奇迹。

其三:预防产生质量,检验不能产生质量。

事后检验的方式是在生产环节结束后筛选出不合格产品,这只能事后发现缺陷,却不能事前避免缺陷的产生。相对于此,“零缺陷”理念认为,事前预防才能真正产生质量,这要求企业在产品生产的前期阶段尽可能发现潜在的质量问题,进而将问题消灭在萌芽中。为了做好预防工作,南沙大桥从筹建期即开始精心策划,深入分析研究各类隐患的预防对策,充分发挥出了其在技术和管理方面的整体优势。南沙大桥将之前积累的先进施工技术、管理办法和管理经验高效整合,建立尽可能完善的控制措施、保障制度和工作程序。此外,建立了完善的过程质量管理体系,特别是针对各道工序的作业质量进行控制,同时借助统计分析工具,及时进行质量情况汇总,开展质量纠偏措施,确保质量的合理可控。在施工过程中,领导层努力让广大建设者们认识到质量缺陷和安全隐患只是表象,问题的实质是质量安全保障体系是否有效运行,每一个程序、每一个环节是否严格按标准执行。因此,南沙大桥建设过程管理的特点表现为不但重视检验考评,而且尤其注重从体系和制度上、从工艺上查找隐患/缺陷产生的原因和防范对策。如,隐患“三不放过”原则、以首件验收制为龙头的“四步法”工序管理流程(即方案审查、首件验收、过程落实、工艺总结四个步骤)、将未产生实际后果的违规行为作为隐患对待等一系列措施就是在此理念下产生的。

其四:质量是用不符合要求的代价(金钱)来衡量的,而不是用指数。

该项原则指出质量应当用可见、可量化的不符合要求的代价来衡量,例如第一次未运到标准所造成的损失、返工的效率损失等来衡量,然后用人们最关心、最显著的方式表现出来。

对于南沙大桥业主来说,建设期形成的工程质量直接影响桥梁的耐久性。从全寿命周期衡量,努力减少工程缺陷,减少运营期结构物的维修加固工作量,降低路面、吊索等部位的维修更换频率对降低综合成本具有十分重要的意义。以这一理念为指导,加大对质量的资金和管理的投入。例如,对桥面铺装的设计指标提高到了前所未有的程度,要求钢桥面环氧沥青混凝土集料针片状颗粒含量≤5%,压碎值≤12%,粒径<0.075mm颗粒含量≤0.8%,砂当量≥70%;对于引桥沥青玛𤧛脂碎石混合料(Stone Mastic Asphalt,SMA)的细集料也是同样要求。如此高的标准必须采用专用设备进行深加工方可达成,这无疑增加了不少成本,其目的是减少运营期的维修次数,降低全寿命周期成本。同类的措施还有:增加混凝土耐久性措施、研发使用成品索锚固系统、研发使用纵向静力限位-动力阻尼设备、悬索桥一体化智能除湿系统等。在质量管理方面,针对一些影响耐久性的重要指标,以“零缺陷”为目标加大管理力度,有利于降低养护成本。如钢筋保护层厚度、有效预应力的高合格率将延缓混凝土结构维修时间,最大限度地减少焊缝的缺陷,延长钢结构的维修周期和规模,增加主缆的圆度和降低空隙率将有利于减少运营期索夹滑移的程度。

在施工质量管理过程中,管理层始终向施工人员传递正确认识质量与成本的关系理念。

全体施工人员意识到标准是不可动摇的这一现实，不符合的工程唯一处理方式只有返工，低质会产生亏损。此外，施工承包合同中设立优质优价制度，鼓励承包人在质量提升方面努力。如，为了激励施工人员争创钢筋安装的“零缺陷”，对辅助夹具、定位架等设施的投入进行补偿，业主设立了钢筋安装专项评比优胜奖，让人员感受到质量和金钱的直接关系。

4.3 推行“零缺陷”理念的成效

在“零缺陷”理念的指引下，对高质量的追求蔚然成风，大部分的质量指标实现了高水准常态化，品质工程建设屡创佳绩。部分成效列举如下：

1）全桥混凝土结构实现内优外美

全桥混凝土结构的强度及耐久性指标100%达标。借助信息化监控系统和拌和楼数控计量设备，自开工以来，混凝土拌合料严格控制在±3%以内，水和外加剂控制在±0.4%以内，掺合料±2%以内，实际生产配比稳定，混凝土品质得到有效保证。

构件外观光洁，基本无蜂窝、砂线，接缝错台小，预埋件和扶墙件有效防腐，基本消除了表面锈迹（图4-1）。

图4-1　混凝土结构内实外美

2）钢筋制作及安装实现高精度

通过持续开展钢筋加工安装专项整治工作，成功消除钢筋安装方面的通病，钢筋间距和保护层厚度（浇筑前）合格率基本可达到100%（图4-2）。

图　4-2

图 4-2　“精益创造”的作品

3）预应力张拉有效力值有可靠保障

为了进一步提升预应力施工精细化水平，南沙大桥项目向“有效锚下预应力”和“同束不均匀度”两项高难度指标发起了挑战。由业主组织持续开展预应力施工专项评比活动，聘请专家指导、强化培训，通过孔道摩阻试验实测数据指导施工，在现浇箱梁和节段梁施工中创造并使用了“子弹头穿束工艺”，主塔横梁预应力采用地面预制、整体吊装拼装工艺。通过上述一系列技术和管理措施，锚下有效力值合格率稳定在95%以上，同束不均匀度指标合格率达92%（图 4-3）。

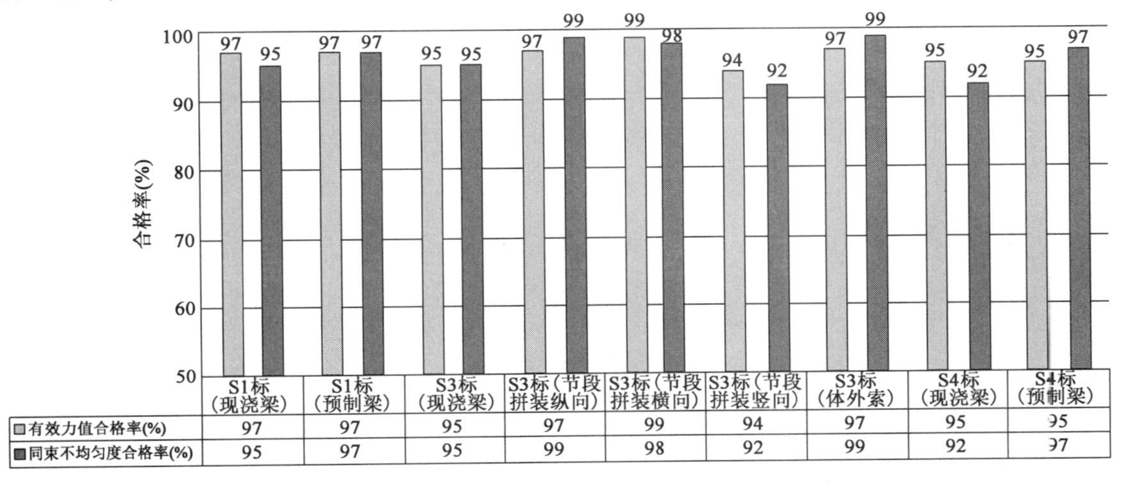

	S1标（现浇梁）	S1标（预制梁）	S3标（现浇梁）	S3标（节段拼装纵向）	S3标（节段拼装横向）	S3标（节段拼装竖向）	S3标（体外索）	S4标（现浇梁）	S4标（预制梁）
有效力值合格率(%)	97	97	95	97	99	94	97	95	95
同束不均匀度合格率(%)	95	97	95	99	98	92	99	92	97

图 4-3　南沙大桥桥梁锚下有效预应力合格率统计情况（2018 年）

4）钢结构制造基本实现“零缺陷”

包括钢箱梁、索鞍在内的钢结构焊缝一次检测合格率达到99.99%。在钢箱梁总拼环节解决了锚固构造组装精度、整体线型控制精度和熔透焊接变形等重难点问题，保证了钢箱梁的箱口尺寸100%合格。防腐涂装的拉拔试验结果合格率达到100%。

图4-4　索鞍槽口加工

南沙大桥索鞍是国内同时期最大的桥梁铸钢件，最大单体净重达175t，索鞍鞍槽形状复杂，采用一般工件固定方法加工鞍槽根部将有较多残留无法加工去除，需要进行人工劈铲修磨去除，加工效率低且质量低。为提高加工精度和加工效率，针对鞍槽加工残留大的问题，承包人新购置FB260数控镗铣床并开展技术攻关，在国内首次成功实施了索鞍鞍槽45°倒角机加工一次成型，将鞍槽根部加工残留小于2mm，不需要人工劈铲，即可满足尺寸要求（图4-4）。索鞍焊缝的合格率也达到了100%。“一次就把事情做好”使承包人在质量和效益上获得了双丰收。

5）悬索桥上部结构安装主要指标全优

经过一系列的工艺创新和设备改进，两座主桥主缆索股架设实现线形精度、锚跨张力、主缆空隙率、圆度等指标合格率100%。索夹及吊索安装均满足要求，主缆缠丝、涂装质量合格。钢箱梁安装焊缝合格率100%，主梁上下游高差小于2cm，合格率100%。

第5章　南沙大桥安全生产事前管理

对于工程建设来说，安全生产事关人命，最大限度地避免安全事故是工程管理的首要任务，也是重要挑战。大型工程由于复杂性，危险源广泛存在；同时又由于人员多，素质参差不齐，发生安全事故的可能性很大，安全隐患的整治工作繁重而艰巨，安全管理难度极大。

南沙大桥工程位于珠江三角洲核心区域，两座悬索桥跨越珠江河道交通繁忙的航道，江面宽、通航等级高、条件复杂，桥址区台风频繁，施工工序多、工作界面复杂，危险源众多。具体来说，南沙大桥安全生产面临着“六个集中”的挑战，包括技术难度集中、高空作业集中、水上作业集中、深基坑作业集中、大型机械设备集中和交叉作业集中。如何跳出“头痛医头，脚痛医脚”的治标模式，更有效地防范安全事故，是南沙大桥建设者面临的重要课题。

5.1　海因里希法则与“治未病”理念

5.1.1　海因里希法则的启示

面对严峻的安全生产挑战，南沙大桥的管理者们尝试从经典的安全管理理论——海因里希法则中汲取灵感。1941 年，美国安全工程师海因里希统计了 55 万件机械事故后认为，事故发生频率和事故后果严重度之间是存在一般规律的，在机械生产过程中，任何 1 起重大事故的背后都有着至少 29 起轻微事故，以及 300 起未遂先兆和事故隐患，这一规律后来被称为海因里希法则或者“1∶29∶300 法则”，并成了安全管理的重要法则[10]。海因里希法则提出，应当去关注事故发生的源头，中断事故发展的过程，以此来达到防范重大安全事故的目的[11]。海因里希首先提醒人们将关注点引向未遂事故和安全隐患，因为未遂事故和安全隐患虽然没有直接造成人身伤害和经济损失，但其发生的原因和发展过程与重大安全事故是一致的。如果没有外力介入进行管控来中断未遂事故和安全隐患的发展，两者极有可能最终酿成难以想象的后果。并且，未遂事故和安全隐患发生的可能性比严重伤害事故大得多，更容易对其进行安全管理工作。对于如何事先发现和消除未遂事故和安全隐患，海因里希认为，应当消除人的不安全行为和物的不安全状态[12]。海因里希提出，事故的后果是人员伤亡，而事故的发生则是由人的不安全行为和物的不安全状态导致的。所谓人的不安全行为或者物的不安全状态，指的是那些曾经引起过事故或者可能引起事故的人的行为或者物的状态，例如施工人员站在工作中的挖掘机回转半径内、塔式起重机吊装易燃易爆物品、裸露的电缆等。这些不安全行为和不安全状态在事故发生之前往往已经暴露了多次，抓住时机，及时消除，将事故扼杀在萌芽之中将会是行之有效的安全管理手段。

基于上述原则，南沙大桥分公司首先将安全生产管理的重点放在隐患排查与治理上，并构建起检查考核评价体系。建立施工项目部—作业队—班组三级检查制度,做到纵向到底;明确业主对监理和施工单位、监理对施工单位的检查频率和方式,增加抽查提问、考试等形式,提高安全检查的有效性;实施凡检查即考核,考评结果纳入"平安工地""安全进度奖"考核体系。这一系列措施的实施取得了一定成效,数月后,被查处的安全隐患数量明显下降。然而,仍然存在一些类似问题重复出现的情况。此外,当新的工序开始后,新的隐患也会出现。安全管理人员依旧深感压力巨大,对此,他们积极思考如何进一步降低安全隐患发生的频率,并认为必须从更根本的要素上系统性地解决问题。因此,南沙大桥安全管理人员开始借鉴中医"治未病"的理念进行安全生产管理。

5.1.2 "治未病"理念

"治未病"这一理念在《黄帝内经》中被正式提出[13]。唐代医家孙思邈秉承了这一理念,把疾病分为"未病""欲病""已病",并指出要"消未起之患,治未病之疾,医之于无事之前。"字里行间蕴含着对"无事之前"的养生防病及治病重在治根的观点。我们很熟悉的典故《扁鹊见齐桓公》说的就是这个道理,扁鹊见齐桓公的时候,发现他的面色不是很好,就提醒他说,您的面色不好,可以通过及时治疗而痊愈,但是齐桓公认为自己没病,没有引起足够的重视,不久就重病缠身不治身亡。

中医的这种"治未病"理论是基于对人体的独特认识。中医认为,人体各脏腑相互联系并构成一个复杂的系统,各要素之间互相作用、互相制约、互相影响,按照一定的规律运行,古人把这种规律称为阴阳五行律。中医的诊治多采用系统思维,不局限于解决表面症状,而是注意到某些轻微症状背后往往是系统某个环节运行上出现了问题,针对系统的问题施治,实现治标和治本。如听力减退的症状,除了听觉系统本身的原因也有可能是肾脏亏虚引起,辨明是肾阴虚或阳虚后,则可服用相应药物治疗,这样就能预防肾脏或其他脏器的病症出现。

"治未病"理念包含两层意思,一是防微杜渐,及早治疗,提高治愈率并且降低成本;二是治本治根。这一思想在后世一直具有深远的影响,不仅关注病症本身,还更注重病症背后的深层次系统原因,这种系统性思维对于工程建设也有着深刻的启示。特别是对于大型项目而言,安全事故的发生会造成巨大的损失,更加需要应用"治未病"的思想,从根本、从源头去防止安全事故的发生。

南沙大桥的项目管理充分吸收了"治未病"理念的精髓,安全生产管理过程中注重将发生事故的潜在因素和正在转变为事故的因素提前消除,做到"为之于未有,治之于未乱"。在实际工作中的原则就是不仅关注事故,还要关注未发生伤害的隐患;不仅要关注隐患治理,还要关注隐患发生的原因,保持管理系统的健康运行,最大限度地减少隐患的出现。

5.2 处理隐患的"病根"

5.2.1 安全隐患的"三不放过"

"治未病"理念的核心是对待隐患的态度。首先,根据"治未病"理念未病先防的主导思想,对施工过程中发现的隐患予以高度重视,实行"三不放过"原则,即:隐患未整改不放过、造成隐患的原因未查清不放过、责任人未受到教育不放过。

隐患未整改不放过，是海因里希法则的应用。大事故的发生经过了很多的轻微事故和隐患，如果能对隐患采取“不放过”的措施，那么就能有效减少轻微事故的发生，也就更能降低重大事故发生的概率。所谓的隐患，包括施工现场可发现的不安全状态和人的不安全行为，也包括制度缺陷、培训不到位等深层次的隐患，这些问题都属于必须整改的范畴。

造成隐患的原因未查清不放过，是在“治未病”的理念下开展对造成隐患的直接原因和系统原因的诊查。相比督促隐患整改这一“治标”措施，查清隐患发生的根本原因并将其遏制在未发之时，从而达到“治本”目的更为重要。

南沙大桥项目执行这一原则的具体做法是：在安全隐患整改通知单中单独列出一栏，要求现场管理人员对问题或隐患的原因进行分析和归类，如图 5-1 所示。常见的问题或隐患原因包括制度/方案缺陷、交底培训缺陷、有章不循和未识别的危险源。经过实践来看，在形成隐患的原因中“有章不循”占了 70%。因此，严格执行工程制度，着力加强对制度执行的监督，对于杜绝安全隐患来说至关重要。

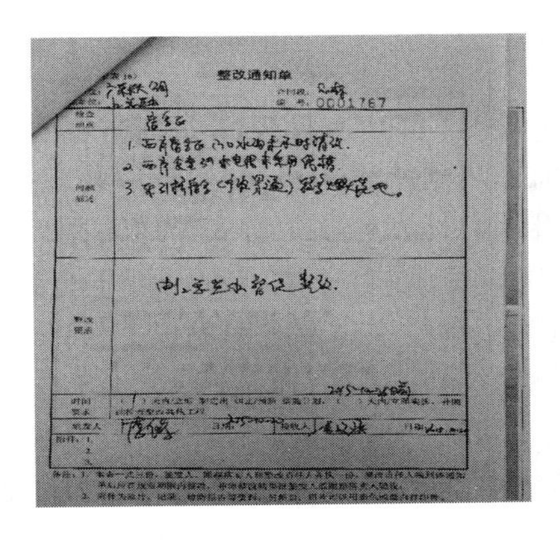
整改通知单

0001767

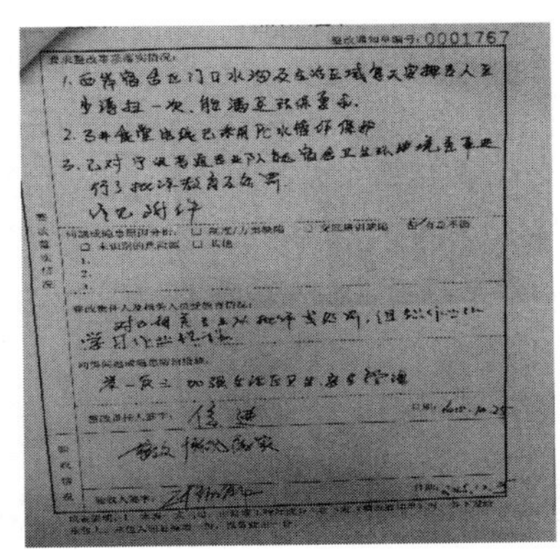
0001767

图 5-1　隐患整改通知单

责任人未受到教育不放过，是预防隐患的根本性措施。任何隐患都有责任人，隐患的形成可归结为该责任人的行为模式、认知、态度等因素，如果对这些因素不加以制止、改变，势必造成更多的隐患乃至事故。因此，通过一个隐患查处事件对责任人进行教育纠偏，可以起到遏制海因里希法则发展的作用，这是“以人为本”安全理念的具体应用。

5.2.2　处罚的艺术

“治未病”不是不允许人犯错误，任何人都会犯错误，这是不可避免的，但是要避免重复犯错误。因此，业主坚持了“隐患未整改不放过”的原则，严肃认真地调查处理每一项事故，并且提出防止类似事故的切实可行的预防措施要求事故发生单位和责任人落实，最终目的是防止再犯。这就是海因里希所强调的“斩断多米诺骨牌的传递”。对于未造成实际损失的错误或隐患，初次出现的，按照“三不放过”原则处理，只对重复出现的错误或隐患进行经济处罚；对于同一个单位多次出现同类错误，则予以重罚并开展专项整治进行重点处理。经过常抓不懈，南沙大桥建设过程中的不安全行为逐步减少，确保了项目施工的顺利进行。

5.3 强化预防性管理

5.3.1 安全文明标准化

实施安全生产和文明施工是强化预防性管理的重要手段。主要措施一是临时设施标准化。在招标文件中明确栈桥、大型模板、平台、支架、爬梯、猫道等临时设施安全标准,施工期间按标准建设、验收。推行"临时设施,非临时的标准"理念,提高支架的施工质量标准。二是桥梁工程装配化。全桥主线90%的梁段采用节段梁预制拼装和钢箱梁拼装法施工,东涌互通和沙田互通的部分现浇匝道梁桥变更为预制安装梁,这样可将大量的高空作业转化为地面或工厂制造,大幅提升安全质量水平。三是工作环境精细化。工作环境实施精细化管理,用图示和数据全面规范现场建设,改善工作条件,包括生产生活场所建设标准、卫生标准、设施标准、工作场所与标牌标识的视觉识别系统(Visual Identity System,VIS)等。

5.3.2 深化危险源辨识

为提升安全风险管控水平,从危险源辨识、风险评价和风险控制等方面着手,通过编制与落实专项方案,做到风险辨识清晰、风险评估到位、风险结果运用充分、风险防控措施到位。

首先,推进多层级的安全风险评估。项目开展总体和分项工程安全风险两级评估,总体风险评估由专业单位实施,实行专家评审。2014 年 6 月,项目业主组织开展了全路段桥梁建设的安全风险评估。分项工程风险分析与评估由施工单位项目部组织完成,坚持风险评估先行。根据风险评估结果,编制安全专项施工方案,优化施工工艺,落实风险防范措施,降低施工风险。

其次,以风险评估为依托,建立隐患与风险的对应关系,实现隐患排查目标明确,管控治理分级明晰。在各分部分项工程的安全检查过程中,业主、监理和施工管理人员按照对应分级明确的风险去排查隐患,及时消除隐患,实现隐患排查有的放矢,风险控制目标明确。

5.3.3 狠抓教育培训

习惯是长期养成的一种潜意识的、自然而然的行为。如果能够养成良好的安全习惯,树立起安全意识,从思想上把安全管理视为最重要的管理动作,自觉肩负起安全管理的责任,就能把事故消灭在萌芽期。安全防范意识即对有可能发生安全事故的预知意识,它是对自己在工作时未来可能发生某种危险所做出的预知行为[15]。安全防范意识的形成重在安全培训工作的落实情况。这就要求企业在施工人员入场前先对其进行安全培训,培训安全管理规范,培训如何操作才是正确安全的行为。因此,南沙大桥项目形成了"教育培训不足也是隐患"这一认识,对安全教育培训可谓不遗余力。

建筑施工企业工人流动性大,工作环境不固定,文化素质相对较低,其中部分年龄较大且工作多年的工人囿于惯性思维和过往经验,而年龄偏小的工人工作技能较差,流动性大。针对工人的这些特点,南沙大桥对培训教育重点抓了四个方面的工作,包括教育培训的覆盖面、教育培训的针对性、培训活动的多样性以及培训活动的专业性(图 5-2)。

在日常管理中，业主收集了以往工程中典型的安全隐患和违规作业行为案例，编制发布了《隐患图识手册》供施工人员学习（图 5-3），通过和参建各单位互动的安全生产管理 QQ 群、微信群等信息交流平台，以及借助安全文化宣传栏、安全教育挂图、安全视频、宣传标语和安全系列文化活动等，营造南沙大桥良好的安全文化氛围，使得安全文化深入一线，提升广大员工和工人安全意识，实现以“要我安全”到“我要安全”的转变。

图 5-2 项目级安全培训教育

图 5-3 隐患图识手册

同时，项目全面深入推进平安班组建设，在班组建设管理中以实行班组规范化、标准化管理为核心，以推行公路施工现场劳务用工实名制为抓手，以提升工人职业技能、安全素质和施工条件为着力点，着重落实劳动用工管理，深化安全教育培训，推进从业人员安全意识与安全管理水平提升。

班组是工程建设基层组织，涉及班组间劳务合作和交叉作业，但班组建设管理者对于抓什么、怎么抓的认识和管理方式不同。南沙大桥班组建设以“零事故班组”建设活动为依托，重点抓班前教育、班组自我管理、班组长能力提升和班组交流等四个方面内容，取得了良好的效果。这对于落实各项安全生产措施、打造品质工程起到了积极的推动作用，为推动南沙大桥工程建设安全生产的稳定创造了良好的条件及环境。

第6章　南沙大桥程序化管理

在项目管理中，人是最为重要的因素，同时也是不稳定的因素。不同的人在思想认知、经验、水平上存在差异。即使是同一个人，其情绪在不同的时间也存在波动。如何提高工作质量的稳定性，提高整体水平，避免由于人为因素影响而产生管理水平上的差异，是现代企业迫切希望解决的问题，而实行程序化管理是必然的选择。

不仅如此，在质量安全管理中，程序化管理更是实现事先防范、事中及时纠偏的重要手段。追求工程质量，关注点应放在工作质量，而不是成品的质量指标上，因为工程质量是由工作质量决定的，即过程决定结果。将过程中的每一个步骤每一个环节都做到符合标准，就能得到符合标准的结果。

对于大型工程管理而言，工程参与单位多，施工人员来自四面八方，构成复杂，经验各异，技能不齐，管理受人为因素影响大、管理不规范和管理粗放的现象普遍存在。为了实现项目建设整体的高品质、高效率，南沙大桥的建设管理者将加强程序化管理作为项目质量、安全和造价管理的重要手段。在项目前期和建设过程中，制定了一系列的管理程序和工作流程，并督促承包人完善标段内部管理和工班作业流程，通过坚持程序化管理，贯彻“不走捷径”的理念，使南沙大桥在建设过程中得以顺利实现安全、质量和造价的有效控制。

6.1　从三个层级完善管理程序体系

南沙大桥各参建的施工和监理单位均已获得ISO 9000体系的认证，相关的程序文件和制度基本完整。进入南沙大桥项目后，由业主牵头，根据项目建设目标和业主主导的管理模式及第三方检测等专业化管理机制，在现行的国家基建管理程序和行业规章、规范的框架基础上，补充完善一系列管理制度、规程、标准和实施细则，融入程序化文件，分别在项目级、标段级和班组级三个层面上进行整合和完善。

6.1.1　项目级流程管控

对于重要节点计划、重要技术方案、关键控制节点的检验以及工程变更、验收等涉及多方参与处理的事务，设置项目级程序。项目级流程管理由业主、监理和承包人执行，部分环节甚至是全体承包人和监理参与。例如，对于分项工程的实施推行“四步法”流程管理，管理环节包括方案审查、首件验收、过程落实、工艺总结四个步骤。

第一步，对施工方案的可行性与可靠性进行严格审查。监理组织审查工作，对于涉及重要工序的施工方案，必须有承包人的法人单位技术负责人进行内审和业主参与。

第二步，首件验收。业主参与到本项目范围内分项工程的第一个首件验收。通过首件试验能够验证施工方案是否可行，又能及时发现施工方案中的不合理之处。对于墩、塔、梁、柱、锚体等部件，要求在线外开展首件试验，对于桥面铺装，要求首先在线外进行试拌试铺，试验通过后再在线上进行试验段施工。

第三步，严查施工方案落实关。现场作业人员会随着施工经验的增加，对工艺、设备等达到一定的熟练程度。这个时候项目管理人员的工作重心要放在施工方案的落实执行上，防止工作人员由于思想松懈造成安全质量事故的发生。

第四步，总结与推广。通过一个阶段的实施后，及时组织相关单位参与人员进行总结，总结实施过程中存在的问题，针对问题改进管理措施，完善预控要素，为下一阶段项目管理总结经验。通过以上四步，使施工管控水平得到保证甚至实现螺旋式上升，进而扩展到整个项目，促进各标段的共同进步。

6.1.2　标段级流程管控

标段级流程管控由监理、承包人、检测或监控执行。在既有的管理程序的基础上进行统一和完善，理顺各方关系和工作界面，涉及的内容包括施工质量控制程序、工序报批程序、监理工作流程、工程进度监理工作流程、安全管理工作流程、危险源辨识评价与控制流程、试验检测工程流程、委外试验监控流程、设计变更审批流程、计量支付流程等。图6-1为试验检测工作程序。

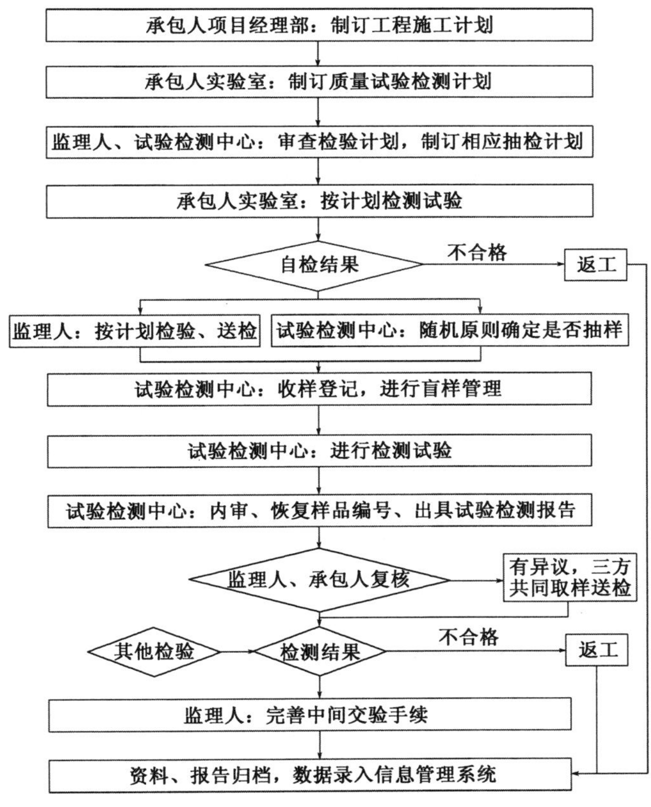

图6-1　试验检测工作程序

完善管理程序中的关键节点是提升管理效能的一项重点工作。例如，本项目首次提出的安全生产专控工序制度就是安全管理管控的重要抓手。南沙大桥专控工序管理制度就是将一些较大风险的工序，如高墩翻模及索塔爬模施工、架桥机安装及过孔、挂篮悬浇、支架现浇梁、栈桥平台、塔式起重机基础、索股安装、跨缆起重机安拆、钢箱梁吊装、索鞍门架安装及拆除、猫道架设及拆除等重点施工工序都列为"专控工序"，这些工序必须由监理进行安全检查签证后方可进入下一道工序施工。

"专控工序"管控力图解决两个"两张皮"问题。首先是监理的安全管控和质量管控"两张皮"问题。按照要求，由监理进行安全审查和工序审批后方可进入下一道工序。然而安全生产工作却显得相对"独立"，驻地监理和安全监理如果发现了安全问题，一般就是及时发出整改指令或处罚单，并没有让监理对工作进行全面检查的规定时间。"专控工序"将监理的安全检查设定为工序检验的一个流程节点，监理要对照审批的专项方案进行全面核查，确保现场施工完全按照方案实施，解决专项方案与现场实施"两张皮"的问题。

在钢结构质量控制方面，由于本项目钢结构工程具有点多、分散的特点，管理者们采取了切合实际的管理思路。按照工艺流程制定质量控制计划，在不同工序、阶段设立质量控制点，包括文件见证点、现场检验点、现场确认点、停止点等，从而督促制造、监理和检测单位履行职责，按质量管理程序进行质量控制，并通过钢结构信息化管理系统实现动态管理。以检查程序为例，基本做到每个工点、每道工序均有三检及监理人员旁站验收。

6.1.3　班组级流程管控

有研究指出，由于人的不安全行为而造成的事故占事故总数的绝大多数。安全管理系统最重要的目标就是要保证每个个体的行为可控。管理者必须做到将目标、流程、方法、标准设置得清晰明了，让员工准确掌握。只有把这些功课做足了，再加上过程的跟进控制，才能达成目标。对于一些危险性较大的复杂工序，南沙大桥业主督促施工标段将班组岗位操作规程做实做细，在编制操作规程时，制定岗位级的操作流程。要确保每一个岗位人员都清晰了解本班组和本岗位的工作标准、要求和操作细节，做到行为符合标准。

同样，在工程质量方面，班组工人是将设计和质量标准落到实处的最终实现者，每个个体的操作决定了工程质量的好坏。完善的管理流程和操作规程有助于获得稳定的工作质量。

在前期某标段的一个墩柱拆模后，发现一个预埋螺孔因漏浆而形成一块明显的黑斑，严重影响外观。经分析，应是装预埋螺母时漏放了垫圈。浇筑混凝土前没有人发现这个错误，由于墩柱内结构复杂，需要安装的构件多，模板工和钢筋工的责任心稍有欠缺就容易出现疏漏。因此，南沙大桥把加强对工序各项工作的逐项检查作为完善程序化管理、保证工程质量的重要举措。具体做法是选择部分工序实行"工序流程卡"制度：对桩基、墩身、塔柱节段、箱梁预制安装、防撞栏、钢箱梁制造、索鞍索夹制作等工序，在首件工程实施的同时即贯彻实行工序流程卡制度。工序流程卡分为工序流程说明卡和工序流程跟踪卡（表6-1）。工序流程说明卡由施工单位技术部门负责编制，详细罗列该分项工程从图纸审查、材料准备与加工、各组件的制作安装到成品的全过程工作，并对每个工作的操作要求与注意事项进行说明，经总监理工程师审查同意后纳入施工技术交底内容，技术工人人手一张。工序流程签认卡以表格形式逐行列出分项工程的各施工工序，逐列列出对应工序的施工内容或检查项目、施工人员签认、检查人员签认、检查时间及相关说明等,每道工序完成后由施工人员签名,施工单位质检工程师对该工序施工情况进行检查并在卡片中列明检查情况,在工序交接时,对上道工序逐项工作进行清查确认。监理对规定的检查点进行检查检测。工序流程卡与首件工程同时验收,验收合格后在后续工程中推广使用。

混凝土箱梁预制工序流程跟踪卡示例　　表6-1

节段编号						
模板编号						
检查申请表编号						
浇筑日期						
浇筑前的内容						
序号	工序	检查项目	施工人	检查人	日期	备注
0	(签定)图纸	最新的施工图纸				
1	钢筋加工	下料单,质量记录				
1.1	钢筋笼	尺寸,数量,间隔				
		锚固,扎丝,固定				
…						
2	模板					
2.1	外模板	底模,开口				
		翼缘				
		排水埋件				
…						

6.2　善用工具强化程序管理

为了增强程序化管理的效果,南沙大桥使用了格式化、清单化和信息化等手段,助力各项程序的执行与监督。

格式化的管理方式就是将管理流程、工作内容、检查内容等编制成表格,通过表格的流转保证流程和内容规定得到完整落实。具体包括承包人用表和监理人用表,并明确所有用表签批程序和表格使用规则。

清单化管理的优点是工作要求具体明确、简明扼要、可检验性强,可有效防止抽象化和模糊化带来的理解偏差和解释偏差,防止工作中出现遗漏和错位。南沙大桥程序审批表中设立有事项清单,将某一审批环节所有前置条件一一列明,便于申报人和审批人核对。例如,安全管理制度规定,分项工程开工申报前须完成该分项工程的危险源辨识。这项要求是将国家安全风险管控制度习惯要求细化并实现程序化,但以往工程项目未曾实施过。将此项要求列入审批清单后执行情况良好。

信息化系统是实行程序化管理有效的工具。南沙大桥项目在工序签批、试验管理、计量与合同管理、隐患处治等工作中运用信息化系统进行流程管理。例如,监理的工序许可签证工作通过手机在信息化系统上进行,现场检查情况照片、签证时间、混凝土浇筑时间均在系统上及时显示,违反程序的行为会处罚警报(图 6-2、图 6-3)。这些信息化手段取得了良好效果,相关的制度和标准得到全面执行。

图 6-2　在 BIM 平台上运行的监理工序签证程序

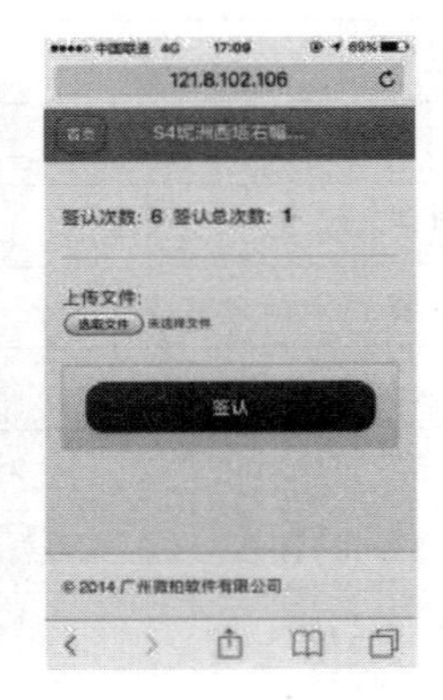

图 6-3　签证手机端界面

6.3　贯彻“不走捷径”理念

工程施工涉及繁多工序,每道工序的操作流程都是根据实际的经验教训编制而成的,跳过某些操作流程往往会酿成苦果,而这在各类事故中屡见不鲜。古往今来,社会上普遍存在的变通文化,是工程建设领域追求品质和生产安全的重大障碍。对制度和程序缺乏尊重、遇事爱走捷径的思想是工程管理的大敌。南沙大桥建设者们提出的“不走捷径”理念,实则是和变通文化中存在的弊端作斗争。

知方圆,守规矩,敬畏程序,不走捷径,这是南沙大桥项目在建设期间着力推行的重要理念,也是建设者们心中朴实而执着的追求。

6.3.1　抓好学习宣贯

要确保制度和程序的执行力,一是要熟悉和掌握制度和程序。开工之初,业主组织监理和施工技术管理人员认真开展制度和专用技术规范的宣贯并布置了学习任务,并按照计划举行考试,对成绩不合格人员进行重点督促,确保学习效果。在监理的见证下,施工单位组织各部门和班组开展标段和班组层级制度、规程学习教育。同时,在办公区、生产加工区和施工现场悬挂相应的制度和规程,以便于提醒和对照检查(图 6-4)。二是在实施过程中对执行制度和程序的情况进行检查。对不执行制度和程序的行为进行处罚和扣分,责令返工,让走捷径者付出代价。从实践情况来看,相对于罚款,返工带来的思想触动更大,效果更明显。

图 6-4　现场设置的工艺流程图

6.3.2 每一道程序都严格把关

再好的制度归根结底需要人来执行,任何一个环节走过场或者被绕过,都是对制度的破坏。在业主大力倡导和带领下,监理人员在“严格把关”方面发挥了重要作用,对各个工序和方案的审批严格执行标准,往往有些工作需经过多次反复才能进入下一环节。如在南沙大桥的施工管理资料中,时常能看到报审方案封面上有A版、B版、C版等字样,这是因为上报至监理审批的施工方案有时需要多次退回修改才获通过,为了在文件流转和存档时不至于发生混淆,就对各次报告材料进行了编号。

在现场工序交验中,一些骨干监理人员拿出了执拗的精神,锱铢必较,严守标准。大沙水道桥西锚内衬墙的一层混凝土施工前的交验反复整改了7次才得以通过。有一次,某标段的墩柱申请首件开工,监理发现其模板未经检验,于是对模板进行了验收检查(图6-5),结果不满足专用规范的标准。而此时,承包人委托的加工厂已完成了数十吨模板的制造,付出了很大的成本,但监理依然坚决拒收,要求返工重做,不搞“下不为例”。在这样一些由业主和主要监理人员主导的典型事件的影响下,严格把关逐步成为项目建设管理的共识。

图6-5 监理验收模板

在钢结构制造管理方面,索鞍索夹生产厂家位置分散,分包厂多。为了对全流程进行有效把关,总监办共派出11名驻厂监理,全过程覆盖,形成了过万张抽检资料,实现了铸件100%合格、索鞍焊缝检测一次合格率超过97.4%的优秀成绩。

6.3.3 克服困难也要坚守

对“不走捷径”理念的最大考验是施工过程中遇到的大大小小的困难。例如,大体积构件巨量材料“先检后用”程序的推行就是一个典型例子。最大一次大体积混凝土浇筑量达1.8万m^3,水泥用量近3000t,砂石近3万t,这给材料检验带来了巨大挑战。由于材料检验需要一定周期,特别是粉煤灰和矿渣粉要检验7天活性指数,想要先做完检测后放置3天或7天再使用,现场不具备如此大的储存能力。“先检后用”的条件不具备,这是放弃既定程序的最好理由。走捷径的做法就是降低检测频率、先用后出检验报告。但管理者们决心克服困难也要坚守程序。他们创新地将工作前置，通过将材料检验工作提前至水泥厂家的专用库、粉煤灰及矿粉中转专用库、砂石船停靠点进行，同时采取封签验收等措施，确保了入场材料先检后用。

在大体积混凝土浇筑方面，专用规范规定入模温度不得高于28℃，而且实施入模前每车必检的程序。由于广州地区气温高，在进行首次施工时发现，在白天，用制冷机生产的冰水作为混凝土用水不足以保证混凝土温度低于28℃。而业主和监理丝毫不肯降低标准，温度超标的混凝土一律倒掉。在高压之下，施工人员开始积极探索新的解决方案，最终决定外购冰块制成冰屑掺入混凝土，和冷却水一起使用，效果颇佳。得益于珠三角地区海鲜产业链的发达，冰块供应充足且便捷，在调整了破碎和掺加工艺后生产很快进入正轨。温度检测按照施工单位100%自检、监理抽检20%以上的程序进行，业主代表随机巡查（图6-6）。制度执行期间，也有人想打"擦边球"，结果被管理人员严厉批评，勒令整改。在报废两车不合格的混凝土后，承包人加强了自检，改进了工艺，确保以后所有的混凝土温度全部合格，这项检验程序也得以落实执行。

图6-6　混凝土浇筑测温

6.4　创新与坚守并行

在南沙大桥的建设理念中，值得关注的是，南沙大桥建设者对制度和程序的坚守与其大胆创新、锐意进取的精神是并存的。创新与坚守，看似矛盾，其实是作用于事务的不同层面，相生相荣。高质量的发展既要有创新，又要有坚守。创新创造活力，是一种攻坚克难的开拓精神，强调的是在技术领域和管理领域的锐意进取，敢想敢为，创造出各类技术先进、世界一流的技术和方案。坚守体现在对制度规则的遵守和敬畏，是一种兢兢业业的工匠精神，强调的是在创新出好的技术方案、施工方法之后，狠抓落实，做好执行，更加强调的是对程序、规则的严格坚守。有创新才有突破，有坚守才有专注，二者同频共振，建设之路才会变得平坦，企业才能行稳致远。

南沙大桥大沙水道桥东塔横梁支架的预压就是一个创新与坚守并行的实例。施工技术规范规定支架施工中包括预压的工序，在编制横梁施工方案时，承包人按照自身的理解和经验，未准备预压方案。业主和监理坚持按规范要求执行预压。此时承包人面临一个较大的困难，对于这种超高支架的预压一般是采用预应力钢绞线反拉的方式进行，但由于东塔的施工速度快，率先完成了承台施工，承台上未设置反拉法预压所必需的预埋件，如果采用堆载法预压则会付出很高的成本和时间代价。在业主和监理的坚持下，承包人开始积极探索新的方案，研发出"反顶法"工艺（图6-7），将堆载工作置于地面进行，圆满完成了任务，成本和工期得到有效控制。

"天下之事，不难于立法而难于法之必行。"依靠制度和程序管理，重在执行，制度和规程的条文往往是由大量的教训和沉重代价凝结而成的，人们只有认识到这一点才会对制度和程序心存敬畏，才能提高执行力。制度、程序、规范总是在不断完善的，缺陷的存在不应成为拒不遵守的借口,正确的做法是在执行中发现问题,进而通过程序弥补改进,循环往复形成正向循环。南沙大桥人正是注重将创新与坚守有机结合,秉持着强烈的使命感和责任感,用规则指导实践,用实践完善规则,形成了推动项目建设品质提升的强大力量。

图6-7　大沙水道桥东塔横梁“反顶法”预压

第3篇

工程组织

重大工程采用什么样的组织结构与模式，形成什么样的制度与文化，不仅取决于工程的本质要求，而且要体现时代的要求。作为世界级的超大型跨江大桥，在规模宏大、技术复杂、意义重大的背景下，南沙大桥采取项目法人模式，以业主主动管控为特色，因地制宜创新组织设置，优化组织架构，打造专业化项目管理团队，科学严谨制定总体规划，同时以党建助推项目建设管理。为提高项目管理组协调性和管理的有效性，保障工程项目获得最大的社会效益、经济效益和环境效益，南沙大桥构建了以实施性强和程序化为特点的制度体系，涵盖了标准、规范、程序、规程、指南以及检查、考核、奖惩办法，内容涉及项目管理实务的各个层面，为项目工程管理提供了行动准则和指南。此外，南沙大桥在建设过程中，通过文化建设增强凝聚力、激发创造力，为项目的成功提供了保证。特有的组织模式、强有力的制度建设和追求卓越、拒腐抗变的文化信念，推动南沙大桥建设者凝心聚力，共筑桥梁强国梦，决胜超级工程。

第7章 南沙大桥工程组织建设

良好的组织管理体系有利于企业凝聚各个机构和个人，形成合力，高效运作，从而实现企业经营目标。在项目管理中，组织管理体系建设是一切管理活动的基础。作为世界级的超大型跨江大桥，南沙大桥规模宏大、技术复杂、意义重大。面对60余家参建单位，高峰时近万名工人及管理人员，如何克服管理主体的临时性，因地制宜，创新组织架构实现管理的系统化和高效化成为摆在管理者面前的重大课题。在此背景下，管理者根据当前市场环境，结合项目的实际情况，构建南沙大桥所特有的、行之有效的建设管理组织体系。

7.1 适应业主主导模式的项目组织机构

7.1.1 总体组织结构

南沙大桥项目建设总体上采用项目公司—设计—监理—承包人管理模式，委托专业检测、测量、监控、咨询等单位开展技术服务。根据专业特点，将建设任务分为路面、土建、钢结构、交安机电和房建5个板块，相应设立5个总监办(图7-1)。

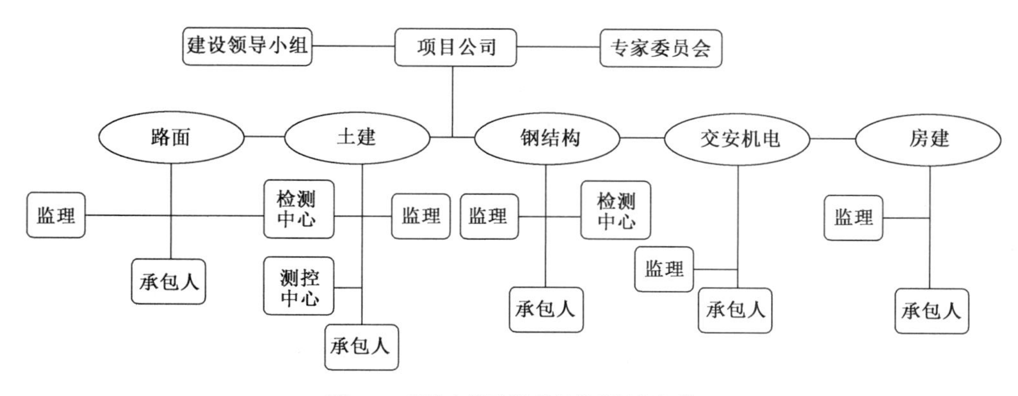

图7-1 南沙大桥建设项目管理组织架构

7.1.2 领导机构

由广东省公路建设有限公司南沙大桥分公司作为项目公司负责组织实施项目建设二作。鉴于项目的技术难度和巨大的复杂性，需要强有力的技术支持和协调，广东省交通集团为此成立南沙大桥项目建设领导小组进行总体指导协调，成立专家技术委员会进行重大技术指导和决策。

南沙大桥建设领导小组由上级主管单位及相关部门组织成立，对南沙大桥项目建设的重大问题进行决策，协调沿线地方关系，调动相关资源，保证项目顺利实施。南沙大桥分公司以月报和专题报告方式向建设领导小组汇报项目进展情况，建设领导小组以定期会议和专题会议相结合的方式开展工作。领导小组下设办公室负责日常管理工作。建设领导小组的主要职能如下：

(1)研究审定项目的建设目标、总体计划、重大技术经济决策及保障措施；

(2)争取、协调各级主管部门和地方政府支持项目建设工作，保证项目顺利实施；

(3)听取项目建设工作汇报，检查项目建设实施的进度、质量、安全、投资、廉政建设等各方面工作，督促、协调系统内相关单位和部门全力配合项目建设；

(4)指导项目创优工作的策划、实施、总结和申报奖项工作；

(5)审议、决定其他重要事项。

专家技术委员会的主要职能是定期召开全体会议，听取项目建设汇报，研究重大技术问题，并根据项目需要召开专题会议。

南沙大桥分公司负责组织实施南沙大桥建设工作，具体包括：

(1)南沙大桥的前期工作、工程招标、现场建设管理及建设资金支付等工作；

(2)大桥建设期间质量、安全、进度、合同、信息管理、成本控制等工作；

(3)项目科研工作，包括新材料、新工艺、新技术在工程建设中的开发与应用；

(4)组织工程交工验收，负责完成竣工验收和项目后评价准备工作。

7.1.3 项目公司组织机构

南沙大桥分公司设置工程管理部、总工室、安全环保部、综合事务部、征地拆迁部、财务部等部门。各部门职能如下。

1)工程管理部

该部门职责主要是负责施工现场的管理与协调工作，包括工程进度、质量、文明施工的监督、检查、管理，进度计量复核以及变更工程量复核；负责试验检测中心、测控中心及其他外委检测、检验单位的工作管理。此外，工程管理部还组织对工程进行抽样检查；组织对施工、监理单位的综合检查和考评。

2)总工室

对于普通项目，技术和设计管理工作一般由工程管理部承担。由于大型复杂工程项目，往往存在大量的技术攻关、科研、设计协调、技术交流等工作，需要一些人员专注于技术管理工作，总工室的设置就显得非常必要。

总工室主要负责工程设计、图纸会审、技术交底、施工监控管理以及工程变更技术方案审查；负责组织总体施工组织方案、重要施工、制造技术方案及关键施工、制造工艺技术审查；负责科研项目程序管理，组织试验研究，推动技术创新；负责组织技术培训与技术交流工作；负责工程档案管理协调，组织技术总结。

3)安全环保部

超大型工程项目的社会影响力大，工程安全和环保风险大，无论是从企业的社会责任，还是从风险控制角度来看，安全环保工作愈发重要，设置专职的安全管理机构既是政策的要求，也是企业安全环保管理的必须。南沙大桥安全环保部的主要职责是：负责项目安全生产管理体系运行管理，其中包括宣贯、检查、考评；审查各单位安全生产管理方案，督促履行安全职责；审查总体施工组织设计中的安全环保措施、专项施工安全组织设计、重大危险源识别及控制方案；组织安全风险评估；负责检查施工单位执行安全环保制度和标准情况及问题的整改落实情况，并进行相关考评；审核施工单位安全生产经费；检查考评参建单位安全生产教育培训宣传工作；参与海事部门、航道部门、渔政部门、环保部门和安全监督部门等单位的安全管理协调工作。

4）综合事务部

该部门除了负责项目公司行政事务、党务、廉政、宣传等工作外，还承担企业文化建设、组织开展劳动竞赛活动以及相关的检查评比、表彰活动。

5）征地拆迁部

负责征地、房屋拆迁、地上附属物的补偿、征地拆迁结算工作；配合相关部门做好征地内的土地分类、丈量以及现场实物清点、登记等工作；配合有关部门协调处理工程建设中涉及地方的矛盾和纠纷。

6）财务部

财务部的主要职责是：工程造价管理、招标、合同综合管理和法律事务、工程计量、合同支付审核；组织工程变更审批；负责变更造价审核、投资计划的统计汇总，协助工程部编制工程进度计划；负责组织统一采购供应材料及工程设备的供应和管理。

7）专业咨询机构

专业咨询机构是南沙大桥分公司根据项目建设的需要，聘请或通过招标选择出的专业咨询单位。其职能主要是采用技术横向联系，发挥专业优势，为项目的建设提供专业技术服务，帮助解决建设过程中遇到的专业问题。

其中，第三方检测中心是业主为了强化实验检测的专业能力，专门将检测的职能从监理单位抽离出，委托了两家第三方单位分别负责混凝土结构和钢结构的检测工作。第三方检测中心可以代表业主对所有承包人的试验工作进行指导和考核，对工程的各项质量指标进行抽检。

7.2　以高素质团队保障组织能力

7.2.1　打造专业化项目管理团队

（1）管理团队成员实行新老组合，既有管理和技术经验丰富的专家也有年轻的技术人员。为了尽快形成战斗力，项目公司组织有关管理人员实地参观其他建设项目和通过有效途径收集相关资料，了解国内外项目管理动态，借鉴项目管理先进经验及技术创新成果，在制定南沙大桥管理制度和技术方案时融通应用，总结提高。

（2）开展专项培训，向其他大桥建设工地派驻实习人员，以此强化和充实有关特大桥专业技术知识和管理知识，并定期组织相关技术人员对项目管理体系进行宣贯。

（3）根据项目管理的需要，成立安全环保部和总工室，加强项目安全、质量、技术等方面的

管理。

(4)在工程管理部设置业主代表岗位，向各土建标派出业主代表，每个业主代表负责1～2个标段。针对钢结构制造单位，成立钢结构管理小组，小组成员安排一定的时间进行驻厂协调管理。

派驻业主代表的制度在以业主为主导的管理模式中发挥了主要作用。其优点一是可以将业主的项目管理理念、原则直接贯彻给施工现场的中高层人员和驻地监理人员，在日常工作中运用这些理念和原则作出决策、指令和建议；二是可以及时发现、反馈、核实、处理、协调各种问题，避免业主指挥部和现场的脱节；三是个人能力得到提升。业主代表的工作涉及进度、质量、安全、设计变更、计量等各方面，这些青年技术人员在施工和生产一线的实践中，参与了大量具体问题的研究处理，参与了包括地方关系、参建各方关系的协调，技术和管理协调能力得到了全面锻炼提升，这也使得项目管理体系的运行渐入佳境。

经过南沙大桥建设管理的实践，管理团队充分发挥"精心策划、恒心践行、诚心付出、匠心建造，打造放心工程"的"五心"精神，年轻干部在克服各种困难挑战中迅速成长，推动项目全面完成建设目标。项目管理团队于2016年荣获"广东省五一劳动奖状"和"全国工人先锋号"，2020年荣获"全国五一劳动奖状"。

7.2.2 择优集成项目建设资源，组建一流专业化建设团队

(1)选择一流的设计、施工、监理队伍，建设一流的工程需要一流的队伍。

在项目筹建期间，筹建处对国内特大桥建设市场进行了详尽的调研，充分了解掌握国内施工技术的发展状况、施工水平以及当前的设备能力、科研单位的研发能力，结合项目特点和总体目标，对项目施工、监理、制造、材料、设备等招标工作进行统筹规划。针对每项招标工作制定工作方案，全面调研潜在投标人的资质、业绩、经验、人员、设备等情况，合理制定招标策略，规划、研究招标形式、招标内容和合同条款，成功选择了国内一流的建设队伍，组建了一流的专业化建设团队。

入选主体工程设计和交通工程设计的是中交公路规划设计院有限公司、广东省交通规划设计院股份有限公司、北京交科公路勘察设计院有限公司等国内一流设计团队。入选主体土建工程承包人的是国内跨江特大桥施工经验最丰富的中交第二航务工程局有限公司、中交第二公路工程局有限公司、广东长大公路工程有限公司。监理方由武汉桥梁工程咨询监理有限公司、武汉桥梁建筑工程监理有限公司、广东华路交通科技有限公司等在特大桥、钢结构、路面专业经验最丰富的一流监理团队组成。钢箱梁制造由中特宝桥集团有限公司、中铁山桥集团有限公司、上海振华重工(集团)股份有限公司等国内最具实力的桥梁钢结构制造商承担。承担缆索、索鞍等构件制造和防腐工程的是江苏法尔胜股份有限公司、上海浦江缆索股份有限公司、武汉船用机械有限责任公司、四川天元机械工程股份有限公司、江苏中矿大正表面工程技术有限公司、镇江蓝舶科技股份有限公司等在各细分专业领域一流水平的公司。成功组建一流专业化建设团队，为项目建设的成功创造了良好的条件。

(2)结合项目特点，项目积极使用专业队伍的专业技术服务。主要包括：

①专业技术服务：成立试验检测中心、测量控制中心。

②专业咨询服务：设计咨询、招标及造价咨询、混凝土耐久性技术及质量控制咨询、钢桥面

铺装咨询、特种设备安全检查服务。

③施工监控:悬索桥上部安装监控、悬索桥锚碇基坑开挖施工监测、混凝土节段预制拼装施工监控。

(3)强化班组建设,提升施工队伍素质。

制定《南沙大桥现场施工人员培训管理办法》,从培训计划、内容到考试、抽查、评分进行全过程管理。向承包人提出增加班组建设课程要求,把施工人员培训纳入考核范围,确保参建人员素质与本项目建设目标相匹配。业主还组织开展班组长培训、技能比武、平安班组和先进班组评选等活动,推动一线工人素质的提升。培训的作用在于强化工人对项目建设的认同感,强化安全质量意识,适应本项目严格的标准。当然,项目毕竟不是学校,更无法通过教育培训使人发生根本性转变。因此,对于一些素质低、能力差、多次整改不力的班组只能予以清退。在整个建设期中,至少有 7 个班组和劳务队被中途清退。项目通过培养加淘汰的机制,有效保证了作业队伍的素质。

7.3 以党建和廉政建设提升组织力

7.3.1 建立项目临时党总支

长期以来,国有施工企业项目受工程项目机构的短期性、管理主体的临时性等固有属性的影响,工程项目基层党建工作存在党组织软弱无力、凝聚力不强、教育形式单一等诸多问题。为了做好党建助推项目建设管理的工作,南沙大桥分公司党支部打破行政藩篱、创新组织设置,以所有参建单位党组织共同参与的“大联动”模式为核心开展工作,创新成立了南沙大桥项目临时党总支,并以此构建了空中党员突击队、空中党员活动室、空中职工小家、工人先锋号等基层党组织载体。通过不断聚合党组织的力量,发挥党员的先锋作用,形成超级工程建设的党建合力。

党建工作推进在一线,成效体现在一线。南沙大桥通过临时党总支的建设,不断激发基层党建创新活力,按照党建工作与工程建设工作同计划、同步骤、同开展的原则,树立典型、以点带线、连线成片的创建模式,结合各个参建单位不同的工程建设节点和难点,指导各参建单位开展了形式多样的“争优创先”活动。

通过对“南沙大桥项目建设临时党总支”的探索和实践,南沙大桥形成一套符合工程建设实际的基层党建工作机制,加强了组织建设,形成了党建合力,凝聚了力量,为项目建设提供了坚强的组织保证。

7.3.2 党建引领廉政建设

高速公路工程建设领域是腐败现象高发易发领域,高速公路工程建设项目反腐倡廉建设的作为和成效,一直受到社会各界的重点关注。南沙大桥项目作为一个世界级的桥梁工程,资金投入大,建设周期长,建设难度大,影响较大。如何确保南沙大桥项目工程优质、资金安全、干部优秀,是摆在建设者面前的一道重要课题。

九层之台,起于垒土。筹建伊始,南沙大桥公司就确立了以“双标双全双零双奖双优”(推行标准化、标杆管理，廉政监督全过程、全覆盖，零违纪、零犯罪，创鲁班奖、詹天佑奖，确保工程优质、干部优秀）的建设目标，致力于把南沙大桥打造成为权力行使安全、资金运用安全、项目建设安全、干部成长安全的精品工程、廉洁工程和示范工程。

敬畏纪律，坚守理想，拒绝腐败，南沙大桥人不仅在项目建设中是好样的，更在思想作风上是好样的。南沙大桥分公司党支部通过大力实施廉政建设，在全体成员心中画出了一道不可逾越的红线。

7.3.2.1　以同步预防为指引，扎实推进预防职务犯罪工作

在广东省人民检察院、广东省交通集团有限公司、广东省公路建设有限公司指导下，成立了南沙大桥项目专项预防职务犯罪工作领导小组，负责对预防工作的指导、协调和监督，自上而下、层层落实，扎实推进了预防职务犯罪工作。

（1）坚持联席会议制度。联席会议由领导小组发起，所有参建单位参加。会议主要研究、协调、部署预防工作，传达贯彻上级关于工程建设廉政工作方针、政策及有关会议精神，制定预防工作有关制度，提出预防工作措施和意见。

（2）全面开展岗位风险排查。在所有参建单位的全体人员中认真开展岗位风险排查，制定风险防范措施。以 S4 标段为例，积极与当地检察院开展共建和风险排查评审，通过全面排查制度机制、岗位职责等方面的潜在风险，实施完善的预防、监控等举措。

（3）完善防范措施，强化权力制约。对工程招投标、合同管理、征地拆迁、工程变更、物资采购、资金使用等重要环节规范制度、监督和程序。尤其注重建立日常监督检查制度，有针对性地加强对关键部门、岗位、环节、人员的监督。

（4）开展预防建议、预防咨询、预防教育、预防谈话等活动。为加强信息交流、收集和通报，举办了多期针对建设管理单位和施工单位的专项预防职务犯罪专题讲座，邀请检察人员参加工程招投标全过程监督、工程变更会议、工程现场检查等工作。在这期间，广东省交通集团有限公司党委、广东省公路建设有限公司和广东省人民检察院领导共同为项目参建单位进行了廉政谈话。

（5）建立报备和现场监督制度。南沙大桥项目施工工程中，严格执行招投标等重大事项相关材料报备检察机关的规定，检察机关根据相关情况派人到现场监督。

7.3.2.2　以过程跟踪审计为抓手，防控项目廉洁风险

南沙大桥分公司招标邀请了第三方审计机构开展审计工作，加强过程跟踪审计，做到事前控制、事中监督、事后追责。加强审计风险防范，重视项目过程跟踪审计，发挥内部审计和外部审计作用，积极防控项目廉政风险。

审计组通过全过程跟踪审计，紧密围绕南沙大桥项目总体目标，对南沙大桥项目建设过程中技术经济活动进行审计监督和评价，加强对工程进度、质量、投资的分析和评价，及时发现工程建设管理中存在的问题，提出审计意见和合理化建议，有效控制和如实反映工程造价，监督建设资金的使用，促进工程项目建设，规范建设管理，最大程度发挥投资效益的目标。

7.3.2.3　科学开展预防工作，持续推进管理创新

（1）三级清单管理。

南沙大桥项目认真研讨分析了岗位风险排查结果，对管理制度进行修订和完善。以计划

合同管理为例:制定三级计划台账,实现计划完成工作量核算与计量精确同步,避免施工单位重报、漏报工作量,实时反映工程进度,最大程度降低计划考核的误差,使计划考核更具可操作性。其中,首创了悬索桥项目造价三级清单管理。申报的“超大项目造价精细化管理系统的完善与应用”课题荣获“广东省企业管理现代化创新成果一等奖”。

(2)实施廉情预警系统。

2016年,南沙大桥项目成为广东省纪律检查委员会提出的建设工程建设廉情预警评估系统主要的试点单位,进一步推动了预防腐败信息化建设,有效防控工程项目廉洁风险,大大提高了工程建设项目的廉政风险识别、信息采集分析、实时预警评估等的科学化、信息化水平,是廉洁工程建设的又一有力武器。

南沙大桥项目在工作中把将廉政教育和基层党组织建设结合起来,通过开展专项预防工作,找出薄弱环节,完善管理制度和工作流程,提升管理水平,在人们心中树立起了敬畏纪律、拒腐抗变的信念,把南沙大桥项目打造成了廉政建设的亮点工程、示范工程。

7.4　南沙大桥领导力建设

7.4.1　以交通强国战略为指导形成愿景导向

改革开放初期,广东人以敢为天下先的精神在路桥建设领域创出了一条新路,迈开了中国桥梁追赶世界的第一步。30年以来,我国交通基础设施建设取得了举世瞩目的快速发展[17],高速公路里程位居世界第一,建成了一批在世界范围内具有影响力的跨海(江)桥梁,我国成为名副其实的“桥梁大国”。但是我国某些方面与一些发达国家相比还存在差距。比如,我国桥梁设计的精细化、施工技术工业化程度还不够高,桥梁在新结构和高性能材料的研究和应用上与发达国家还有差距,桥梁信息化BIM技术和自编软件市场化水平仍然较低。党的十九大明确提出了建设交通强国的宏伟目标,吹响了交通强国建设的号角,为未来的交通建设奠定了总基调。交通强国战略是党赋予广大交通人的光荣使命,对于交通人而言,这是殷切的期望,更是义不容辞的责任。如何进一步领会交通强国的精神内涵,让党的十九大精神在大湾区落地生根,让交通强国战略在粤港澳大湾区结果是交通人苦苦思索的问题。

我国是一个桥梁建设大国,自改革开放以来,桥梁建设走过了从蹒跚起步,到基本满足,再到适度超前最后到当前引领潮流的光辉历程[18]。如今,我国每年建成大桥的跨度加起来占到世界总跨度的一半以上。在国际桥梁的领奖台上,中国一次又一次地取得桂冠。然而中国桥梁人却并不满足,究竟什么样的一座大桥可以达到国内领先、国际一流,助力我国实现从桥梁大国到桥梁强国的跨越?

如今的粤港澳大湾区,经济建设风起云涌,经济的腾飞依赖于交通先行[19]。与粤港澳大湾区庞大经济体量和众多人口不相称的是相对贫乏的交通设施,尤其是连接珠江两岸的交通生命线仍然较为薄弱。如今,粤港澳大湾区两端的人们隔海相望,从相望到相思,从相思到相连需要大桥的力量。随着港珠澳大桥、南沙大桥等超级工程的陆续启动,珠江三角洲迎来了又一次的桥梁建设高潮,意味着我国向“桥梁强国”进军的集结号正式吹响。南沙大桥建设领导小组积极引导全体建设管理和技术人员抓住历史机遇,担当使命,将南沙大桥打造成为建设“桥梁强国”里程碑式的工程。在建设过程中，主要领导始终强调：作为一名路桥建设者，能够参与到这项超级工程中是幸运的，是一个可以创造一段辉煌历史、实现人生价值的难得机遇。

南沙大桥人决心在交通强国战略的指引下，再造一个超级工程，进一步打通深莞惠经济区，助力我国实现从桥梁大国到桥梁强国的跨越。每当想起这个宏大的愿景，南沙大桥人心中的热血就在燃烧。热血之后需要进行深入分析，准确描绘远景，确立建设目标，以愿景导向力凝聚人心。南沙大桥建设领导小组组建了工程经验丰富的专业化管理团队，并组建了由行业内知名专家组成的专家委员会提供技术支持和工程咨询。相比于其他省（自治区、直辖市）由政府主导的“指挥部”模式，南沙大桥项目走的是市场化路线，采用了项目法人模式，以业主主动管控为特色，确保了决策的科学性与专业性。

在交通强国战略的指导下，在项目愿景的指引下，领导小组在筹备阶段就牵头以世界一流的标准制定项目的建设目标，围绕高起点、高标准、高质量的建设方向，基于现代工程理念，科学地制定了南沙大桥的建设管理目标：安全耐久，环保节约，科技创新，至臻建设，创鲁班奖和詹天佑工程奖。同时将工期、安全、质量等多方面的目标按阶段分解到各个层级，通过“五赛五比”“优质优价”的形式将激励措施落实到每一个关键环节。在施工过程中的重大节点，主要领导都会亲临现场进行表彰、慰问、加油、打气，推动全体参建单位和人员不断挖掘潜力、改进工作，做到“止于至善”。

在这个愿景的激励下，工程管理人员从一开始就意识到这不是一般的工程，在这里工作的追求不仅是业绩和收入，还有自我的挑战和成长。至此，各类人员对项目各方面的工作都有了高起点、高定位。在工程质量方面，不再满足于传统的合格标准，而是瞄准“零缺陷”，发扬创新精神、工匠精神，从土建施工到钢结构制造安装，多项质量指标达到或趋近100%。由于认识到作为粤港澳大湾区地标性建筑外观形象的重要性，为了提升清水混凝土结构外观质量，各标段的施工技术人员对接缝、螺杆孔、色斑的细节处理开展了大量研究试验，其中墩柱和箱梁试验块就达50件之多，直到制定出能消除缺陷的工艺为止，最终将大桥打造成巨型的精致作品。

1960MPa主缆的研发正是在这种愿景激励下的一个成功范例。世界悬索桥主跨有向2000m甚至3000m以上发展的期望，这是社会经济发展的需求。随着悬索桥不断向大跨度发展，对主缆强度的要求日趋提高。对于超大跨径悬索桥来说，更高强度的主缆可以减少减轻主缆自重和截面积，可以减小塔、锚等结构的规模，避免超大的缆径给结构设计带来难以克服的困难。1960MPa钢丝研制的目的主要是给更大跨径悬索桥的建设创造条件。在南沙大桥筹建初期，国内已建成的悬索桥主缆采用的钢丝强度最高为1770MPa。南沙大桥坭洲水道桥主跨1688m的跨径，采用低2个等级的1770MPa的钢丝虽然成本高些，但也可以建成。当时世界上仅日本和韩国拥有生产1960MPa钢丝的技术，且均未进行大规模实桥应用。而国内企业还没有制造能力，主要是其中“盐浴淬火”等关键技术未能掌握。一旦突破这一瓶颈，将为我国自主研发2000MPa以上缆索发展打开广阔空间。领导小组决心担当起这个使命，要求项目公司联合宝钢等国内企业开展技术攻关，尽最大努力实现坭洲水道桥主缆高强钢丝国产化。经过数年的艰苦努力，国内数家企业成功完成了研制，并在南沙大桥全面使用。值得一提的是，南沙大桥项目采取开放的态度，为国内众多的企业提供平台，最终有数家国内企业取得研发技术突破，从原材到钢丝到索股制造，全产业链众多企业参与，实现了在这一领域国内全产业链达到世界领先水平。

当初日本某钢铁企业的商务代表来推销1960MPa钢丝时态度非常自信。后来得知国产钢丝完全合格可用以后，他赶来南沙大桥，表示希望南沙大桥能用一部分日本钢丝，争取一个参与项目的机会。因为日本的产品还处在少量试用阶段，一直没有机会大规模应用，但南沙大桥最终决定全部采用国产钢丝。

7.4.2　以专业管理团队为基础形成科学决策

7.4.2.1　适度超前，保持理性的前瞻决策

在方案比选阶段，根据对交通量的预测，南沙大桥采用双向六车道的标准即可满足要求。基于对未来珠三角经济发展的预测和岸线用地资源的稀缺性考虑，决策层力推双向八车道标准，并最终得以确定。由于适当超前的标准提供了较大的通行能力，在项目通车后有效应对了运营期车流高峰，为缓解珠江两岸交通压力发挥了关键作用。

大沙水道桥采用悬索桥方案。1200m的跨径面临两种桥型的选择，一是悬索桥，二是斜拉桥。对于斜拉桥来说，1200m的跨径将是一个世界第一。目前世界上最大跨径的斜拉桥是俄罗斯岛大桥，主跨1104m。面对"世界第一"桂冠的诱惑，南沙大桥决策者保持高度理性。1200m的悬索桥技术成熟，而如此跨径的斜拉桥将面临诸多的不确定性，风险和成本较高。如果在一个项目中同时采用两座悬索桥，将大大提高管理效率。采用两座悬索桥的方案优势很快在建设过程中凸显出来。由于大沙水道桥跨径小，建设速度相对较快，可以先行一步，大沙水道桥的经验与不足及时得到总结，在坭洲水道桥的施工中又可以进一步优化。例如，大沙水道桥的承台、锚碇等大体积混凝土构件施工，通过优化组织和充分的技术手段，创下了单次浇筑1万m^3混凝土的桥梁混凝土单次浇筑量的最高纪录，同时也在控制温度裂缝方面取得了较好的效果；坭洲水道桥以此为基础，在混凝土配合比、施工组织、温控措施等方面继续探索、优化，成功完成单次1.8万m^3混凝土浇筑，再次刷新纪录。同时，随着大体积混凝土裂缝控制技术日臻成熟，最终在坭洲水道桥的承台混凝土上成功消除了裂缝。又如，大沙水道桥在主缆架设过程中通过改进工艺，将索股架设速度由每天2股提高到4股(单边)，创造了悬索桥缆索索股架设速度的最高纪录。在坭洲水道桥索股架设施工时，在此基础上进一步改进，将架设速度提高到了每天6股，再一次刷新了纪录，大大加快了工程进度。为实现大桥提前通车创造了有利条件。

7.4.2.2　把握趋势，锁定成本的精准决策

南沙大桥属于超大项目，临时工程比较复杂，而且占总费用的比例较高。因此，业主在项目招标前编制了详细的施工组织设计，对临时设施、投入设备进行了细致的测算，并针对材料市场价与信息价存在较大差异的情况，对砂、石料地材、水泥、钢材、钢绞线、主桥伸缩缝、钢箱梁板材等主要材料价格做了充分调查，为合理确定项目招标控制价打好了坚实的基础。比如在钢箱梁招标中，针对材料价格波动较大的情况下，提出了招标后一次性调差，通过采用加大材料预付款比例的办法，节约造价3000万元。又如在悬索桥主缆控制价编制时，由于1960MPa主缆在国内第一次应用，单价难以确定，因此在充分调研的基础上确定

了单价,不但比概算节约 2.7 亿元,而且比同时期招标的国内某大桥 1860MPa 主缆还低 1000 元/t。

南沙大桥钢箱梁的用钢量大,施工周期较长,钢材价格波动将给工程造价带来很大的影响。在钢箱梁招标前,经过调研和分析,领导小组作出了当前钢材价格接近于阶段性底部的判断,决定采取加大预付款比例锁定钢材价格的策略。合同中将预付款比例从常规的合同价 10%,提高到合同价的 30%。从 2015 年 6 月签约至 2017 年 12 月完成板单元生产期间,钢板价格从约 3000 元/t 上涨到 5000 元/t。由于提早锁定钢板价格,有效规避了市场波动的风险,节约投资约 1 亿元,甲乙双方都节约了成本,实现了共赢。

7.4.2.3 锐意进取,科学果断的风险决策

大型工程涉及面广、时间长,影响建设进程的因素多,气候、地质等自然条件及征地拆迁、政策变化等社会条件变化常常给工程计划目标带来极大的不确定性。决策者及时识别了这些因素带来的影响程度并且采取了合理的对策,成功避免了目标的失控。

南沙大桥的引桥采用预制节段拼装混凝土箱梁,这是广东省首次大规模应用的新工艺,也是国内第一次大规模在陆地高架桥上应用(图 7-2)。由于拆迁的影响,架梁施工迟迟未能开始,当拆迁问题解决后,时间已经过去近一年。根据经验工效计算,架梁的理论完工时间已接近计划通车日期。考虑到气候及陆上架梁工艺的复杂性,为了确保工期目标,领导小组及时作出了增加两台架桥机的决定。后来的事实证明,这一决策是非常必要而且及时。在施工过程中受天气的影响,有效工作时间较短,并且,陆上架梁的工效明显低于以往在水上施工的工效。由于增加了设备,确保了总体进度,最终在原定计划日期完成了架设,避免了总工期的延误。

图 7-2 节段梁架设

坭洲水道桥的桩基础施工由于受到异常地质的影响,造成了进度滞后。根据经验计算,钢箱梁吊装施工在 2018 年 7—9 月,此时正值台风季节,悬挂在空中未连接成整体的钢箱梁在台风袭击时存在极大的安全风险。要想规避风险有两个选择:一是延迟进度,待台风期过后再开始钢箱梁吊装,这样将导致总工期的延迟;二是加快各工序的进度,在台风季之前完成钢箱梁的吊装。领导小组决定采用第二个方案。悬索桥的工艺特点决定了加快施工速度不能靠加大设备和人力投入,要想在确保优质的前提下加快进度,只有技术创新一条路。在各级领导的鼓励下,项目各方的技术人员开展了一系列创新攻关活动,第一次在桥梁工程采用“锥套锁紧式

钢筋接头”技术，实现索塔节段钢筋网片预制安装施工，工效提升15%以上；通过改进索股成型工艺和锚固技术，结合智能化设备和物联网信息技术，使索股架设和钢箱梁吊装速度成倍提高，创造了桥梁界的新纪录，最终提前了2个月的工期，在2018年6月前完成了钢箱梁的吊装，在这场和台风的赛跑中赢得了胜利。

7.4.3　着力关键点，施行精准管理

工程项目有多个目标：安全质量、工期、投资控制。这些目标之间存在相互影响甚至相互冲突[21]，如何把这对立统一的关系协调好，找好平衡点和关键点，是对项目管理者统筹决策能力的考验。南沙大桥建设领导小组要求项目公司在工期、安全、质量、成本、社会影响等诸多目标中采取科学统筹、坚守底线、锐意创新、精准管理的方针，实现项目建设的可持续发展和长远利益。

关键点对于项目有着提纲挈领的作用，领导小组给项目制定的着力关键点是：工程方案的合理优化、争取优惠贷款利率、控制材料市场风险、适当加快工程进度。一方面加快工程进度需要加大投入，但另一方面，工程进度的拖延也会导致成本增加。如能对影响工期关键节点与关键线路的阻碍点适当加大投入，取得突破，确保工程的顺利推进，就能如期实现通车甚至提前运营收费。这种投入如能运用得当，能够产生较明显的边际效应。如领导小组针对工程关键节点进行了重点指导和把控，设置关键节点考核奖和春节节点奖，在几个关键时机加大资源投入，使项目进展屡破瓶颈，始终保持高速运行状态。

例如特别影响工期的征地拆迁工作，征地拆迁是对公路工程项目的工期影响最大的因素，如果处理不好，则会对工期产生颠覆性影响。在南沙大桥短短的13km线路范围内，由于地处经济发达地区，存在大量的房屋需要拆迁，同时项目的线路与地铁、高速铁路、高压线、多条油气管道的交叉，每个迁改点的推进都是复杂且艰难的。为了在各方利益诉求、投资成本、工期之间取得合理平衡，领导小组全力以赴开展了大量艰苦细致的协调工作。在广东省高速公路建设指挥部、地方政府的支持下，逐点突破，对于少量难点，按通车目标倒排计划，集中力量攻克。拆迁难题的解决，为项目的提前通车奠定了坚实基础。最终，项目提前3个月运营收费，为项目带来了较好的经济效益和社会效益。

例如拿捏进度与质量、安全的平衡，在此方面领导小组始终保持清醒，坚持底线，就是绝不以牺牲安全和质量为代价换取进度。2018年下半年，工程开始进入桥面施工阶段。按广东省气候特点，一般9月以后就进入旱季，对于工程行业来说正是大干快上的“黄金季节”，各标段早已做好准备，决心打赢好项目最后一场攻坚战。但这一次气候异常，降雨频率之高为历年罕见。处在关键线路上的钢箱梁桥面采用的环氧沥青混凝土有一个特殊工艺要求，就是必须预测有三个连续晴天才能开展一轮次的摊铺，如果施工过程中遇到一点雨水，就会造成桥面质量的严重隐患。由于频繁的降雨持续到年底，工程进度严重受阻，原定通车目标岌岌可危，各级领导心急如焚。然而，领导小组并不是简单地向下传递压力，主要领导多次在项目现场会议上强调，要准确预测天气变化，没有把握绝不冒险施工，抢工期只可以通过创新技术、改进工艺、加大设备投入来实现，争取抓住停雨的间隙尽最大可能完成更多的工作量。在这个原则的指导下，施工单位一方面加大了设备投入，另一方面积极创新，研发出环氧树脂混溶、搅拌、涂刷设备，大大提高了工效，并通过改进工艺，创造了全断面一次摊铺2万m^2环氧沥青混凝土的新

纪录(图7-3)。最终,在2019年春节前完成了全部主桥的桥面铺装,为项目的提前通车夺取了决定性的胜利,同时也实现了铺装层各项质量指标全面优良。

图7-3 环氧沥青混凝土全幅摊铺

第8章　南沙大桥工程制度建设

制度是指在一个社会组织中要求其成员共同遵守并按一定程序办事的规程。加强施工现场项目管理的制度建设,能够提高项目管理组织的协调性和管理的有效性,保障工程项目获得最大的社会效益、经济效益和环境效益。通过制度建设,让施工现场每一个人心中都清楚应该做什么、如何做好,从而最终形成一整套比较完善的、系统化的激励约束机制。制度建设应力求实效简练,强调可实施性和可操作性。在现行众多企业中,制度设计主要有两种思路。一种是制度写得很多,面面俱到,至于能不能做到、能不能执行到位,考虑得很少,反正多比少好,说了等于做了,强调了,等于做到位了。另一种是宁愿少制定一些,但制定一条就要做到一条,以后再逐步完善。这是一种富有挑战性的制度设计思路,是需要勇气与魄力的抉择。制度少而精的企业,对制度的执行,一般都表现出更大的决心和信心。制订制度文件,并不等于制度化管理,制度没执行,等于一纸空文。优秀的企业都是制度执行率很高的企业[23]。

8.1　南沙大桥工程制度体系

南沙大桥项目在制度建设方面遵循了科学完整、简练有效、重在执行的原则。项目公司在筹建期间制定了全面的管理制度,汇编成《南沙大桥项目管理手册》,与承包合同配套使用。该手册共三册,分别为《项目管理实务》《安全生产管理制度》《现场文明施工管理制度》。

项目管理制度体系是站在全面的角度,分析各项管理活动与管理制度间的关系而制定形成的。南沙大桥项目管理制度包括合同、《南沙大桥项目管理手册》和过程中颁布的实施细则等文件。内容上涵盖了项目建设目标理念、组织机构、计划、资金、进度、质量、安全、环保、文化建设、综治维稳、廉政建设等各个方面。结构上包含了责权利制度、岗位职能制度和工作制度三个层次。其中工作制度包含制度条款、实施细则和检查办法,形成了一个完整科学的系统。主要包括以下制度。

8.1.1　体系与职责类制度

体系与职责类制度包括对参建各方管理体系的结构及内容要求,以及各方工作职责、工作内容的说明、界定。在施工和监理施工合同中,对各方的管理体系和职责都有了基本的规定。项目针对建设目标和项目的实际情况制定了一些具体的实施细则,并进行细化补充,此类制度重点在于确保覆盖的完整性和全面性,不留死角。其中关于工程管理体系与职责的内容主要包含在以下制度中:

(1)质量管理实施办法。

质量管理实施办法提出了质量管理目标、质量保证体系及管理策略,明确了包含项目参建各方在内的质量管理组织机构及职责,建立了包含制度、程序、检查与考评机制在内的工程质量保证体系。

(2)质量管理体系管理办法。

质量管理体系管理办法在 ISO 9001:2008 管理体系的基础上,对承包人提出了进一步完善制度的具体要求,明确了在本项目进行体系审核的执行办法。

(3)施工组织设计管理办法。

施工组织设计管理办法将施工组织设计分为总体、重大、一般三大类,明确了各类相应的审批权限,对施工组织设计编写的内容和形式作了明确规定,力求做到内容全面、方案合理、表述准确、简繁得当。

(4)工程计划进度管理办法。

工程计划进度管理办法明确了业主、监理、承包人在制定计划、编制文件、编报程序、审核审批、跟进实施等工作方面的职责和工作要求。

(5)安全生产管理办法。

安全生产管理办法明确了安全生产管理目标、组织机构、参建各方的制度体系、责任体系、人员配置。在制度体系的部分,列出了承包人和监理人安全生产管理制度的内容清单。鉴于各承包人企业均建立了各自的基本制度,南沙大桥项目在此基础上对一些重点问题进行了强调和补充。例如,针对重大危险源管理制度,要求承包人在制度中明确危险源辨识评价程序、参加人员、控制程序,并与隐患排查治理工作结合起来。

(6)施工监理管理办法。

在《公路工程施工监理规范》的基础上,结合南沙大桥项目的特点,对监理的组织机构、职责和权限予以明确,其中包括监理在安全、环保、水土保持方面的工作职责和方法;对试验检测、会议管理、巡查旁站、签证、审批等过程管理工作进行了具体规定;对监理人员的管理、监理文件(含监理规划、监理实施细则、监理日志等)的编制提出了详细的要求。

(7)试验检测管理办法。

基于南沙大桥采用的第三方试验检测管理模式,明确了业主、监理人、试验人、承包人在质量检测工作中的职责、机构设置、工作程序、问题协调机制、检查与考核办法,并提出了实验室建设管理、试验检测工作要求。

(8)信息化系统实施及运营维护管理办法。

针对南沙大桥项目大量采用信息化管理措施的特点,对项目各方在信息化系统的建立、运维、安全管理、应急处置、检查监督等方面工作职责、方法进行了明确。

(9)廉政建设制度。

根据《关于实行党风廉政建设责任制的规定》的要求,建立项目廉政建设责任制。为加强招投标和工程实施过程中的廉政建设,建立和健全廉政建设的监督机制,南沙大桥的项目法人广东省公路建设有限公司南沙大桥分公司与该项目标段的参建单位必须签订廉政合同,从而明确各方在廉政建设中的权利、义务和责任,各方的违约责任。廉政合同由各方签字盖章,与工程合同同时生效。

8.1.2 规范标准类制度

规范类制度主要是对工作内容进行规定、明确工作的要求和标准以指导工作能够按照要求、高质量地完成，也为对工作的评价、考核和奖惩激励提供明确的标准和依据。主要包括如下内容：

(1)南沙大桥项目设计指导准则。

以现行标准、规范为基础，吸纳项目有关专题和科研成果，编制该准则，并以此作为南沙大桥设计的技术性指导文件和操作文件，从而保证桥梁方案设计合理可靠。

(2)南沙大桥工程创优质量标准。

以部颁验收评定标准为基础，并结合项目特点对部分项目进行适当提高和补充，作为本项目工程优质优价的评定依据。

(3)南沙大桥专用施工技术规范。

该技术规范吸收了广东省公路建设公司在长期桥梁工程建设过程中取得的大量经验和国内桥梁工程技术最新成果，着重突出结构耐久性和外观质量的精细，体现标准化、精细化施工的特点，在部分关键点提高标准、加大投入，并结合工程常见质量事故隐患和主要质量通病明确了相关防范措施和具体工艺要求。

(4)南沙大桥档案编制管理办法。

该管理办法明确了工程项目档案编制工作目标，由业主牵头成立项目档案管理机构，明确参建各方的职责，对文件材料的形成、收集、整理、组卷以及竣工图的编制、项目档案验收移交等工作进行详细规定。

(5)安全生产标准。

该标准包括人员配置标准、安全防护措施标准、应急预案编制要求、安全生产档案目录、安全操作规程的编制要求。在条文中采用图片、数据、清单等形式，使各项标准清晰准确、便于理解、利于执行。

人员配置标准遵循交通运输部和国家安全生产监督管理总局(应急管理部)的相关规定，对于承包人的专职安全生产人员配置，要求以年度为单位，每5000万元工程量配置一名，不足5000万元工程量的项目至少配置一名。

安全防护措施标准包括个体防护、安全标志、消防措施以及临边、洞口、爬梯、通道、支架防护措施的详细规定。

安全生产档案目录提供了本项目安全生产文件内容清单，要求各标段的文件不得低于清单的标准，确保了安全生产工作文件的全面性。

“应急预案编制要求”和“安全操作规程的编制要求”是针对应急预案和安全操作规程的编制工作制定的规则和重点要求。一般情形下，如果没有特殊要求，承包人的预案、规程都是沿用各自企业成形的文件，缺少项目的针对性。南沙大桥要求承包人的应急预案应与业主编制的项目综合应急预案相衔接，规定了专项预案的清单。建立了项目统一调动、团队支援的机制。对于安全操作规程的编制，在要求必须满足相关的国家标准和行业标准之外，进一步提出了一些针对性的要求。这些要求均是项目业主对多年国内建设过程中发生的事故进行分析后制定的防范措施，例如增加了对架桥机、水泥储料罐等设施的防台风处置规定，明确了现场临时用电的“三相五线制”，锚碇基坑的监测规定、现浇支架管材的监理抽检频率、限制门式钢管支架的使用范围等。

(6)文明施工标准。

该标准对项目部驻地以及生产和施工场地的建设、环保和文明施工行为及设施作出了标准化的规定。对于生产和施工场地的设施进行的标准化规定包括便道、栈桥、拌和楼生产能力、实验室布局和配置等标准，这些标准有利于施工现场发挥足够的生产效率和提高质量管理水平。现场文明施工标准涉及施工场地的布置、维护、标识、安全防护、临时用电以及5S（整理、整顿、清扫、清洁、素养）的规定，体现了项目安全、质量管理的精细化，同时也体现了人本化管理的特点。如在施工场地设立流动厕所、垃圾箱和吸烟区，实质性地改善了现场工作条件，有效促进了工程质量安全和效率的提升。对项目部驻地的生活和办公设施的标准化规定，包含场地建设规模、生活设施、办公条件、卫生条件、消防设施等方面的内容，属于工程文化建设的一部分，旨在为广大的施工管理和一线施工人员提供舒适安全和有尊严的生活工作条件，提升创一流工程的积极性。标准化措施所需要的费用，在招标预算和优质优价方案中进行了合理的考虑。在制度文件中大量应用数据、图片等形式，确保标准的可理解、可执行、可考核。

（7）VIS视觉识别手册。

手册将南沙大桥标志（包括文字、图形、颜色）在办公、宣传、施工现场等场景的应用以标准化的形式确定下来，使南沙大桥的项目建设理念、特征和价值能够通过静态的、具体化的视觉传播形式，有组织、有计划地传递给广大参建者和社会，树立和积累项目统一的识别形象。

8.1.3 程序类制度

流程规定类制度主要规定相关工作的内容、工作处理原则与工作标准、流程、步骤。主要包含在以下文件中：

（1）质量/安全验收管理办法。

质量/安全验收管理办法根据交通运输部颁发的《公路工程质量管理办法》、《公路工程质量检验评定标准》（JTG F80/1—2004）、《公路工程竣（交）工验收办法》（交公路发〔2010〕65号）及《南沙大桥工程创优质量标准》等规定，结合南沙大桥工程建设的实际情况制定。

质量验收管理办法主要包括组织机构及职责、工序交接验收、中间交工验收、交工验收、竣工验收及申诉及处罚。

安全验收办法中明确了临时工程、安全设施和专控工序验收的内容、程序和使用表格。

（2）开工审批管理办法。

开工审批管理办法明确了合同段开工、分部分项工程开工、工序开工的开工条件、审批流程及时限规定。制度中详细列明了开工申请的各项条件，并配以表格，明确规定必须严格坚持先审批后开工的原则。合同段开工由监理审核、业主审批；分项工程开工由监理审批、业主备案；工序开工由监理工程师现场审批。

（3）物资设备进场检验管理办法。

物资设备进场检验管理办法针对南沙大桥工程施工的主要原材料（钢材、水泥、矿粉、粉煤灰、沥青、地材、外加剂等）、半成品、成品、购配件（包括模板、支架、器具、设备等）的进场，规定了承包人自检、监理人复检、试验检测中心抽检的准入检验程序、检验频率和具体工作要求。

（4）物资设备采购管理办法。

物资设备采购管理办法根据物资设备的来源，分为甲供（业主直供）、甲控（承包人采购，业主审批管控）、承包人自购三类。这明确了各类物资的质量责任、采购申报审批及验收流程,起到了界定职责、明确工作关系以及确保物资设备满足工程质量、工期和投资控制的要求。

(5)首件工程认可管理办法。

首件工程认可管理办法指定部分工程实施首件认可制,包括墩台身、预应力张拉压浆、箱梁预制安装、桥面铺装、混凝土护栏、钢筋骨架安装、塔柱节段、钢箱梁制造、伸缩缝安装、锚体现浇、标志标线、波形护栏等。办法规定了首件开工前的申请条件和程序,强调首件工程不仅是对施工工艺和技术参数进行试验,同时也要对安全质量保障措施进行检验。

(6)工序流程卡管理办法。

工序流程卡管理办法对墩塔身、塔柱节段、箱梁预制安装、钢箱梁制造、索鞍索夹制作等具有周期性特点的工序,在首件工程实施的同时即形成班组级的工艺流程,形成"工序流程卡"。工序流程卡随首件工程认可确定形成,被用于施工单位内部的班组管理,是对施工组织的进一步细化和施工工艺的标准化与格式化。

(7)工程变更管理办法。

工程变更管理办法明确了工程变更的类型及各类型的审批层次、报批流程与暂定金支付方式。为了提高变更办理的效率和质量,规定了变更申报文件的组成和模式,确定了桩基高程、软基处理深度等动态变更和应急处置的处理方式,并实施网上审批。

(8)计量和支付管理办法。

计量和支付管理办法确定了工程计量规则、计量和支付程序、对计量支付表单资料的内容和形式的要求。

(9)施工人员培训与交底管理办法。

施工人员培训与交底管理办法对施工人员培训预交底的内容、形式、课时进行了具体规定,强调对班组长进行专项培训,明确了监督与考核方式。

8.1.4 监督检查、激励类制度

对制度执行情况的监督、检查、督促落实工作,同时有相应的奖励、处罚的标准,以促进公司各项制度的各项工作质量的改进、工作效率的提升。主要有:

(1)南沙大桥项目建设检查体系。

项目检查体系包括施工单位自检、监理检查、业主检查三个层次,包含工程质量、安全生产、文明施工、环境保护等全方位的内容,明确了各类检查的内容、频率和方式,力求及时反馈问题、有效纠偏。

施工单位自检包括巡查、跟进核查、管理审查(管理体系审核)、工序质量自检、工序安全自检、专项检查、班前安全活动、教育成效评价(考试)。

监理检查包括日常巡查、旁站、工序验收检查、物资准入检查、跟进核查(检查各项指令投资的执行情况)、实验室检查、履约检查、制度检查。

业主检查包括巡查、定期检查、跟进核查、第三方检测检查、教育成效评价(考试)、履约检查、制度检查、监理考核检查。

(2)南沙大桥"优质优价"考评及奖励办法和南沙大桥"优监优酬"实施办法。

这两个办法和工程创优质量标准及专用技术规范配合使用。本项目在行业标准和规范的基础上,对质量标准、工艺和措施提出了部分更高的和更细化的要求。为了鼓励承包人和监理

单位加大投入积极创优,在合同价之外设立了“优质优价”和“优监优酬”奖金,配以较为详细的考评办法,对承包人和监理在实体工程、内业资料、管理行为等方面的工作进行过程考评,根据考评分数给予相应的奖励。

(3)南沙大桥工程安全进度奖及施工环保费考评办法。

在施工承包合同中预留了“工程安全进度奖”和“环保文明施工奖”的奖金额度,共设置6种类型的奖励,分别是月度计划奖、关键节点奖、劳动竞赛综合评比奖、安全生产奖、专项计划奖、环保文明施工奖。

进度类的奖励按月度、年度、关键节点和专项计划进行评比。安全生产按季度进行考评奖励,考评承包人的安全管理行为(制度健全和执行、施工方案管理、劳务用工和培训、隐患查处、应急处理等)和施工现场安全状况,提升本质安全和行为安全水平。环保文明施工奖针对现场临建设施及文明施工进行首次验收和日常检查考评,努力打造安全、舒适、文明的生产生活环境,并持续保持。

(4)南沙大桥“平安工地”考核评价实施细则。

考核评价实施细则围绕“平安工程”建设目标,建立考评组织机构,按照承包人月度自评、监理季度考评、业主半年度考评的模式进行,考评结果作为向上级推荐“平安工地”示范合同段的依据,对不达标的单位进行处罚。

8.1.5 工作表格与模板

为便于管理制度的有效实施,南沙大桥积极推行程序化管理,将管理流程、工作内容、检查内容等编制成表格,保证流程规范及内容的完整无遗漏。在《管理用表》书册的首页有《工程管理表格表例及用表说明》,里面对表格的填写和流转进行了详细规定。主要包含五部分内容:

(1)承包人用表,包含各类评定表、检验表、试验记录表等。

(2)制定监理人用表,包括开工、施工申报、工作指令、监理报告、工程交验管理等表格。

(3)制定环境管理和安全管理用表,结合已制定的管理办法,将环境管理和安全管理体系的核心内容以表格形式呈现出来,尤其是将广东省交通集团安全标准化内容纳入表格系统中。

(4)编制全套悬索桥上部钢结构制造与防护施工用表。

(5)为更好体现职责分工,正确使用表格,对所有用表签批程序、报送范围、存留份数和表格使用说明进行明确规定,见表8-1。

表格使用规则(节选) 表8-1

代码	名称	报送范围			留存份数			备注
		监理单位	业主	承包单位	监理单位	业主	承包单位	
承表1-1	重大工程(总体)施工组织设计报审表	●	○	△	1	1	1	
承表1-2	一般工程施工组织设计报审表	●	⊙	△	1	1	1	
承表2	动员预付款支付申请表	○	●	△	1	1	1	
……								
承表32	桩基础终孔现场确认表	○	●	△	1	1	1	

注:△-发件;○-审查;●-审批;⊙-报备。

8.1.6　监理工作制度

(1)明确监理在管理流程中的着力点。

《公路工程施工监理规范》规定,监理应监督施工单位安全事故隐患排查治理情况,检查危险性较大工程专项方案执行情况,在监理过程中发现安全隐患的,应要求施工单位整改。在工程管理的现场,监理履行日常安全检查职责的形式是巡视和旁站。这种安全检查属于抽查,很容易流于形式,业主也无从查证其是否认真履责。对于一些有较大风险的关键工序,如支架现浇、架桥机过跨就位等,必须进行系统全面的安全检查。以往这项工作只能靠承包人自觉自检,不像质量管理那样设有一个明确的关键工序监理签认流程。如果承包人的安全自检少做或者做不到位,就可能形成重大安全隐患。因此,项目公司针对关键工序设置了安全专控工序,安全监理负责对施工现场的安全生产条件、风险控制状况和隐患整治情况进行检查签认。在专控工序检查表格中列明了安全监理需要检查的内容,便于其在工作中执行到位。

为了更好地落实专业监理工程师的职责,将工作用的表格作为强化程序管理的重要手段。例如在《分项工程开工申请表》中,清晰地列明了开工申请前必须完成的所有工作,这些工作都必须经过专业监理、工程师审查。但以往并没有一个正式的表格供专业监理工程师签名,此次表格设置了监理组长意见、实验监理意见、测量监理意见、安全监理意见等签名栏,将专业监理工程师签名流程固化下来,便于检查跟踪。

(2)加大关键环节的管控力度。

①监理旁站规定。

在《施工监理管理办法》中,对比《监理规范》的监理旁站规定补充了部分关键环节的旁站要求,如增加锚碇地下连续墙的压浆旁站,是基于锚碇靠近珠江大堤、基坑渗水坍塌风险大,压浆防水的质量极端重要。又如,增加首件混凝土浇筑旁站,是考虑到首件工程对后续全过程施工起到引领、规范的作用,影响深远。此外,还特别针对悬索桥上部结构的制造和安装补充了具体规定,详见表8-2。

监理旁站的工序和部位要求表　　表8-2

单位工程	分部工程	分项工程	旁站工序或部位
路面工程	路面工程	垫层、联结层	混凝土浇筑、试验工程
		沥青面层	试验工程、面层摊铺施工全过程
桥梁工程	基础及下部结构	桩基	试桩、钢筋笼安放、混凝土灌筑、入岩及终孔确认
		地下连续墙	钢筋笼安放、混凝土浇筑、压浆、终孔确认
		索塔、墩台	首件混凝土浇筑、预应力张拉、压浆
		锚碇	混凝土浇筑的温度测试、锚固系统张拉与压浆
	上部结构预制和安装	主缆索股和锚头制作和安装	工艺试验、试生产,标准丝制作,尺寸标记确认,反顶试验,主缆架设
		吊索制作和安装	工艺试验、试生产,定位、标记,吊索安装
		索鞍制作和安装	工艺试验、试生产,记录精加工主要数据,附件试验,主要尺寸划线检查,无损检测,材料及涂料取样,顶推试验、鞍座安装

续上表

单位工程	分部工程	分项工程	旁站工序或部位
桥梁工程	上部结构预制和安装	索夹制作和安装	工艺试验、试生产,主要尺寸划线检查,无损检测,记录精加工主要数据,附件试验,材料及涂料取样,索夹安装
		钢箱梁制作和安装	工艺试验、材料及涂料取样、单元件制造组焊、箱梁组拼、预拼装、节段吊装、现场焊接
		混凝土箱梁预制和安装	首件预制安装、张拉压浆
		预应力筋的加工和张拉	预应力张拉压浆
	上部结构现场浇筑	主要构件浇筑	首件混凝土浇筑、张拉、压浆
		桥面铺装	试验工程
	总体、桥面系和附属工程	钢桥面板上沥青混凝土面层	面层铺筑
		伸缩缝安装,阻尼器安装、支座安装、栏杆及防撞护栏安装	首件安装
		特殊支座、阻尼器安装	首件安装
		混凝土护栏	首段混凝土浇筑

②监理见证的规定。

《监理规范》对监理工程师的职责要求主要是针对实体工程的检查与旁站。南沙大桥项目要求监理工程师针对一些非实体工程的工作进行监督见证。如承包人开展的安全交底,必须由监理进行见证,并在交底记录上签字。监理在此可以进行全过程监督,或只进行抽查,核实参会人员人数及交底内容即可。每天的班前会也需要监理进行抽查式的见证,并通过微信进行检查。

③设置停止点。

钢结构制造是流水化生产方式,自动化的程度也较高。为了持续提高产品的质量,管理方在流程中设置了若干的停止点,作为质量检验的节点。停止点的设立,为生产和管理人员创造了一个集中注意力、及时消除缺陷隐患、总结经验的条件,成为提高质量控制效能的有效手段。

钢箱梁制造停止点有板单元检验、梁段底板组焊、横隔板和纵隔板组焊、顶板和锚箱耳板组焊、预拼装检查等。

8.2 南沙大桥工程制度实践

8.2.1 制度的科学性和系统性

要努力提升机制的科学性和系统性,才能实现高程度的有效性。任何一个健全的制度化管理都包括3个组成部分:制度要求条款、实施执行细则、监督检查程序。但是,一般企业和公共组织通常只有制度要求条款,没有或少有实施执行细则和监督检查程序。比如“严禁公款吃喝”的制度,各级政府都高度重视,反复发文件,三令五申,但是执行率不高,制度的权威性丧失殆尽。原因就是缺乏可操作的执行细则,更缺乏有效的、可操作的监督检查程序。但在2012年,中共中央政治局审议通过的《十八届中央政治局关于改进工作作风、密切联系群众的八项规定》取得了令人瞩目的良好效果,因为开始有了监督检查、信息反馈机制,许多企业都制定了相关的制度要求条款。但是,仍然缺乏可操作的执行细则,特别是缺乏有效的监督检查程序(谁来检查监督、怎么检查、按什么样的程序检查,检查者的责任如何细化与量化,如何评估检查者工作的质量,检查者失职了怎么处理等)。所以,多数组织收效甚微,制度的执行率很低。

南沙大桥工程项目在制度建设过程中,致力于打造可实施和程序化的制度体系。例如,在质量安全管理方面系统地回答了以下的问题:

(1)检查监督的责任人。

由监理负责现场检查监督。

(2)检查的方法。

在技术规范、安全生产管理办法等文件中明确检查内容、方式、标准。

(3)检查的实施程序。

按照《监理细则》《安全生产管理办法与安全文明施工检查体系》《优质优价考评及奖励办法》《平安工地考核评价实施细则》的规定执行。

(4)对检查者的要求。

由业主通过《监理管理办法》对监理的工作进行检查监督,也有交通运输主管部门对项目进行的定期监督检查。在质量验收程序中的工序交验、中间验收环节,业主按随机抽检的原则对已验收的各工序进行抽查,并随机参与部分重点工序及隐蔽工序的交接验收工作。对于部分重点工序及隐蔽工序,试验检测中心按不低于承包人自检频率的5%的频率进行抽检。

(5)检查者的职责。

在《监理管理办法》和《试验检测管理办法》中明确监理和检测中心的职责、权限和工作关系。

(6)检查者工作的质量考评。

通过《优监优酬考评实施办法》对监理工作进行考评与激励。

8.2.2 制度的可执行性

(1)标准适度,努力可期。

只有流程简洁清晰、标准明确,制度才具有良好的可执行性。所以,制度不能追求完美,不能太复杂,标准要适宜,不能为了创亮点而无限地拔高。为了打造卓越的工程品质,提升管理效能,对现有的制度和标准进行提升完善是必要的。在标准方面,南沙大桥项目选择一部分的重点指标进行提升,主要考虑两方面的因素,一是这些点是行业的通病或者关键点,二是这些目标通过努力是可以实现的,并且提高这些标准所付出的时间成本和投资成本是可以接受的。例如,为了实现对大体积混凝土水化热的有效控制,项目专用规范要求浇筑时的入模温度低于28℃,这是基于国内一些研究成果提出来的,在国内个别项目中有应用。但在广东的夏季和初秋季节实施起来都有不小难度,在此之前省内没有任何一个项目做到过。在确定这个标准时,编制人员采取的基本原则是:为了提高质量,在成本可接受的情况下尽最大努力执行高标准。

他们进行了认真的分析,准备了砂石入密闭库空调降温、液氮降温、冰水加外购冰拌和等三套方案,待开工后与施工单位共同探索试验。最终,空调方案和液氮方案分别因成本和技术原因被放弃,外购冰方案试验成功。标准确定下来之后,在实施阶段又面临一个挑战,就是制度要求浇筑期间对每一罐混凝土测温,超过28℃的一律废弃。由于大体积混凝土浇筑时间长,南沙大桥最长的一次浇筑达4个昼夜,如果要实行每罐必检,监管人员需要付出很大努力。但管理层认为,推行这些制度的难度是可以通过努力克服的,因此决心严格执行。在业主和监理人员的共同努力下,逐罐测温的制度得到了切实执行。

又如在质量标准方面,南沙大桥的质量标准基本沿用《公路工程质量检验评定标准》,仅对少量项目进行了补充。如补充了钢箱梁伸缩缝安装标准,在"吊索与索夹安装"项中,补充了基本要求和工地防护的要求及涂层厚度标准,基本上没有对原有指标进行刻意拔高。为了体现工程优良的品质,南沙大桥项目着眼于提高基于原有标准的合格率,并采用奖励的方式鼓励参建单位追求较高的合格率。

(2)制度简练,利于执行。

为了提高制度的执行力,对制度中的要求和程序进行了"瘦身":

①简化表格签字。

传统的施工用表中有许多需要项目经理或总工程师签名。在实际工作中,由于等待领导签字而停滞流程的情况经常发生。因此在本项目表格编制时,将大量的细节性表格签名都简化了,不需要项目经理或总工签名的地方通通删去。如质量检验表中的总工程师签名和项目经理签名,均予取消,只需要质检负责人即可,关键性的重要申报表才需要项目负责人签字。

②简化流程。

工程变更管理是项目管理的重点之一,无论是政府层面还是企业自身的管理需要,都必须对工程变更进行严格的管理。目前实施的分级分层管理制度和审批流程对控制工程造价、保证工程质量和安全发挥了重要作用。然而,由于申报审批流程涉及多部门多层级,往往耗时较长。在实际施工过程中,存在相当数量的细节需要根据现场实际进行微调整,如果此类调整全部要执行变更流程,将严重影响工程进度。在这种情况下,部分工班或施工人员往往不报告而自行调整,或者先做后报。管理人员或监理在工期压力下有时更倾向于放行。这样,容易形成管理空白区,有损于制度的有效性,存在失控的风险。为了解决这个问题,项目公司在本层级的权限内,调整管理细则,简化了手续。如实际施工只对原设计图进行微调,不涉及金额、数量的增减,并且不需修改竣工图的,可采用现场确认单的形式由监理和设计代表进行签认。如果实际施工只是改变施工方案,不涉及设计图纸变化的,采用施工表格进行申报审批,不走变更流程。这样的规定,既满足了工作效率的要求,又确保不留管理死角。

③简化违约金扣除项目表。

处罚是针对工程缺陷和违规的行为。较为常见的形式是在招标文件的合同条款中附带了一张违约处罚表,列举了大量常见的违约行为和工程缺陷,例如钢筋焊接长度不足等具体问题,并对应设置了扣罚金额。这种做法的优点是执行依据充分、尺度明晰,承包人可以针对表列的项目进行重点控制,以减少处罚,进而有利于减少缺陷和违规频率。但是,本项目工程品质要求高、技术复杂,在质量、安全、文明施工、环保方面的许多详细要求甚至高于常规工程的标准、规定和要求,无法在一张表格中完整罗列。因此,南沙大桥项目对此进行了调整,总体思路是:合同、制度、规范中所有规定和标准都要执行,并全部纳入“优质优价”和“优监优酬”考核的范畴,奖金和考评分数直接相关,通过正向激励的方式推动参建单位达到更高的目标。处罚是一种负向激励机制,主要应用于对违反制度行为的纠偏,将重心放到过程控制上。南沙大桥“违约金扣除项目表”所列的主要内容是对项目管理影响较大的或是多发易发的违规行为,如“混凝土浇筑时间早于监理签认时间”“未按规定开展分项工程危险源辨识活动”等。取消了对具体工程缺陷和隐患的处罚栏目,归纳为一个处罚条件:违反合同或有关规范规程的规定,在收到整改通知单后不按时整改,或整改后重复出现同类问题时进行处罚。这里的理念是容忍因经验不足、偶尔疏忽导致的一般性失误,而对故意欺瞒、屡教不改、有令不行的行为进行严肃处理。这种制度设计的意图重点在“管人”,而不是“管事”。重在对人的行为纠偏,形成符合制度规定的行为模式。当一个问题反复出现时,就要从制度上找出原因并及时解决,唯有这样,才能实现制度体系良性运行,防患于未然。

(3)制度明晰,深入人心。

制度能否得到很好的执行,有一个重要的关键点就是执行人员是否对制度内容有清晰充分的掌握。各层级的人员必须对于自己需要执行的工作,从目标、方法、标准到程序要有清晰的了解。为了实现这个目标,南沙大桥采取大量培训交底策略。在施工单位进场后,业主即开始组织交底和宣贯活动,为帮助施工人员更好地掌握有关的标准和各项要求,在制度文件中设置了大量的图片,直观易懂。此外,通过编制《施工安全图册》,收录以往建设工地安全生产违章的事例照片并进行展示,使安全生产的标准更加形象化,也形成了一套案例教育读本,同时也便于施工人员了解业主和监理在本次项目施工安全管理中的“执法尺度”。

为了检验交底的效果,业主要求各层级的交底和重要的培训必须进行考试。有一次在业主组织专用技术规范考试后,发现某标段质检部人员的成绩较好,工程部次之,工区施工员的成绩最差。考试成绩真实地反映了该标段一个侧面的管理状况:质检部因为要面对业主和监理的验收检查,所以非常重视质量技术要求。工程部只管进度,他们认为质量管理是质检部的事,因此,并不重视学习,自然也就不会对所管辖的工区施工员进行认真交底。针对这种情况,业主对该标段加强了督促整改和重点监管,并取得了明显效果,管理制度的要求和标准得到了切实执行。

(4)清单化管理。

超大型项目建设管理事务多、程序复杂、信息量巨大。在项目管理过程中需要进行大量的文件申报审查工作。在文件申报审批的过程中常见的问题是:因为内容不完整,逻辑关系不清晰而导致反复地补充修改,进而降低流程效率和管理成效。为了提升管理效能,南沙大桥在管理制度中大量引入清单化管理方式。清单管理具有工作要求具体明确、简明扼要、可检验性强的特点,能避免出现抽象、模糊、笼统要求的情况,能够有效防止抽象化和模糊化带来的人际理解偏差和解释偏差,防止工作中出现遗漏和错位。

南沙大桥项目针对主要上报审批的文件编制了上报文件格式模板,以清单的形式列明全部要求的内容。申报人可以通过清单开展工作,组织材料,编写文件;审批人可以借助清单逐项核查相关的内容,防止遗漏,极大地提升了审批效率和质量。

南沙大桥清单化措施有四类:

第一种是文件目录。对参建单位需要编制的文件列出具体的目录,便于编制人员对照检查,确保所形成的文件内容全面、形式规范。如质量管理体系目录、监理月报大纲、安全监理实施细则大纲、变更设计申请文件目录、监理安全管理制度目录、承包人安全管理制度目录、安全生产档案目录、专项安全方案内容大纲目录等。

第二种是在工程(工作)申报表中的事项目录。申报表中列明了该事项申报前必须完成的前置工作证明文件。这些文件尽管在各项制度正文中有表述,但直接罗列在申报表中更便于各级审核人员逐个检查销项,直观明了。此类表格主要有合同段开工申请表、施工组织设计报审表、分项工程开工申请表、首件工程开工申请表、工序检验申请批复单、现场施工人员培训及交底报审单、施工测量报验单、工程材料报验单、工程交工申请单等。图 8-1 是合同段开工申请表的模板,申请表所要求的附件目录清楚地体现了业主管理的思路,如对培训、对安全工作的重视,要求合同段开工前必须完成危险源辨识和培训计划的编制等。

承表10

合同段开工申请表

承包单位：　　　　　　　　　　合同段：
监理单位：　　　　　　　　　　编号：

致＿＿＿＿＿＿＿＿＿： 现＿＿＿＿＿＿＿＿＿＿＿＿(合同段名称)已按合同要求完成了开工准备工作,特 申请项目正式开工，请予批准。 申请开工日期: 计划竣工日期: 项目负责人: 日期: 附件: 1.施工组织设计报审表(总体施工组织设计) 2.履约检查表 3.危险源清单 4.工程材料报验单 5.进场设备报验单 6.工地实验室验收证明 7.南沙大桥人员培训计划表(总计划) 8.导线、高程控制桩数据表 9.其他《南沙大桥工程建设项目工程开工审批管理办法》规定的材料
监理人审查意见: 总监(盖章):　　　　日期:
工程部审查意见: 负责人:　　　　日期:
业主审批意见: 负责人:　　　　日期:

图 8-1　合同段开工申请表示意图

第三种是工作计划清单。将明确的周期性系列工作以清单的形式固化,如承包人在施工现场使用的“工序流程卡”,供业主、监理、承包人共同使用的“钢结构质量控制计划表”

等。表 8-3 是部分《南沙大桥索鞍索夹铸件质量控制计划表》，表中全面列明了各个生产环节的停止点、检测点、报验方式、检查检查方式等管控工作内容。

南沙大桥索鞍索夹铸件质量控制计划表（部分）　　　　表 8-3

检验流程	检查项目		检验内容	检验方法及设备	执行标准	检验方式			备注
						施工单位	监理	检测中心	
机加工检验	主索鞍	拉杆探伤	1. 加工前进行调质处理，达到 HB300-330	硬度计检验 布氏硬度计	JB 4730—2005 Ⅱ级 GB/T 4162—2000 Ⅱ级				I = 现场检验点；R = 文件见证点；W = 现场确认点；A = 试验见证点。附：A1 要求 100% 检验，A2 要求 20% 以上检验；A3 要求 5% 以上检验
			2. 在粗加工螺纹前进行磁粉和超声波探伤	UT、MT 检验 磁力探伤机、超声波探伤仪		A1	R	—	
			3. 精加工完螺纹后，对螺纹进行渗透探伤	PT 检验		A1	A2	A3	
		构件检验	1. 检验构件上是否有铁屑、毛刺	目测检验	图纸要求	A1	A2	A3	
			2. 检验是否按要求对构件的边缘及螺纹口部位到角处理	目测检验		I	I	—	
			3. 检验主索鞍整体的加工尺寸和外观质量	机床、目测检验		W	W	—	
装配检验	部件安装	上承板	1. 检测承板与滑块的装配尺寸	米尺检验	图纸要求	I	I	—	
			2. 对承板与滑块焊接质量、外观检测	目测检验		I	I	—	
			3. 检测上承板与底板销孔配钻尺寸	游标卡尺、塞规		I	I	—	
		安装板	检验四氟板与安装板的热压粘接装配	平尺检验		I	I	—	

第四种是进一步细化的工程量清单。在编制招标文件之前，业主针对悬索桥的工作进行了详细分析，在吸收国内大型悬索桥建设经验的基础上，编制了悬索桥标准清单和计量支付规则。在编制过程中，按照清单化管理思路，对部分分项工程的相关工作进行了拓展细分，而不是简单地将钢筋和混凝土数量求和。如：锚碇基础施工涉及的工程支付项分为基础填方、场地处理、导墙（建造与拆除）、地连墙钻孔、地连墙压浆、地连墙施工、基坑开挖、地连墙监控、大体积混凝土施工研究、安全维护、技术培训及相应的钢筋与混凝土。通过对各细部的计量支付，一方面可使承包人尽早获得支付，缓解资金压力；另一方面也可以极大地缓解管理协调难度。实践显示，对于合同清单中明码标价列出的工作项目，承包人一般会主动执行。对于某些在清单中未列明，只是在说明中表述为“包含在某清单项的综合单价中”的工作，双方有时候会对这些项目是否应该另行计价而发生争议，从而产生大量协调工作，影响工作效率。将工程中能

够写入清单的项目尽量清单化,项目执行过程中按照清单逐项计量支付,有助于减少扯皮,提高管理效率。

在本项目的承包合同中,将安全生产经费也纳入清单化的范畴,每一期由监理核查现场实际发生的安全费用,按清单计量。这样可以督促承包人在施工过程中持续保持对安全生产工作的投入。表8-4是某标段的安全生产费用清单报表。

南沙大桥××标段第一期安全生产费用使用清单报表　　表8-4

编号	项目名称	单位	数量	单价(元)	金额(元)	证明材料
一	设置、完善、改造和维护安全防护设施设备支出					
1	桥梁施工安全防护设施用品	批	1			
2	路基路面施工安全防护设施用品	批	1			
3	临时用电系统安全防护设施用品	批	1			
4	交叉作业安全防护设施用品	批	1			
5	防火、防爆、防尘、防毒、防雷、防台风、防地质灾害安全防护设施用品	批	1			
6	其他临时安全防护设施用品	批	1			
7	热熔标线施工费	批	1			
8	安全防护工程施工费	批	1			
9	拌和站安全防护制作材料费	批	1			
10	钢栈桥维修材料费	批	1			
11	仓储基础安全防护材料费	批	1			
12	临边防护栏	m	185			
13	上桥管制口LED(发光二极管)信息公告系统	套	1			
14	上桥管制口车牌、人脸识别系统	套	1			
15	交通管制口监控系统安装	套	1			
16	管制口交通安全广播系统	套	1			
17	值班供电系统	套	3			
18	现场照明灯具	套	16			
19	沥青拌和站防暑降温休息驿站	处	1			
20	消防水池	处	2			
21	消火栓	处	1			
22	消防砂池(含砂)	处	3			
23	防雷设施	处	4			
24	防静电球	套	1			
25	接地报警器	套	2			
26	运输车自动揭盖帆布系统	处	19			
27	压路机防护支架	处	12			
28	拌和站发电房安全防护设施	处	2			

续上表

编号	项目名称	单位	数量	单价(元)	金额(元)	证明材料
二	配备、维护、保养应急救援器材、设备支出和应急演练支出					
1	救援梯	把	1			
2	担架	套	1			
3	药箱	个	3			
4	应急药品	批	1			
5	雨衣	套	30			
6	反光衣	件	60			
7	水鞋	双	10			
……	……	……				
合计						

(5)根据实际情况及时调整制度。

南沙大桥作为超大型工程,其项目管理制度种类多、数量大。随着工程建设周期的推进,有的项目制度可能不适应现实需要,需要对其进行适度调整,以发挥更大的效应和作用。

南沙大桥项目钢结构制造监督管理机制中,把理化抽检项目从监理处剥离出来由第三方检测单位(简称三检)负责。虽然专业化程度得到了加强,但由于增加了管理节点,在钢结构实际生产过程中,如何保证各方有条不紊、界面清晰地推动各项工作是项目管理新的挑战。

钢结构质量检查设置了三个层次,第一层是制造单位100%自检;第二层是监理在确认制造单位100%自检合格的基础上根据《过程质量检查记录表》对尺寸进行25%抽检,并指定20%的原材料力学、化学性能抽检和指定20%的无损检测部位,该检测工作由三检进行;第三层是钢结构检测中心代表业主对原材料力学、化学性能和无损检测部位进行5%的抽检,并承担监理指定的20%检测工作。

在实际操作过程中,大家发现原设计的流程中有一个问题,监理抽出的理化检测样本送给三检做实验出具报告;检测合格后由三检在监理的样本基础上再次进行5%的抽检(理化),抽检合格则代表合格,抽检不合格则要进行追踪返修或报废处理。整个流程实际上耗时很长,一批材料从报验到允许使用可能要花费20多天到1个月的时间,严重影响工程进度。

考虑到理化性试验最终均由三检来做,为提高效率,各方研究后调整了抽检方式,监理20%和三检5%的抽检取样同时进行,同时出具结果报告,从而解决了抽检影响制造的问题。在后续执行过程中也对该种抽检方式带来的管理权归属问题和责任归属问题进行了调整。

第9章 南沙大桥工程文化建设

习近平总书记在党的十九大报告中指出:“文化是一个国家、一个民族的灵魂。文化兴国运兴,文化强民族强。没有高度的文化自信,没有文化的繁荣兴盛,就没有中华民族伟大复兴”,[1]这体现了党和国家对文化建设的重视。建筑业作为我国支柱产业,对国家发展的推动作用也越来越突出,工程文化已成为中华文化的重要一脉。工程文化是工程内容与文化形式的有机结合,通过结合工程行业特点、项目特点、建设目标与时代要求,形成本项目特有的具有主导核心的工程文化,发挥文化在工程建设管理中的黏合力、规范力和牵引力,对于保证工程建设的健康持续发展具有重要意义。

南沙大桥工程规模宏大,建设条件复杂,面临众多挑战,建设过程中存在差异性较大的多责任主体整合问题。项目业主不仅需要依托先进的工程技术、一流的现代项目管理工具及行之有效的制度保障体系来管理工程,更需要依靠工程文化来凝心聚力,使南沙大桥所有建设者具有共同的价值理念,有上下合一、齐心协力的团队合作精神,有勇于创新、精益求精的工作态度,以实现南沙大桥“一流团队、一流管理、一流形象、一流工程”的建设愿景。

9.1 南沙大桥工程文化建设原则

由于工程项目具有时限性、唯一性和开放性,南沙大桥工程文化建设遵循了以下原则:

第一,工程的时限性要求工程文化遵循快速形成原则。

任何工程项目,都要求在一定时限内完成。因此,与一般文化漫长的形成过程相比,工程文化建设时间并不长。要让工程文化能够切切实实在工程管理过程中发挥作用,就必须快速形成、有效渗透。作为业主主导型管理的项目,项目公司以广东省公路建设有限公司的核心理念“至臻建设、欢畅同道”为基础,在南沙大桥进行落地和扩展。

第二,工程的开放性要求工程文化遵循多元一体的原则。

任何一项大型工程的建设过程都是庞大而复杂的系统工程,需要将建设、设计、施工、监理、科研、咨询等相关各方整合在一起形成多元主体组织模式。工程组织的多元性必然带来文化背景的多样性。这就要求业主方发挥主导文化的作用,凭借对工程建设的本质思考及工程管理经验,尊重融合各团队的文化,形成统一的符合本项目特色的工程文化,吸引不同的团队围绕统一的文化内涵活动,同时强调工程文化内涵统一性与内容多样性的协调,充分尊重各参与主体文化的多样性:即不要求各参与单位必须建设完全一样的内容,只在建设目标和核心价值方面进行引导,让其充分发挥各自主体的主动性和创造性。并且,通过组织总结、交流、对标

[1] 出自人民网-人民日报,《习近平在中国共产党第十九次全国代表大会上的报告》。

等方式,加速各参与单位真正有效渗透到个体的工程实践中去。

第三,工程的时限性与唯一性要求工程文化建设要遵循系统化的原则。

本项目工程文化的建设周期为5年。要在有效的时间内形成具有组织特色的工程文化,必须要系统地进行建设,系统地渗透到设计、施工、质量、安全、监理等各个环节,才能真正发挥文化的作用。

遵循以上快速形成、多元一体、系统化三原则,南沙大桥工程文化建设在工程开工前即完成初步规划,快速地、系统地形成项目所特有的工程文化,并以此文化为主导。自开工建设之日起,就使工程文化"内化于心,固化于制,外化于行",渗透到工程建设管理的方方面面,成为工程建设的软实力。

9.2　南沙大桥工程文化理念

南沙大桥工程理念系统中的精神文化层面,包括项目愿景、项目使命、项目精神及核心价值观等。

9.2.1　项目核心价值观

南沙大桥工程文化的核心价值观是:精益创造,止于至善。精益创造,指南沙大桥建设者以精益求精的态度、管理思想和建设技术创造一座世界一流的"百年品质工程"。止于至善,是一种以卓越为核心要义的至高境界追求,代表南沙大桥人追求至臻至善的境界,在工程管理、技术创新、廉政建设等方面不断追求完美、创造卓越。

随着时代的发展和社会进步,人民群众对交通工程的要求有了明显提高,从过去的"安全畅通"提升到"安全、美观、耐久、舒适、便捷"等更高层次。"全面建成人民满意、保障有力、世界前列的交通强国"是新时代赋予交通人的光荣使命。项目建设团队始终怀着敬畏心,决心发扬工匠精神,雕琢精品,无愧历史。南沙大桥工程提出的质量管理目标和各项极致的质量指标正是这一精神的体现。从实现钢筋制作安装"钢筋间距合格率100%,保护层厚度合格率100%"的高目标,到预应力钢束不均匀度合格率提升至90%以上,这都是项目建设团队一丝不苟、分秒必争、精益求精的追求。正是凭借着将至臻至善融注于每一个细节、每一次施工的决心,才打造出一座铭刻时代的品质工程。

9.2.2　项目建设愿景

为铸就世界一流的"百年品质工程",南沙大桥提出了"打造一流团队,实现一流管理,树立一流形象,建设一流工程"的建设愿景。

针对南沙大桥这种一体化程度高、工艺技术复杂、各个阶段实施环节关系紧密相交叉的特大型桥梁工程,项目建设团队自始至终坚持一个原则:若要创第一流交通运输产品的"型",团队必须锻铸超一流的"魂",必须有"争世界一流"的气势,更要有中国人的精气神。在这个原则下,成就了又一座树多项行业标杆的大型桥梁。作为粤港澳大湾区核心位置的地标建筑,"四个一流"体现了南沙大桥高标准的建设水平,更展现了中国交通人向桥梁强国迈进的步伐。

9.2.3 项目精神

从果敢筹谋,到主动管控、精细化施工管理,再到创新核心技术,南沙大桥人紧紧把住工程不放松,以强烈的历史使命感和时代责任感,以建设百年品质工程和打造粤港澳大湾区新动脉为己任,咬定项目不放松,以顽强的斗志和必胜的信念,战胜了各种困难和挑战,展示了非凡的聪明才智和精益求精的工匠精神,铸就了“精心策划、恒心践行、诚心付出、匠心建造、打造放心工程”的“五心精神”。

“五心精神”是全体南沙大桥人时代风采的生动展现,是南沙大桥建设的魂与魄,其实质是坚韧不拔、拼搏奉献;核心是敢闯敢干、敢想会干;本质是分秒必争、竞逐一流。这是推动南沙大桥筑就“品质工程”取之不竭、用之不竭的精神财富,更是南沙大桥人把握时代内涵和价值,助推粤港澳大湾区交通发展的精神引擎。

9.2.4 项目使命

南沙大桥承载着“打造粤港澳大湾区核心交通枢纽,助力‘交通强国’的实现”的使命。南沙大桥是构筑大湾区快速交通网的重要一环,是粤港澳大湾区的核心交通枢纽工程之一,在关键的时间优化了珠江三角洲地区的空间布局,对进一步完善广东省及珠三角地区公路网布局和功能,分流虎门通道和广深通道快速增长的交通运输需求,改善珠江东西两岸交通运输条件,加强珠江两岸联系,促进珠三角经济一体化、同城化协调发展,推进粤港澳世界级城市群建设有重要作用。同时,南沙大桥也是一项广受瞩目的重大工程,承载着中国迈向桥梁强国的梦想。南沙大桥意义重要、技术复杂、工程难度高、规模宏大,不仅是一个超级工程,还代表着中国桥梁建设的技术与施工工艺已处于世界先进水平。南沙大桥通过理念创新、管理创新、工艺创新、科技创新,在质量、安全环保、投资、进度、科研创新等方面取得显著成效,为完善珠江两岸交通路网,推进粤港澳大湾区基础设施建设作出了重要贡献。

9.3 南沙大桥工程文化实践

工程作为塑造物质文明的造物现象和社会现象,它和文化也是息息相关的。随着经济全球化以及我国工程建设深度、广度和强度的加大,现代工程活动及其诸环节更是蕴含着文化的要素。三峡工程、载人航天工程、高速铁路工程、奥运场馆工程等大型或特大型工程,产生了巨大的文化品牌效应,工程活动与文化的结合日趋紧密。工程文化是工程项目参与主体从事工程活动的精神、意识、知识、习俗和行为规则,是他们在工程建设实践中形成的精神财富和物质财富的总和。南沙大桥在建设过程中,积极开展项目文化建设实践活动,通过文化建设增强凝聚力、激发创造力,充分发挥工程文化的导向、激励、凝聚、约束、创新和辐射等促进作用,为项目的成功提供了保证。

9.3.1 树立项目形象

通过建立 VIS(图 9-1),将南沙大桥的理念、特性和价值通过静态的、具体化的视觉传播形式,有组织有计划地传达给全体参与者、相关方和社会,对内强化统一的价值认同,对外树立和积累企业统一的识别形象。VIS的内容包括:①标准徽标、标准字体、标准色彩的完善组合在企业管理与交往中的应用规范;②设计项目LOGO(图9-2),在办公用品、印刷品、房屋、标牌、旗帜、服装、安全帽上应用。

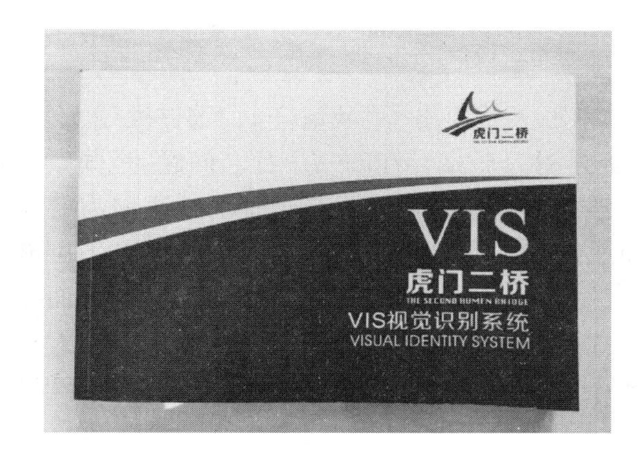

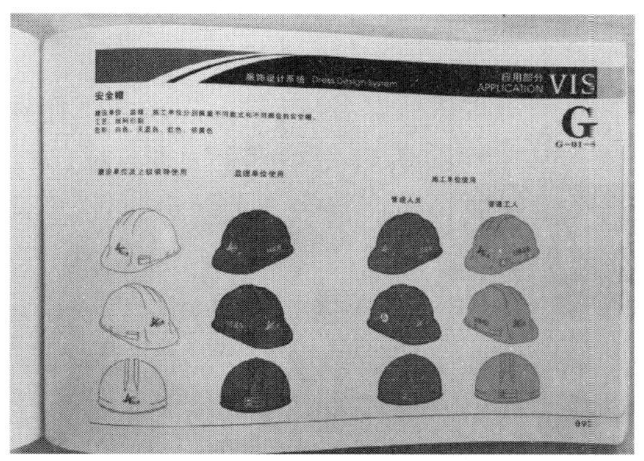

图9-1　虎门二桥(南沙大桥)项目VIS

在任何可以使用VIS标志的宣传载体上导入VIS标志,从业主方延伸到施工、监理等参建七方;从办公事务、公共事务、宣传事务延伸到安全管理、现场管理;从项目筹备期延伸到施工期,以至后面的营运期,全方位塑造南沙大桥的形象识别体系。

虎门二桥(南沙大桥)LOGO整体构图以蓝色的桥塔、红色的悬索、绿色的桥面、蓝色的水艺术创作组合而成,桥柱与悬索组合变化为数字“100”的式样。

图9-2　虎门二桥(南沙大桥)LOGO

数字100寓意虎门二桥(南沙大桥)“百年精品工程”的设计建设理念,彰显了南沙大桥“精益创造,止于至善”的核心价值与精神追求,同时也体现了广东省公路建设有限公司追求“至臻建设”的精神。100由两个汉字“人”连接而成,构图轻松活泼,体现“欢畅同道”的理念。

100象形两个字母“H”“M”,桥面与水组合成汉字“二”,整体构图内藏“虎门二桥(南沙大桥)”的项目名称。

9.3.2　形成项目共同愿景

业主与参建各方是合同关系,非隶属关系。各方的利益和目标不尽相同。而工程文化建设的重点是寻找和培育共同点,形成共同的意识和行为模式。

在工程招标文件中明确提出了项目建设目标和具体的标准。工程文化的塑造和落地工作在与各参建单位见面会暨建设动员大会上就已开始,会议郑重提出了项目建设的使命和“四个一流”的愿景。明确指出:南沙大桥以其超大的建设规模和独特的社会地理环境,注定是一个具有广泛影响力的超级工程,是加快建设交通强国征途中的重要里程碑,能为企业和个人提供一个自我突破、创造长远价值的平台。各参建单位虽然是国内桥梁建设的精英队伍,但是在南沙大桥仍当从零开始,大家携手共创一段辉煌历史。

在随后的工程建设过程中,业主牵头部署开展了一系列的宣传、宣贯、培训,努力使项目建设愿景成为全员共同的愿景。通过成立项目临时党总支和工会联合会,使工程文化的建设工作有了组织保障,同时也将工程文化的理念和追求提升到了一个新的高度。

9.3.3 培养项目共同行为模式

文化最重要的表现其实是统一行动。一致的行为和习惯可以带来统一的意志,如此,文化的作用就会发挥出来。

为了切实执行好各项制度、程序和工作标准,南沙大桥提出了"诚信守制、敬畏程序、不走捷径"的口号(图9-3)。不尊重制度程序,爱走捷径,这是长期存在的一个社会问题,是国家实现高质量发展必须克服的一大顽疾,同样也是南沙大桥在打造世界一流工程的过程中需要克服的难题。南沙大桥的管理者深知,要想全方位改变人们习以为常的行为模式几乎是不可能的,但是他们决心在关系到项目建设质量和安全的关键点上取得突破和成效。因此,一方面在制度的设计上,对"违反程序"的行为进行扣分处罚;另一方面,从工程一开始,业主管理人员带领监理骨干人员对关键程序和工作标准进行了执着的坚守。例如"四步法工序管理流程""专控工序流程""原材料先检后用制度"等,任何不符合标准的工程一律"推倒重来",不满足要求的方案退回重做,常常有经过多次反复才能进入下一个环节的情况发生。在顶住"工期"的压力后,一些关键程序得以切实执行,逐步成为工作习惯。

在领导者的率先垂范下,"五心"精神逐步在业主管理人员和监理骨干中树立起来,进而带动全项目大部分监理人员形成了认真、务实的工作氛围。图9-4展示了一份驻地监理日志,规整清晰的文字纪录体现出认真细致的工作态度。正是这些优秀监理人员细致、尽责的工作,使南沙大桥项目制定的标准、程序得到有效执行,工程建设信息得到及时掌握和反馈,为项目建设目标的实现提供了坚实的支撑。

图9-3 工作场所的理念标语

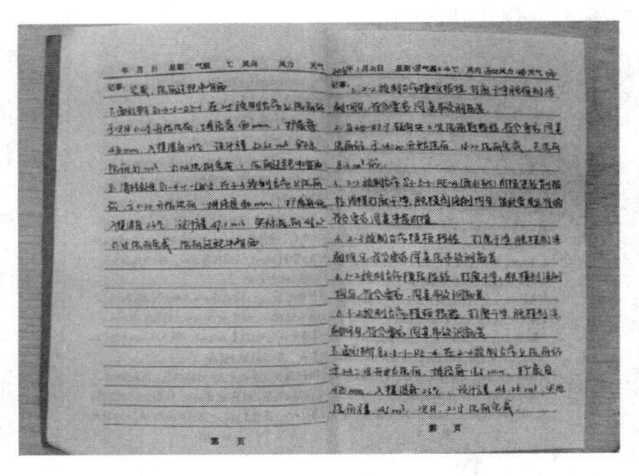

图9-4 认真细致的监理日志

9.3.4 塑造项目特有精神风貌

9.3.4.1 心怀使命,无惧担当

南沙大桥跨越的不仅是美丽的珠江,更是中国从"桥梁大国"到"桥梁强国"间的艰难险阻、纵横沟壑,不仅连通了珠江两岸的贸易、亲情,成为粤港澳大湾区发展的助推器,更是中国在高端装备制造业、材料业以及信息化跨越式发展的助力天梯。建设者在珠江口建设的

是一座享誉世界的最大跨径钢箱梁悬索桥,也是一座践行“交通强国”的梦想桥、使命桥。南沙大桥有国内最高的悬索桥桥塔,有规模世界第一的锚碇地连墙和世界上最宽的整体式钢箱梁。每个“第一”都是一次超级跨越。“大桥人”用十年的时间刷新了悬索桥建设工艺、技术、管理等方面的纪录,用十年的拼搏诠释了桥梁建设者务实拼搏、开拓创新、无悔担当的精神。

南沙大桥建设者是超级工程百年品质的担当。超大跨径钢箱梁悬索桥以其超深桩基、超大锚碇以及超高索塔承载着大桥,抗击百年风雨的侵蚀。钢筋、混凝土是桥梁下部结构的基础,优质的混凝土是桥梁百年质量的重要保证。负责混凝土试验、生产、浇筑的施工人员在桥梁下部结构施工期间持续处于实验室测数据、现场看浇筑的“两点一线”状态。在桩基施工泥浆配合比研究、锚碇浇筑混凝土生产保障、超高索塔混凝土泵送保障等方面做到了精细化管理、标准化施工、品质化建设。

南沙大桥建设者是超级工程攻坚克难的信心担当。在完成先导索过江施工阶段,施工队白天跑现场、协调机械、调度材料、积极解决出现的问题,晚上集中在会议室探讨经验,打造出一份份可实施性强、操作起来安全高效的施工方案。直至先导索正式过江的前一天,施工队仍一遍遍反复确认卷扬机安装、设备调试、拖轮状况、潮汐表的交代落实、千斤绳、钢丝绳夹、扳手、风割的准备状况等一个个细节问题,直至确认无误。

南沙大桥建设者是交通强国、中国“智”造的智慧担当。悬索桥上部结构施工有它的特殊性,工序转换快,衔接紧密。从先导索过江、到猫道架设、索股架设、紧缆、索夹安装、吊索安装、钢箱梁吊装、缠丝等,每道工序持续时间都很短,一道工序刚理顺就转换到下一道工序了,留给技术人员消化和停歇的时间几乎没有。所以,在上构施工过程中,大家几乎都是连轴转,工段与作业班组、部门之间,部门与部门之间都需要紧密配合,齐心协力,才能高效快速地解决施工问题。2017 年 8 月 30 日,在年内最强台风“天鸽”“卡帕”未彻底离去的情况下,施工队在两个台风夹攻期巧排工期,仅用了 7 天时间就完成猫道面网铺设,相当于 1 天铺设 430m,创下了国内猫道面网铺设速度的纪录。同年 9 月 17 日,猫道门架下放完成;同年 9 月 24 日,双线牵引试运行完成;同年 9 月 26 日,基准索在省内媒体记者的见证下成功飞越珠江。在加速度行驶过程中,保利长大 S4 标段在追赶进度的路上开动“智慧生产力”,不断优化索股牵引工艺,首创引进了 LoRa 物联网远程通信技术来实现主缆索股架设过程中的自动化、智能化及实时化的远程监测。在确保索股架设精度及质量的前提下,索股架设速度由最初的平均每天 2 根提高至平均每天 6 根,架设速度更是创下新纪录。

“大桥人”作为更强劲、坚韧的交通岗“引擎”,助推粤港澳大湾区经济建设更好更快地发展。他们在践行加快建设交通强国、服务国家战略中展示了广东交通建设主力军的实力与担当。

9.3.4.2 至臻建设,精益求精

“至臻建设、精益创造”是工匠精神的体现。在这种精神的影响下,参建人员表现出了超越自我、追求卓越、挑战极限的积极态度。钻孔桩的优良率、钢筋安装合格率、预应力钢绞线张拉均匀度、焊缝一次检测合格率、主缆断面合格率等一系列指标在追求 100 分的过程中,无一不是经历了多次“失败—改进—再试”的过程。正是对“至臻建设”的价值认同才产生了追求卓越的不懈动力,进而形成了“止于至善”的行为模式。这种模式已经深刻影响着从管理者到一线工人的全体人员。例如，在钢筋螺纹接头连接环节，为了确保螺母内两个钢筋头咬合长度均等，工人们自己制作了简易卡尺，在车间加工螺纹时就标注好螺母位置，现场安装接头时就能做到快速而准确(图9-5)。

图9-5　工人标注钢筋螺母位置

在中交第二航务工程局有限公司S3标段负责的箱梁拼装区域节段梁施工中，施工队经过多方对比，最终决定采用装配化工艺中的"短线匹配法"进行节段梁施工。为了施工方案能够适应工程实际情况和遇到的难题，S3标段管理团队在建设初期从混凝土配制、钢筋流水线绑扎到每一个构件尺寸的确定，都进行了详细的规划。但在制定预制方案时，团队发现了一块特殊的"积木块"墩顶节段梁的预制施工。墩顶节段梁包含横隔梁结构，质量超过300t，如果采用一体式预制方法，陆地区域使用汽车起重机进行吊装时施工安全风险将极高。中交第二航务工程局有限公司技术中心与S3标管理团队通力合作，列举出多种方案，并进行优劣势对比、逐个筛选，最终确定采用"空心式墩顶块"方案。这个方案非常巧妙，采用分阶段成形方式，首先在预制厂完成这块"特殊积木"的外壳预制，将其"拼"上墩顶后再填充部分混凝土。为了确定"积木块"外壳的最佳厚度，技术人员采用1cm迭代步骤，计算了从50cm到20cm共几十种厚度方案，从中选择最优结果作为实施准则。凭借极尽细节的匠心，S3标段管理团队在初期的方案制定上选择了"高位起步"，尽最大努力穷尽问题、考虑周全，一个个"匠心独运"的施工方案为施工开展提供了坚实的保障。

面对南沙大桥这座技术难度大工程规模大、社会经济价值巨大的超级工程，工程建设团队将不怕麻烦、不求安稳、追求卓越的精神南沙大桥融汇于日常工作的每一项任务、每一个细节中，一系列的施工难题也正是在如此精雕细琢下才被逐个击破。建设者们始终怀着一份敬畏心，决心雕琢精品，无愧历史。他们坚守一颗不变的匠心，在创新道路上一次次试错，细细打磨这根钢铁脊梁，再一次创造跨江架桥的奇迹，铸就这座超级工程。

9.3.4.3　咬定细节，较真者胜

务实较真的精神体现在制度、管理和工艺标准的各个层面。例如，《南沙大桥专用技术规范》中要求大体积混凝土浇筑时混凝土入模温度不得高于28℃，在广东的夏季要满足这项要求确实有很大难度。为此，业主实行了承包人逐车测温、监理按25%比例抽检、业主巡查的措施(图 9-6),对温度不合格的混凝土一律退回。在管理方的强力坚持下,各承包人对混凝土搅拌采取了冰屑搅拌、材料降温等多项措施,反复改进,全面实现了混凝土的温度控制目标。

图 9-6　监理现场检验

作为高性能混凝土重要组成材料的粉煤灰和矿渣粉检测,市场上的假冒伪劣产品较多,而现有国标的质量标准尚不足以杜绝假冒产品入场,曾经就有媒体报道过国内某重点工程被假冒粉煤灰混入的事件。为此,南沙大桥决定增加检测 7d 活性指数作为判定真伪的标准。由于此项检测试验时间较长,为了保证现场材料的"先检后用",监理人员不辞辛劳将抽样地点提前到运输船和中转站,以确保在材料正式使用前拿出检验结果。曾经有一艘粉煤灰运输船在快抵达南沙大桥工地时,得知项目的检测方式是"来真的"之后,立即调转船头返航。

在安全生产方面,南沙大桥的"较真"深入到各个细节。例如"班前会"制度,通过每天拍照上传微信的方式,硬是让这项制度成为全体工班几年来雷打不动的习惯(图 9-7)。为了减少事故率而推出的施工现场人员穿反光衣的规定,这是国内桥梁工程现场的第一次,施工人员很不习惯,但是在持续的监督纠正后,也变得和戴安全帽一样自然了。

安全交底,这是所有项目安全管理的"规定动作",但在南沙大桥,安全交底过程必须由监理见证,所有施工人员在完成安全交底后必须进行考试,如果考试没达到 100 分,必须自行将错题改正并签字后才能过关。南沙大桥工程中有一定数量的现浇梁施工,其中大量现浇支架的高度超过 20m,按照传统做法,用于混凝土现浇梁施工的临时钢管支架其质量要求自然是低于永久工程的,然而在这里,作为临时结构的钢管支架也被要求和钢梁一样进行无损探伤。

图 9-7　微信检查班前会

正是这种较真精神,使大量的缺陷和隐患被消除在萌芽状态。"只有每个细节到位,才能成就真正的百年工程"。在南沙大桥建设者看来,中国桥梁在速度、规模上已达到世界先进水平,他们真正要追求的,是品质升级。建设团队在南沙大桥这座世纪工程、百年工程中孜孜不倦追求质量的执着与坚守,建筑了一座历史丰碑。

9.3.4.4 融情聚力,同心筑梦

南沙大桥建设规模宏大,共有央企、省属企业、民企等参建单位60余家,高峰时曾有成千上万的工人同时施工。自成立伊始,项目就紧紧围绕建设中心任务,积极发挥统筹和推动作用,调动全体参建工人的积极性和主动性,进一步加强“以人为本”的中心思想,全面深化“和谐文化”在项目的落地生根。

为了让建设者感受到“家”的归属感,凝聚、激发群众精神力量,南沙大桥临时党总支和工联会建设了“小小家园”,有“空中职工小家”(图9-8)、“路面流动职工小家”(图9-9)、“开心农场”、文化平台、项目部招待房等平台。

图9-8 路面的流动驿站

图9-9 主塔顶上的“空中职工之家”

“空中职工小家”是建立在260m高的主塔平台休息之所、学习园地。空中职工小家的原身是一个近20m^{2}的集装箱,经过安全改造后,配备了空调、饮水机、桌椅、宣传栏和书籍等物品。这里为坭洲水道桥U形猫道上的施工人员提供临时休息之所,也为临时党总支上党课提供平台。多期党课在这里举行,临时党总支委员们就站在“工人伟大,劳动光荣”的红色字样下讲课。多次入党仪式在这里举行,预备党员们站在屋外的平台上,顶天立地念出入党宣言。工人们也时不时在这里看看书,在“空中职工小家”的书架上,既有《党的十九大精神学习》等书籍,也有《广东安全生产》等杂志。

为丰富建设者的文化生活,激发奋斗的精气神,临时党总支和工联会将施工平台变成文化平台。无论是艺术团进南沙大桥,还是安全文化汇演,建设者在哪里,平台就在哪里。广东省总工会对项目的建设给予了大力支持,送来的文艺汇演鼓舞了南沙大桥每一位工人。2018年4月25日晚上,“中国梦·劳动美”广东工人艺术团送文艺活动在南沙大桥坭洲水道桥施工平台开幕。演员们用各种艺术形式充分展示了在习近平新时代中国特色社会主义思想指引下,新时代工人的风采与“以劳动托起中国梦”的坚强信念,工人们欢声笑语不断。

“以卡支付”,一卡在手,心中无忧。在南沙大桥的建设中,工人们不仅能按时足额拿到工资,还有机会实现从农民工到产业工人的身份转变,生活更有奔头。南沙大桥的工人们如此好“福利”,得益于“一卡支付”模式等系列措施。临时党总支指导标段制定了《南沙大桥项目经理部劳务用工工资管理办法》,农民工工资由项目部财务代发,经银行转账直接打入农民工工资卡,大大缩短了工资支付周期,杜绝了少发、漏发、拖延发放工资等侵犯农民工权益的现象,消除了工人们的后顾之忧。临时党总支还关注农民工的职业发展,选拔优秀人才充实到产业工人队伍中,S3标段已有4位农民工因为表现突出,被吸纳为央企正式职工。一系列举措激发了农民工的积极性和归属感，为工程建设打下了坚实的基础。

好的建筑成长于热爱，成就于匠心。劳动竞赛是培养工匠精神的沃土，是助推南沙大桥建设者创造一个又一个奇迹的平台。在临时党总支的指导下，南沙大桥工联会按照工程节点、季节性施工特点、工序切面等时段环节，组织开展了“五比五赛”“六比六赛”的劳动竞赛（图9-10）。广东省总工会将2017—2019年间南沙大桥项目劳动竞赛纳入广东省重点工程劳动竞赛单列赛区，鼓舞南沙大桥每一位工人用劳动创造价值，用劳动谱写希望，用劳动实现梦想。在竞赛中，涌现了一大批优秀的工人队伍，他们通过比科学管理，赛工程质量；比精打细算，赛成本控制；比开拓进取，赛科技创新；比完成任务，赛工程进度；比规章制度，赛安全环保；比遵纪守法，赛廉政建设。无论酷暑严寒、高空险地、艰难困苦，他们都一路高歌猛进。

图9-10　全面开展劳动竞赛

一枝一叶总关情，同心共筑桥梁梦。心系哪里，哪里就充满爱。在家的关怀下、爱的怀抱中，南沙大桥建设者攻下了一个又一个难关，大踏步前行。

第10章　南沙大桥工程党建促工建实践

当前,中国特色社会主义事业处于上升期,党建文化作为党建工作的重要内容,在党的各项工作推进过程中发挥着重要作用。几年来,南沙大桥党支部坚持以"党建助推项目建设管理"为主线,因地制宜,创新组织设置,成立了"项目建设临时党总支"和"项目建设期工会联合会",实现了工程建设与党建工作同心同向、同频共振、双向融入,充分发挥了党建工作固本培元、聚气凝神的作用,努力把党支部锻造成为团结群众的核心、教育党员的学校、攻坚克难的堡垒,争做粤港澳大湾区建设的排头兵、先锋队。

10.1　合同之外的力量

2016年,是南沙大桥建设进入全新阶段的一年,施工工序由下部结构逐渐转为上部结构,高空作业和重点难点工序逐渐增多,安全、质量、进度、环保等面临着前所未有的压力。

"如果能找到一种方式,或者说一种力量,能把各参建队伍真正凝聚起来,找到'最大公约数',使大家向着共同的目标协力迈进,再艰巨的难关也能迈过",在严峻的形势之下,南沙大桥的党员干部们一直在寻找服务项的新途径、新载体和新手段,他们做了许多探索与思考。2016年10月11日,习近平总书记在全国国有企业党的建设工作会议上指出:"要同步建立党的组织、动态调整党组织设置[1]"。随着思路渐渐清晰,在广东省交通集团、广东省公路建设有限公司党委的领导下,2016年11月16日,南沙大桥项目建设期临时党总支应运而生,成为广东省交通集团有限公司系统首个正式挂牌成立的临时党组织。随即,2016年12月30日,南沙大桥项目建设期工联会成立,"党建带工建,工建促党建"有了坚实的组织保障。

临时党总支下设10个党支部和2个党小组,共有党员155人。经各参建单位上级党委推荐,由业主及相关参建单位支部书记、项目经理等党员同志组成总支委员会。工联会委员会由业主及参建单位工会主席等人员组成,3000余名建设者成为工联会会员。

临时党总支的成立,正是瓶颈期中亟须寻得的那股力量,它源于合同之外的精神层面,通过一面鲜红的党旗,牵引起一条充满温度的纽带。在业主与各参建单位存在单独合约关系的基础上,临时党总支融注了更多的活力,改变了以往双方仅限于合约条款的局限性;立起了统一的目标,凝聚起建设队伍间各自独立为营的分散力量,让这支几千人的庞大建设队伍,协力共进,同搏浪尖,破浪前行。

[1] 出自《人民日报》(2016年10月12日01版)。

10.2　党组织建设基本情况

南沙大桥项目由广东省交通集团有限公司下属的广东省公路建设有限公司南沙大桥分公司(以下简称分公司)作为业主负责投资建设管理,分公司共有建设管理人员65名,其中共产党员26名,本科以上学历24人。按照广东省交通集团有限公司《关于集团党务纪检监察机构调整和人员配置工作的通知》要求,共有党群纪检监察专职工作人员3人。项目共有参建单位60余家,其中土建施工单位为中交第二公路工程局有限公司、中交第二航务工程局有限公司、广东长大公路工程有限公司,现场约有3000名施工及管理人员,其中共产党员155名。

意义重要、规模宏大、技术复杂,这是深谙工程建设的人对南沙大桥项目的定位。工程从酝酿到实施,整整用了10多年时间。2014年,分公司成立,在万众期待中,南沙大桥拉开了建设的序幕。随着工程建设的全面开花,安全、质量、征地拆迁、招标等工作的压力也浮出水面。100余名党员,分布在参建单位的3000余人的施工队伍中,如何让100余名党员带动、带好这几千人的队伍?如何才能使党建工作与项目建设达到最佳融合?如何建设服务型的基层党组织为工程建设保驾护航?分公司党支部思考后,破旧立新,打破行政的藩篱,认为无论是业主单位还是施工单位,国有企业还是私有企业,央企还是省属企业,都是在党的领导下,共同致力于南沙大桥建设。

基于此,公司党支部提出了"党建联动"工作模式。通过这个模式,公司党支部根据不同时期工程建设所面临的工作任务和控制要点不相同的实际,根据生产建设任务的关键节点和重点难点,制定年度党建工作总体计划,党建计划的针对性、可行性和科学性有效推动了工程建设。

"南沙大桥项目建设临时党总支灵活合理,是对党建工作的一个新的思考,是一种新的组织形式,也是一种新的合力,有效弥补了合约关系单一的'短板';发挥出了党员的先锋模范作用,有活力、有战斗力、有凝聚力;以职工需求为导向开展'书记项目'活动,不哗众取宠,不假大空,实现了维护职工合法权益的宗旨,很具有代表性,体现了广东省交通集团有限公司党的组织建设比较完善,抓党建工作用心、用力,有成效。"省委组织部副部长武延军在调研南沙大桥项目时指出。

南沙大桥项目建设临时党总支由参建单位党支部(党小组)组成,书记由南沙大桥分公司党支部书记担任,副书记、委员由参建单位支部书记、项目经理等党员同志担任,下设10个党支部和2个党小组。工作目标是紧紧围绕南沙大桥工程建设的中心任务,充分发挥参建单位党组织在项目建设中的战斗堡垒作用和党员先锋模范作用,不断创新党建工作机制,形成党建合力,做到"党旗在项目中飘扬,党徽在节点中闪光",确保实现培养一批优秀人才队伍、建设世界一流品质工程、塑造一流国际桥梁品牌形象的"三个一"目标。

南沙大桥建设期工会联合会由参建单位工会组成,主席由南沙大桥分公司工会主席担任,副主席由相关参建单位工会主席担任。工作职责是充分发挥工联会组织作用,维护广大职工权益,构建和谐劳动关系,组织开展劳动竞赛,推动南沙大桥项目建设各项工作任务顺利完成。

10.3 党建促工建的实践

10.3.1 党建活动促工建

“既要大桥建起来,更要党员立起来。”这是南沙大桥的党员干部达成的共识。只有具备了坚定的信念、充足的干劲、攻克难关的强大精神,党员同志才能正己身、带好头,全力以赴打好这场超级攻坚战。党员立起来的精神动力之一是党课和主题党日活动。

空中党课——“支部书记读党章”。为了让一线工人学习到党的十九大精神,理解习近平新时代中国特色社会主义思想,临时党总支精心策划、组织各参建标段党支部开展“支部书记读党章”系列党课活动。在桥面的“职工小家”中,各位党支部书记专门制作了通俗易懂的塑料展板,用工人们感到亲切的家乡话结合身边喜闻乐见的小事解读党的十九大报告精髓。党课十分接地气,广受工人好评。

夜间党课——“为党员补钙充电”。夜间党课,是针对工程建设主要在白天进行的特点,在不影响工程建设进度,又能让党员安心学知识受教育的情况下举办的“特殊党课”。2017年,是南沙大桥攻坚最紧张的一年,多项重大节点紧锣密鼓地进行——钢箱梁吊装、主缆索股架设施工……党员干部们需要在负重中稳步前行。广东省交通集团有限公司、广东省公路建设有限公司领导多次到南沙大桥讲党课,带领党员重温入党誓词,学习新党章,理解党的十九大报告,并对加快建设交通强国的宏伟蓝图进行解读,鼓励党员们积极为广东省交通集团有限公司、广东省公路建设有限公司、南沙大桥的未来建言献策。

雨中党课——“见缝插针开设知识课堂”。下雨时,工人们无法开工。临时党总支的委员们就把握这个空闲时刻,在工地为一线工人们讲党课,党课的“配置”很简单,一个自制的可翻页课件展板,上面画着图案,写着标注,十分清晰,再加一个简易支架。课程内容十分丰富,动态性强,有时候是国家发展方针政策,有时候是红色工地精神,有时候是党的十九大知识。平易、亲切、真诚的氛围,图文并茂、下足了功夫的教材,让平时无法接收到相关知识的学生们“听得懂”“听得进”。

主题党日活动——“有‘范儿’的节目盛事”。南沙大桥党支部与其他单位联合开展的主题党日活动“讲规范、有样子、有创意、有讲究”,“党味”“鲜味”“趣味”三味齐全。活动一般以党史理论结合工程实践为主题,贴合组织一处机关党员干部和南沙大桥一线工人党员干部的工作特点和需求,成效很好。活动流程包括现场参观工程项目、集中学习、重温入党誓词、专题党课专家辅导、感言交流等环节,党员可以边看边学、边学边问,不仅可以对项目形成直观和立体的印象,还能促使两个支部相互借鉴好经验好做法,换位思考、亲身感受组织力量在不同领域中的体现,促进两个支部的党员在互帮互学、相互启迪中共同提高。每年都会有几十家单位到南沙大桥联合开展主题党日活动,在实地感受湾区工程建设和工匠情怀,面对面交流的学习中,党员意识不断提升,党性修养日益增强。南沙大桥的主题党日活动,被广东省委机关刊物《广东党建》杂志评为基层党建工作的“模范生”。

南沙大桥党课与主题党日活动的成效显著,做到了唤起党组织内在生命力、激发党员时代活力。南沙大桥有3000多名一线工人,他们用理想、热情、信念和付出铸就这座“超级工程”。

临时党总支和工联会不仅为他们充分发挥作用搭建平台、提供舞台，也是他们信赖的娘家人、贴心人。

10.3.2　党员突击队促工建

“他们就像定心丸，有他们在，我们就特别安心。”他们是谁？他们的胸前佩戴着党徽，是在一次又一次艰难险阻中站在最前方的人。热火朝天的施工现场，施工重点、难点接踵而至，安全、质量与进度要求时刻紧扣。高压之下，总能看到党员同志挺身而出、吃苦在前、争先奉献的身影，他们身体力行地诠释着胸前这枚党徽所代表的责任与担当。

“征地拆迁党员突击队”——“细水长流，推心置腹”。征地拆迁是一项“很急，但却急不来”的工作。急，是因为征拆问题只要不解决，工程便无法开工，影响重大；急不来，是因为着急、迫切的谈判会引起征拆对象的反感，只有真正赢得他们的信任，获得他们的支持才能有谈判的基础。这对谈判人的耐心和智慧都是很大的考验。针对这一关键“攻坚点”所成立的党员突击队由南沙大桥党支部副书记、总经理挂帅，各参建单位负责人参加。工作推进过程中，他们细水长流、不分昼夜地与当地村民进行沟通。“要像朋友一样推心置腹，宁愿麻烦自己也要方便他们”，突击队员为了避开村民务农工的时间，常在夜晚、雨天拜访，每次交流他们都认真倾听、充分尊重，以真心换真心，很多村民被他们所感动，愿意平心静气地进行意见沟通。突击队员们在表达观点时动之以情、晓之以理，慢慢获得了村民们认同，在有效的谈判中逐渐达成共识。随后，交地、房屋测量等工作有序推进，拆迁任务按期完成，为工程建设关键节点扫清障碍，顺利实现了节点目标。

“锚碇施工党员突击队”——“有条不紊，五天六夜”。坭洲水道桥锚碇施工亟待开工时，施工现场的空气比往常多了一丝凝重。在硕大的锚碇基坑和蓄势待发的机器前，一支由施工人员组成的“党员突击队”高举着党旗，率领着队伍，紧紧地攥着拳头，呐喊出如钉子般的承诺和壮士出川的决心：确保首次浇筑顺利完成！这注定是一场鏖战——人员、材料、措施要分毫不差，任一环节、任一时刻出现细微问题都将功亏一篑。为了保证施工的连续性，在党员同志的带头下，所有人员分成两批，轮流原地就餐、轮流“上战场”，做好了“开弓没有回头箭，硬仗打到底”的心理准备。施工进度越是紧张，他们越是“小心翼翼”，心怀一份对工程的责任和无愧历史的担当，突击队员们誓守品质关，坚持原材料先检后用，采用多项温控措施，保障混凝土原材料100%合格。凭借着这股追求极致、挑战极限的毅力，他们用五天六夜100多个小时栉风沐雨的高强度连续作业，最终成功书写下单次浇筑1.8万m^3混凝土的桥梁界世界纪录！

“空中党员突击队”——“不舍昼夜，攻坚克难”。坭洲水道桥所在水域为出入广州港的珠江主航道，水上船只类型众多、往来频繁，常有10万吨级大船通过，吊梁通航组织压力大；箱梁吊装受大风、暴雨、潮汐、水流、水深、运梁、定位等多因素综合影响，吊梁施工组织难度大。吊梁期间，突击队员们每天6时前就起床，天刚亮就乘坐施工电梯爬猫道进行吊梁作业。在突击队的带领下，钢箱梁的吊装数量每天稳步保持在3片左右，最高纪录达到单日吊装6片，用344天完成从先导索过江到钢箱梁吊装合龙，82天完成504根3043m主缆索股架设，70天完成176片钢箱梁吊装，创造了悬索桥施工速度的新纪录！如期保质完成项目建设节点目标，为工程建设打下坚实基础。

“路面党员突击队”——“啃下硬骨头”。南沙大桥路面铺装工程，单层铺装面积达13万m^2，

相当于18个标准足球场的面积，是世界上单体热拌环氧沥青铺装面积最大的工程，也是路面工程“最难啃的硬骨头”。为了啃下这个硬骨头，路面党员突击队充分发挥战斗堡垒作用，突击队员通宵达旦观察气象局雷达图，精益求精研讨施工环节，他们扛起进军的大旗，带领着广大工人们一举攻克难题，顺利拉开钢桥面铺装作业序幕，并首创了钢桥面环氧沥青一次摊铺面积超20000m^{2}的世界纪录。

由共产党员组成的“难题特战队”活跃在一个个施工分战场，S1/S2标段主塔与锚碇攻坚党员先锋队、S3标段预制厂党员突击队……他们攻坚克难在一线，冲锋拼搏在一线，带领着建设队伍一次又一次地挑战不可能、创造佳绩，为工程重点、难点的攻坚打下了一场又一场的精彩歼灭战。

“哪里有困难，哪里就有党员的身影”，已逐渐汇成一份信任、一种信念，注进了每一个建设者的心中，鼓舞、支撑着他们笃定坚守、一路前行。南沙大桥上空，一面鲜红的旗帜扬风而起，在攻坚战场上旗风猎猎，信仰的力量让人无惧奋进；一面鲜红的旗帜迎风飘扬，在工余生活中和风轻拂，春风化雨的关怀直抵人心……多年来，临时党总支实现党建工作与工程建设的深度融合，南沙大桥建设者凝心聚力，在互相理解、支持、爱护中，共筑桥梁强国梦，决胜超级工程！

他们，以高度的政治责任感和优异的工程业绩，忠实地践行了自己的诺言，向党和人民交上了一份满意的答卷。如今，巨龙飞架珠江，工程的凯歌已经奏响，骄阳之下，潮头浪尖的这抹党旗红，分外闪耀。

第4篇

工程控制

南沙大桥作为一项超级工程，建造过程中任一环节或部位一旦出现问题，都可能影响工程的顺利建成，甚至造成巨大的不良社会影响。为了确保工程建设始终围绕建设目标，全面完成各项计划，工程控制显得尤为重要。建造阶段，工程管理的主要任务就是工程控制，要通过各种有效手段预判或及时发现计划执行过程中的偏差，解决问题，及时纠正。南沙大桥的工程控制贯穿建设期的全过程，从全寿命周期的设计管理开始，全面开展质量控制、进度控制、安全控制和造价控制，还引入了信息化管理手段以提高控制效能。较为有效的包括深入的施工组织筹划、制定专用技术规范、践行"治未病"安全管理理念等前馈控制措施；在建设期间实施了一系列过程控制措施，如推行"零缺陷"质量管理理念，采取管理、技术和设备三管齐下的保证措施；在进度控制方面，遵循工程控制论基本原理，编制合理可行的进度计划和采取全过程的进度管控措施。安全控制从系统、物、人三大方面切入，通过制定安全政策、计划和措施，完善安全生产组织管理体系和检查体系，实现施工安全有效控制；造价控制则重点推行"造价与合同一体化管理"，规范项目运作作为基本方针，成功实现工程造价控制目标。

第 11 章　基于全寿命周期的工程设计管理

工程的品质,源于设计成果的精细、科学与创新。对于一个如此庞大的复杂工程——南沙大桥来说,超大跨径、超宽的箱梁和百年耐久性的技术目标使项目必然面临一些新领域的探索,没有现成的设计规范和标准可以使用。此外,设计品质的高低,对工程全寿命运营服务水平和结构安全将产生巨大影响,这对设计团队的精细化设计能力和科研创新能力提出了更高的要求。基于全寿命周期的工程设计是对工程项目建设和运营全周期提供技术方案的整个活动过程,是建设项目生命期中的重要环节,是建设项目进行整体规划、体现具体实施意图的重要过程,是科学技术转化为生产力的纽带,是处理技术与经济关系的关键性环节,也是确定与控制工程造价的重点阶段。"安全耐久、环保节约、科技创新"是南沙大桥项目全寿命二程设计的目标要求。设计管理是一项筹划和监控的活动过程,通过设计管理,有助于有效落实项目业主的意图和要求,确保工程项目的标准和规模,保证项目进度、质量及投资控制,顺利达到项目运营的目标,从而实现项目全生命周期的有效管理。

11.1　基于全寿命周期的设计目标与原则

11.1.1　设计目标

基于全寿命周期的工程设计是要着眼于项目的整个生命周期各阶段,围绕工程设计目标,在设计原则引导下进行工程建设的智力规划。建设期设计管理的实施时间虽然只限于建设期,但要为工程项目全生命周期服务,包括立项、招标、设备采购、施工组织、变更、验收、运营服务、养护维修等。设计目标反映了工程理念和价值内涵,设计原则是实现设计目标的行动纲要。南沙大桥作为珠江三角洲跨珠江重要通道,将助力粤港澳大湾区成为更具活力的经济区、宜居宜业宜游的优质生活圈和内地与港澳深度合作的示范区。勘察设计招标文件明确提出南沙大桥项目建设的总体设计目标为"安全耐久,环保节约,科技创新,至臻建设"。目标具体要求分解如下:

(1)技术管理。工程设计先进合理,总体达到国内先进,部分达到国际先进或领先水平,获得省部级以上优秀设计奖。取得一批技术攻关成果,多项具有国内领先或国际领先水平,并成功应用于工程实际。

(2)质量安全管理。确保优良工程,铸造精品工程。分项工程合格率 100%,主体工程优良率 100%,非主体工程优良率在 90% 以上,竣工验收工程质量评分确保 94 分及以上。杜绝发生一般及以上质量事故,确保无安全责任事故,创建"平安工程"。

(3)造价管理。工程结算总价控制在批复概算范围内,力争做到工完账清。

11.1.2 设计原则

为实现基于全寿命周期的工程设计总体目标，南沙大桥的设计招标文件要求设计人从项目全生命周期的视角出发，遵循以下几个原则：

(1)重视工程的安全可靠性。南沙大桥的建设是百年大计，设计寿命长达百年之久。项目的安全可靠设计为首要遵循的原则，渗透贯彻到工程建设的每一个阶段。桥梁在创新技术、经济合理、美观协调等方面的追求与设计都必须以满足桥梁的安全可靠性为前提。

(2)充分汲取桥梁建设的先进经验。通过借鉴和吸收国内外桥梁建设的先进经验，在融合国内外特大跨径桥梁建设先进技术和宝贵经验的基础上做出创新，力争将南沙大桥建设成为国际上水平一流的超大跨径悬索桥。

(3)精益求精。工程设计是工程建设的灵魂，精益求精是工程设计工作的重要原则之一。要创造性地完成南沙大桥工程的设计，并保证工程的后期运营质量，在设计中采用的技术路线、设计方法、设计技巧以及完成的设计图纸等都需要秉承精益求精的工匠精神。

(4)产学研结合。根据南沙大桥建设条件复杂、设计施工技术难度大等特点，建设企业需重视科研工作，紧密结合设计工作需要，与相关科研机构合作，选择强有力的科研队伍和先进可靠的设备，对重要项目进行校核，在设计前期就做好技术规划准备，为后期施工和运维的决策提供科学依据。

(5)稳抓专题研究工作，深入掌握重要部位设计要点。根据南沙大桥工程规模庞大、地质条件复杂、技术难度高等特点，需要稳打稳抓，有针对性地深入开展相应的技术应用专题研究，对重要结构部位进行深入研究、全面比选、精心设计。充分应用计算机辅助设计新技术，提高设计质量，缩短工作周期。

(6)合理控制造价。推行造价与合同全过程一体化管理，在确保桥梁安全可靠性及使用功能完善的基础上，要求用最短的建设时间，耗费最少的人力、物力、土地，使工程发挥最大的效益。

11.2 对设计工作的技术要求

工程项目的设计是从一个从概念到具体的设计过程。从2003年初至2013年6月，十年的时间，从项目的预可行性研究到可行性研究，国家发展和改革委员会终以《国家发改委关于广东省南沙大桥项目核准的批复》(发改基础〔2013〕1181)形式批复了项目。鉴于南沙大桥的技术复杂性以及战略地位，项目建设经历了车道数论证、路线方案规划选择、桥型方案比选以及多次的科研专题开展。对项目设计专业化、前瞻化以及创新化的追求，使得这条狮子洋上的"猛龙"终得出世。

11.2.1 基本要求

总原则是应采用先进的设计理念、可靠的技术及管理，降低桥梁建设及运营期的风险，将本项目建设成为具有高品质的世界级工程。具体要求如下：

(1)设计使用寿命要求：本项目工程采用100年的设计使用寿命，设计中一方面应采用与

100年设计使用寿命对应的荷载代表值、材料强度代表值、钢结构疲劳强度代表值等进行结构安全性设计;另一方面需从原材料选择、结构构造、结构维护、防腐设计等方面保证结构的耐久性,确保本项目100年内结构抗力不低于目标可靠度。

(2)设计前调查分析本项目区域相关历史文化、名胜古迹等,要求本项目景观设计应与项目区域人文内涵完美融合,并与周边整体环境和谐协调。

(3)施工工艺性要求:南沙大桥工程项目要成为世界级精品工程,设计中应确保施工工艺先进、合理、保证工期。

(4)贯彻"以人为本,安全第一,预防为主"的设计原则,特别重视安全问题,建成的桥梁应能适应长期运营的需要,方便维修作业。主体结构设计中应与交通工程、健康监测、运营维护系统等设计之间相协调。

(5)设计方案应满足各部分的使用、管理和养护功能要求,具有足够的安全度及耐久性措施。

(6)确定桥梁耐久性措施(含防腐设计)及设计方案和设计标准,提交中间报告。

(7)设计人在施工期间负责对首级控制网进行复测。

11.2.2 需关注的技术要点

(1)查明桥区建筑材料的质量、储量、供应量及运输条件,并按100年设计寿命及耐久性要求进行原材料、混合料设计及工艺要求等试验;查明桥位附近大型预制场的适用性、大型临建设施位置、规模及运输条件;查明大型砂源及抛泥区位置,并协助业主完成有关报批手续。

(2)桥梁设计应特别注重地质、水文资料的勘测,根据地质及水文情况,合理确定桥跨布置及桥墩位置。

(3)应合理进行施工组织设计,减少施工方案对航运的影响,并充分考虑项目的环保要求等问题。

(4)本项目桥梁工程规模大,航道繁忙。因此,桥梁方案拟定过程中,应尽量减少水中现场工作量,缩短水上作业时间,应将大型化、工厂化的预制装配方案作为研究、确定桥型方案的指导思想,以减小施工难度,尽量使用大型设备,提高工效,降低施工风险,加快施工进度,保证工程质量,节约投资。

(5)工程地处台风影响频繁地区,桥梁跨径大,抗风安全要求高,除需采用新技术、新结构外,还须充分重视抗风研究,确定桥梁抗风设计方案,并提交中间成果。

(6)根据对项目区域的历史文化、桥位环境等背景调查分析,结合本项目的建设理念,通过对桥型及结构建筑美学、景观分析等,确定桥梁景观设计方案,包括但不限于桥梁造型、各构件比例搭配、桥梁色彩、灯光效果、护栏、路灯方案等。

(7)确定全线环境保护措施。根据环境影响评价报告要求,落实环保措施设计,并结合结构设计提出在施工及运营过程中的环保方案。

(8)确定桥梁防撞、防雷击、通航警示标识等结构布置和专项设计方案。专项设计方案必须取得有关主管部门的批准,并在主体结构设计中处理好预留预埋等总体规划布置。

(9)确定桥梁耐久性设计方案和标准。

(10)对不同桥型方案在施工期和运营期的风险事件分析及评估间的风险事件分析及评估,提出风险对策。

(11)拟定施工方案及工期安排,包括:大型预制场地需求建议;临建设施专项设计;根据耐久性设计及试验,提出原材料、配合比及工艺要求;各部分建议的施工工法及设备要求;施工期间航道、航行安全管理要求及航空安全管理要求。

(12)确定施工场地、施工便道设计方案,并提交有关详图。

(13)加强管理中心、养护工区的房建规划意识,应做到兼顾道路交通功能、服务功能和建筑艺术,充分体现时代感和现代化水平。在表现形式方面能够体现城市的特色、风格,外观和功能做到新颖、美观大方。

(14)初步设计阶段要求:桥梁须通过多方案比较,并至少有两个桥型方案进行同深度比较后,确定桥跨布置、桥型方案总体构思。对悬索桥,须进行不同边中跨比、主缆不同垂跨比、加劲梁不同悬吊跨数、加劲梁构造形式等基本参数及结构形式的比较;对斜拉桥,须进行不同边中跨比、不同结构体系、主梁结构形式、斜拉索结构体系及锚固体系、边辅墩设置等基本参数及结构形式的比较,从经济、通航、施工、运营、抗风抗震、景观美学的角度进行综合比较,以决定采用的桥型方案。在此基础上对各主要构件及支承体系进行结构方案设计。

结构计算分析工作要求除了对不同桥型方案及结构方案进行桥梁总体动、静力分析、稳定性分析外,还应开展风荷载效应及风致振动分析和采用非线性时程计算方法进行地震反应分析,对桥梁抗风稳定性作出初步评价。

(15)技术设计阶段,必须根据批复的初步设计、测设合同和需要解决的技术问题,细化结构分析计算、主要构件详细设计、重要细节计算分析、确定关键构件的施工方案,提出科学试验成果、专题报告,对桥梁施工期、运营期抗风稳定性作出评价,提出相应的抗风措施。

(16)施工图设计必须应详细查明桥位沿线筑路材料的质量、储量、供应量及运输条件,并进行原材料、混合料的试验;确定耐久性设计措施及设计施工方案;确定桥梁环境保护措施;提出设计施工方案及组织计划;确定养护维修系统施工详图;确定施工监控及运营期健康监测实施方案;编制大桥养护手册;根据施工分标情况,编制各标段工程量清单及施工图预算。

11.3 南沙大桥工程设计管理

设计阶段是工程建设的一个重要环节,影响着后期施工、运营维护阶段的实施效果。设计成果不仅要考虑经济和使用的合理性,同时也要保证实践上的可操作性。在南沙大桥建设中,设计管理始终坚持先进的设计理念,并从项目的全寿命周期管理角度考虑,积极采用新技术、新工艺和新设备等,以科研成果支持并指导生产,采取了一系列管理措施保证勘察设计的质量,达成设计目标。

11.3.1 开展专项工作与研究

11.3.1.1 前期专题研究

设计招标前期完成了一系列专题研究,为设计提供充分基础,详见表11-1。

南沙大桥项目前期专题研究 表11-1

序号	专题研究	序号	专题研究
1	南沙大桥工程防洪评价报告	8	南沙大桥工程桥位气象观测
2	南沙大桥工程水土保持方案报告	9	南沙大桥工程车辆荷载标准研究
3	南沙大桥工程场地地震安全性评价报告	10	南沙大桥工程地质灾害危险性评估
4	遥感工程地质调测	11	南沙大桥工程压矿查验报告
5	水下地形图测量	12	南沙大桥工程文物调查报告
6	南沙大桥工程通航净空尺度和技术要求论证报告	13	南沙大桥工程通航安全论证报告
7	南沙大桥工程环境影响报告	14	南沙大桥工程规划选址报告

11.3.1.2 设计阶段的专项工作与研究

南沙大桥为超大跨径悬索桥，技术难度大，复杂的地质条件、灾害性天气都将对桥梁的建设与维护造成威胁。因此，针对设计、施工、运营阶段密切关系桥梁安全性与经济性的关键问题开展科学研究显得尤为必要。一方面，坭洲水道桥悬索桥主跨跨径1688m，作为世界最大跨径钢箱梁悬索桥，必然会遇到因跨径增加而带来的新问题，如抗风稳定性、超柔性结构的行车安全问题、结构体系的耐久性问题等；另一方面，如何在技术措施上保证100年设计使用寿命的目标，在技术上尚有一系列的问题需要解决。为了确保结构的安全耐久，实现全寿命高标准运营，设计阶段必须针对建设和运营期的关键问题做好规划与研究工作，并将研究成果应用在设计文件中。

南沙大桥设计合同中约定的由设计人开展的研究和专项工作，详见表11-2。

南沙大桥项目设计专项研究 表11-2

序号	专项研究	序号	专项研究
1	编制南沙大桥项目设计指导准则	8	大跨径桥梁钢桥面铺装研究
2	编制南沙大桥工程养护手册	9	提高清水混凝土外观及耐久性技术研究
3	南沙大桥海事交管系统(VTS)研究与设计	10	钢箱梁防腐体系研究
4	施工监控及运营期健康监测实施方案	11	悬索桥缆索系统防护体系研究
5	大跨径桥梁抗风稳定性研究	12	船撞力及防撞设施研究
6	桥梁抗震性能与减震措施研究	13	钢箱梁检查车系统安全性与稳定性研究
7	大跨径桥梁钢箱梁构造研究(包括桥面板疲劳研究)	14	大跨径桥梁行车安全研究

为了支撑设计，在组织设计工作的同时，业主组织开展总体施工组织方案研究，对项目关键性主体工程在施工方案、资源调配、界面协调、工期规划等方面做好施工组织安排。针对节段梁拼装、特大构件制造等特殊工艺和设备进行深入调研，做到设计方案具备可实施性，所选择的施工工艺成熟、便捷、可靠，为后续工程开展提供良好的条件。同时要求设计单位除了对成桥工况进行计算外，还应对主要施工工况进行分析、计算。有了较扎实的施工组织研究，各项施工措施、临时设施、土方调配方案分析充分，施工图预算的准确性也得到极大保障。

在整个建设阶段，项目业主在广泛调研国内同类型项目基础上，结合项目特点和技术难点，围绕特大跨径悬索桥抗风、抗震、耐久性、新材料等方面开展科研工作，组织专家学者、设计科研单位、相关生产厂家从新材料新技术、设计、施工、运营4个角度，基于项目全寿命周期开展重难点技术攻关，确定了9项子课题作为“南沙大桥建设关键技术研究”内容，见表11-3。

“南沙大桥建设关键技术研究”内容 表11-3

编号	课题名称	编号	课题名称
1	1960MPa悬索桥主缆索股技术研究	6	短线匹配法节段拼装箱梁施工技术与质量评定方法
2	特大型桥梁工程BIM+应用技术研究	7	多股成品索式锚碇预应力锚固系统研究
3	超大跨径悬索桥锚碇超大超深地连墙复合基础研究	8	超大跨径悬索桥合理结构体系及关键装置研发与应用
4	超大跨径悬索桥钢结构主动防腐技术系统研究	9	防腐清水混凝土长寿命设计与施工关键技术研究
5	超大跨径悬索桥施工精细化分析及监测控制技术研究		

为了保障研究工作更好地服务于过程建设，业主对科研工作进行了精心组织，努力促进成果的应用与推广，加强科研成果和知识产权保护管理。组织成立专门的科研工作小组，严格按照招标文件、合同文件的规定，督促科研单位按计划认真落实科研工作开展。在研究过程中，做好科研的检查和督促工作。根据课题的开展情况，定期或不定期召开科研工作会，检查各课题的开展情况，并明确下一步工作要求。对于各项研究成果加强科研成果管理和知识产权保护工作，促进科研成果的应用和推广。

11.3.2 切实保障勘察设计、地况地貌调查工作质量

勘察工作是设计的基础，可靠的勘察质量为良好的设计打下坚实基础。这一节段的难点是征地尚未开展，路线所在地区经济发达，地面全是民居、厂房、花木场和鱼塘，场地进入难度高。地方对道路规划、排水、环保的要求高，因此，业主管理人员必须充分参与勘察工作，协调路线所涉及的单位、部门和人员，努力确保地况的调查质量，尤其对于管线、高速铁路、高速公路等交叉施工要充分调研，与地方村镇签订桥涵、改道改沟协议，以避免纠纷。对设计方案的可实施性要充分论证，相应调查工作应取得产权单位的书面认可意见，尽量减少后续因法律法规、管线产权单位管理制度等造成的变更。在地质勘察方面，业主代表全程跟进监督，高效解决勘察过程中发生的各类纠纷和事件，尤其在详勘阶段，确保地质钻探覆盖每个单位工程和主要构件。同时引入第三方咨询单位对勘察工作进行监督，尽最大可能提升勘察工作的精度，为施工图设计的准确性提供了良好的基础，从施工阶段揭示的地质情况来看，设计提供的地质情况与实际基本相符，未发生较大的基础变更。

11.3.3 设计过程中切实贯彻建设理念

在方案征集、工程可行性研究阶段和初步设计阶段取得成果的基础上，业主在施工图设计过程中进一步贯彻“可持续发展、设计施工运营维护系统化的安全耐久设计”理念。具体有以下方面：

(1)根据《南沙大桥项目设计指导准则》细化施工图设计，明确桥梁主体结构(不可更换构件)100年设计使用寿命，并从荷载、疲劳、材料、构造、防腐、维护等方面进行分析和设计，保证结构的安全性和耐久性。

(2)在施工图设计阶段进一步深化设计方案提升设计品质。开展关键部位耐久性设计，

如优化悬索桥钢箱梁构造设计细节，提高抗疲劳性能；开展主缆防护、主缆锚固系统方案研究和长寿命清水混凝土研究等。

(3)在土建工程施工图设计的同时，对运营养护阶段所需预留预埋件进行设计并单独成册，便于主动跟踪土建的预留预埋工程质量。

(4)进行养护维修系统设计，实现结构可检、可修、可换、可控、可持续等性能，并进行检修方案、机具、通道以及健康监测设计。

(5)做好联合设计工作，在项目启动后，根据投标中选择的设备，结合运营的要求进行深化设计，根据收费工作流程，系统硬件和管理制度有机地结合起来；细化通信设计，对全线使用的光缆、传输通道统一考虑。

在施工图过程及施工阶段，注重做好设计审查和后续设计服务工作，保证设计质量，落实设计意图。施工图设计审查工作，由业主的技术人员和咨询单位实施，其中包括对工程量的核查，对于在审查过程中提出的合理化建议进行认真分析采纳，对图纸错误和疏漏进行更改和补充，确保设计文件和施工图纸完整、真实、准确，满足工程建设质量、投资控制、安全环保管理等要求。

在施工单位中标进场后，业主重点开展三方面的工作：

(1)分阶段组织设计技术交底。一是开工前组织向监理单位和施工单位进行总体技术交底；二是开工后开展专项设计交底工作，如支架现浇箱梁施工，节段预制箱梁安装，钢箱梁、主缆、索鞍索夹等特殊构件的设计交底；三是组织交通工程设计单位对全线施工单位进行设计交底工作。

(2)督促设计单位在施工过程中及时派驻有经验的设计代表和更换不称职的设计代表，随时掌握施工现场情况，配合施工并解决施工过程中有关设计的问题。

(3)在施工图设计勘查基础上，待施工单位进场后再次加密地质勘查，并委托相关单位对桥梁工程进行桥梁基础和地连墙基础的超前钻探工作，为基础设计提供更为真实的地质资料。

在建设过程中，由于建设条件的变化，产生了部分较大的变更设计，对于较大变更设计方案，业主及时召开专家审查会议，并组织项目的不同专业设计单位、咨询单位、科研单位和监控单位采用协调会的形式进行决策。

11.3.4　加强多专业交叉设计协调

南沙大桥的主桥为悬索桥，设计涉及多单位、多部门、多专业的联合设计，大沙水道桥、坭洲水道桥上构建造各个阶段，土建工程、钢结构工程、交通工程、大临工程存在交叉问题。业主将工程设计后服务提高到新的高度，通过设计板块的协同管理，让各参建单位及时掌握设计动态，避免结构变更、提升各方工效。要求设计方主动掌握现场动态和需求，提供更主动的服务、更迅捷的反馈、更完备的图纸、更周密的细节，一切以结构为重，一切以现场为主。

11.3.5　设立激励机制，提升设计质量

为了激励设计单位提高设计服务质量，达成设计目标，设计合同中对设计人的工作进行奖罚约定，如果设计人存在延误、图纸错漏、方案缺陷、工程量清单错误达到一定程度，或者未能按照合同约定投入足够符合资格的人员时，对设计人进行扣除违约金处理；同时设立优秀设计

奖,奖励的条件为:

(1)设计人充分履行本设计合同,获得省部级或以上优秀设计奖。

(2)设计成果质量满足设计招标文件中技术标准与规范的要求,因设计原因引起的工程变更费用不大于审核的施工图预算费用的3%。

(3)工程竣工结算建安费在批复的初步设计概算以内。

11.3.6 开展设计技术咨询

在设计阶段,项目公司委托国内具有较高技术能力和经验的机构开展同步的设计过程审查咨询。咨询范围包括初测、初步设计、技术设计、定测、施工图设计、专题研究。在咨询过程中,及时向设计和业主单位传递中间资料,保证咨询的效率。为了达到全面覆盖、抓稳重点的效果,针对项目特点,对各阶段设计咨询工作提出了详细要求。

11.3.6.1 工程初测审查咨询

咨询单位对工程初测对内业成果进行审查咨询。主要内容有:

(1)根据审查咨询合同、测量工作大纲和国家现行规范、标准要求,对施测单位提供的初测报告、水下地形测绘和水文测验成果进行全面审核,检查测量单位执行工作大纲情况。

(2)审查施测单位采用的仪器设备、测量方法和技术手段。

(3)审查初测工作量、工作深度及成果精度是否满足初步设计要求。

(4)审查测量控制点资料、采用的坐标系统和高程系统是否符合有关技术规范要求,是否满足本阶段工程设计应用的需要。

(5)审查成果资料是否齐全,报告内容是否完整;外业测量数据的采集与计算、成果分析和整理是否符合规定要求。

(6)审查最终完成的水下地形图及水文测验成果的质量是否可靠,是否符合技术设计和工作大纲的要求。

11.3.6.2 初步设计文件审查咨询

初步设计文件审查咨询包括前期审查咨询(总体设计阶段)、中间成果审查咨询、成果文件审查咨询总报告三个阶段:

(1)总体设计阶段的审查咨询内容为:初步设计采用的技术标准和技术规范是否合适,是否执行了工程可行性研究批复意见;审核基础资料的完整性、可靠性和适用性,是否满足设计需求;在设计前期对重要结构、技术难点问题提出预控措施咨询意见;协助业主跟踪设计工作进展情况;设计原则是否恰当,总体分析方法的正确性;是否遗漏有重要比选价值的桥型方案,桥型比选论证是否充分、合理;桥跨布置与航道的关系及结构体系是否合适;关键技术研究专题的规划、技术要求和应达到的目标是否合适。

(2)中间审查咨询要求为:总体布置与各分项工程结构布置的设计参数选用是否合理;各分项工程结构比选是否充分,相互衔接是否合理,对主体结构开展独立、平行、同深度的静力计算复核工作;对重要结构的设计合理性、关键结构或技术难点进行专项审查审查咨询;对总体静力分析与各构件受力计算的正确性进行对比检算复核;对全桥结构抗风、抗震、耐久性设计等重大问题进行专项审查咨询;对全桥各分项工程的一致协调性进行全面组装及复核;设计文件建议的施工组织方案是否可行,大临设施是否满足施工需要;各项已完成专题报告在设计中的应用落实情况以及新材料、新技术、新工艺的运用是否合理。

(3)成果文件审查阶段咨询要求为:核查相关部门批复意见的执行情况;审查设计原则、标准执行情况,设计深度、本项目专用设计指导准则;审查设计文件的完整性、系统性、科学性、先进性;对初步设计成果进行复核计算;审查设计图纸、主要材料及技术指标,检查设计文件的错、漏;复核结构形式、构造细节和材料是否便于检查、维护和更换进;编制完成初步设计文件审查咨询总报告。

11.3.6.3 技术设计审查咨询

技术设计的审查咨询内容如下:

(1)初步设计审查意见是否得以贯彻落实。

(2)与设计单位充分沟通,了解技术设计阶段需解决的主要问题,对初步设计文件进行补充完善;如有需要,可向设计单位提出需增加技术设计的项目。

(3)深入进行结构分析计算,重点落实关键技术问题是否解决,主要受力构件、关键部位构造细节设计是否合理,提出审核意见。

(4)各专题研究报告所得结论在设计中的应用情况。

(5)提交重大施工方案的审核意见。

11.3.6.4 施工图设计审查咨询

施工图设计审查咨询的内容有:

(1)审核初步设计批复执行情况,对设计文件的完整性、设计深度、设计质量进行全面审查。

(2)根据设计进展情况对施工图文件进行逐页核算、分析、审查,提出具体审查咨询意见;对设计文件存在的错、漏、矛盾之处等进行审查。

(3)对本项目抗震、抗风分析及相关试验研究进行阶段成果监管,包括前期方案制定、试验大纲及试验结果的详细审查;在过程监控中分批提出意见供试验参考,提交审查咨询报告。

(4)独立平行完成静、动分析计算。

(5)对主要受力部位和关键构造进行审查,重点审查结构形式是否受力合理、经济耐久、制造及施工便捷。

(6)基于耐久性目标和具体设计要求,对结构构件性能及耐久性标准进行审核,包括环境暴露等级的确定、材料及构件的可用寿命和退化机理、损失严重性、结构体系耐久性的协同性、实施监控和维护的可操作性、维护工作的替代方案、提供额外保护的必要性等。

(7)审查防火、节能、环保、水保措施等是否如实落实。

(8)审核施工图设计的总体性、全面性、技术接口的正确性与协调性,确保本项目土建、交通工程、机电设施以及其他附属工程施工衔接顺畅。

11.3.6.5 科研专题审查咨询

科研专题一般具有较强的专业属性和试验属性,均由具有相应资质的科研机构承担。审查咨询单位对科研专题审查咨询的主要工作包括审核专题研究项目的完备性,科研工作的理论、方案、路线、模型制作、设备以及科研成果在工程设计、施工方面应用的落实采纳情况等,其

成果应通过专家论证会评审。

（1）根据相应设计阶段拟开展的有关专题研究工作内容和工作计划，审核专题研究内容的全面性、系统性、针对性，审核其工作计划安排的合理性和可实施性，提出完善修改意见。

（2）根据工程设计方案，视工程关键技术需要、营运维护功能以及提高工程质量保障的需要，向业主提出建议增加的科研专题内容。

（3）对各项科研专题的工作大纲进行审查咨询审查，审查其工作计划安排的合理性和可实施性；审核研究大纲是否满足专题技术要求。

（4）对各项科研专题的技术方案进行审查咨询审核，审核其研究内容的理论先进性、方案先进性以及试验设备的先进性。

（5）对涉及物理模型试验的科研专题，进行事前审查咨询、过程跟踪。

第12章　南沙大桥工程质量控制

12.1　南沙大桥工程质量目标

工程质量控制是指为保证和提高工程质量,运用一整套质量管理体系、手段和方法所进行的系统管理活动。南沙大桥项目的质量目标定位于世界一流水平,致力打造耐久工程和精品工程,确保施工期间结构和人员安全,争创国家级优质工程。在建设过程中,参建各方围绕建设目标,秉承“零缺陷”的质量管理理念,开展了全方位的质量控制。

12.2　南沙大桥工程质量影响因素

目前我国的桥梁工程技术已经取得了飞速发展,能够较好地解决现存大多数桥梁二程问题。工程管理方面,企业自检、社会监理和政府监督三级质量管理体系已运行多年,相关的规范和制度基本健全,但在工程可靠性、耐久性和施工精细化方面仍存在许多不足,一些质量通病始终存在。如何最大限度地消除缺陷和通病,是南沙大桥工程质量管理的重要挑战。

一般工业产品的质量在设计、计划、流程做好后很大程度上就已经确定,而大型复杂工程的施工质量在完整的设计和计划后仍然难以得到确定的结果,甚至有可能出现严重失控。大型工程的一个显著特点就是其实施过程受到了多方面的影响,任何一方面的因素都足以导致结果产生巨大偏差。影响工程质量的因素主要有人、材料、机械、方法和环境等五大方面。这五大因素相互交集与制约,共同影响着工程的质量。因此,需要基于建设的全寿命周期考虑南沙大桥的工程质量,对这五方面因素进行专项分析,综合管控,以消除短板。

1)人的因素

人的因素主要指参与建设工程的各类人员包括管理者和作业者的生产技能、身体状况、专业水平、道德品质、法制观念等方面的个体素质。在工程建设中首先要考虑到对人的因素的控制,因为人是建设过程的主体,工程质量的形成受到所有参与者包括管理人员、工程技术人员、操作人员、服务人员共同作用,他们是形成工程质量的主要因素。但目前建筑施工行业的工人依然是农民工身份,职业素质普遍较低,与产业化工人相比有着极大的差距。而工人的素质技能水平又会影响到工程的建设质量,低素质的施工水平容易在工程实施过程中产生较大的偏差,降低工程质量。

2)材料因素

材料质量是工程质量的基础,材料质量不符合要求,工程质量也就不可能符合标准。所以加强材料的质量控制,是提高工程质量的重要保证。对于设计使用寿命为100年的南沙大桥,材料耐久性的质量保证尤其重要。在南沙大桥施工中,既存在对已有材料性能、质量标准、适用范围等方面的综合考察,又存在对新材料的研发和生产等方面的控制。例如,我国水泥材料的生产能力和规模已居世界之冠,但为了迎合市场需求,各厂生产的几乎都是早强型的水泥,从而导致混凝土的水化热高、抗裂性较差,影响桥梁的耐久性。此外,市场上粉煤灰材料也存在许多以次充好、假冒伪劣的不良现象。如何防止这类材料的质量对工程造成的损害,是南沙大桥建设过程中需要重点考虑的一个问题。

3)方法因素

工程建设方法是否先进合理直接影响工程质量控制能否顺利实现。工程建设过程中的方法包含整个建设周期内所采取的技术方案、工艺流程、组织措施、检测手段、施工组织设计等。往往由于建设方法考虑不周而拖延进度,影响质量,增加投资,因而需要从技术、管理、工艺、组织、操作、经济等方面进行全面分析、综合考虑,力求方案工艺先进、技术可行、经济合理、措施得力、操作方便。例如,南沙大桥建设过程中避免不了大体积混凝土的施工,必须对其分块分层施工,减少分块数量可以减少接缝,对工程质量有利,但相应增加了单次浇筑的混凝土方量,这就要求现场混凝土施工要合理组织,而且浇筑要达到一定的速度,避免混凝土被暴晒过久而升温,导致混凝土降温措施失效,这是对南沙大桥施工组织方案和设备能力的一个重要考验。

4)设施与设备

在工程技术领域,设施与设备也是影响质量的重要因素之一。使用机械设备必须考虑施工现场条件、建筑结构形式、施工工艺和方法、建筑技术经济等因素合理选择机械的类型和性能参数,合理使用机械设备,正确地操作。采用先进的机械设备对于提高工程的质量、效率以及施工精度具有很重要的作用。南沙大桥施工设施与设备的使用要在以下几个方面促进质量的提升:一是通过“设备代替人”,实现标准化作业,减少人为误差;二是提高质量管控的精度、效率和智能化程度,如钢结构的探伤设备、钻孔桩的检孔仪器等设备;三是招标文件对承包商的设备能力提出明确要求,如索鞍的焊接需要确保鞍体温度均匀,必须在厂内设立大型保温室等。

5)环境因素

环境因素对工程质量的影响至关重要。环境因素包括自然环境、社会环境、人文环境等。在自然环境中,影响工程质量的环境因素较多。在南沙大桥工程中,地质、水文、潮汐等因素对工程基础的施工影响比较大,由于桥位处于珠江入海口区域,江水属于咸淡水交替的状态,氯离子含量较高,这对结构的耐久性带来了挑战。软地基深厚的地质特点直接影响到南沙大桥的基础施工与现浇梁施工质量;同时,风、温度等因素对悬索桥索塔以及上部结构的施工影响也很大。此外,对于南沙大桥的钢箱梁桥面施工,考虑到夏季桥面温度会比较高,故采用了具备高温稳定性的环氧沥青混凝土材料,但材料铺设所需的至少三个连续晴天的环境要求又给施工质量控制带来了挑战。

12.3　南沙大桥工程质量控制的管理措施

南沙大桥的质量控制方针是:健全控制体系,着力于计划、检查、纠偏三个基本步骤,通过不断调整完善,使质量达到最优状态。

12.3.1　健全质量管理机构与体系,补足薄弱环节

本工程的质量管理体系是在“政府监督、法人管理、社会监理、企业自检”的框架下运行下。广东省交通运输厅对本工程实施质量监督;项目法人对工程质量负总责,实行项目法人质量负责制;监理单位受业主委托对工程质量承担监理责任,对工程质量实行预控、监控,全方位、全过程、全天候的监督管理;承包人为工程质量直接责任人,实行工程质量终身制。

南沙大桥的质量管控机制是在业主—监理—承包人自检这一体系的基础上进行了完善和丰富。要求所有承包人必须按照 ISO 9001:2008 质量管理体系标准建立、健全质量管理体系,编制质量管理体系文件,并通过本企业的内审。质量管理体系文件应保持动态管理,至少每年评审一次,如有修订或删减,应及时更新。总体质量计划应纳入总体施工组织设计,提交监理和业主审批。结合项目实际情况,承包人质量管理体系中应包含工程质量责任制、质检工程师巡查制度、施工责任人挂牌制、教育培训制度、工程质量奖惩制度等制度并组织实施。在项目建设期间,建设单位会同监理人不定期组织对质量管理体系的运行情况及其有效性进行检查,并提出整改意见。各参建单位必须严格按要求运行质量管理体系并对建设单位组织的审核予以配合,审核的结果将纳入优质优价考核之中。

承包人负责质量体系管理的部门为质检部,但是对于施工现场,各标段内部的管理模式有所区别。有的标段是由项目部的质检部对各个工点的质量进行管理,质检部人员配置的强弱直接影响现场质量管理效果;有的标段实行“工区”管理模式,工区内设有质量和安全管理人员,标段的质检部要通过工区经理及其质量安全管理人员进行管理,如果工区人员的工作重心在生产上,则质检部门对现场的管理力度就大打折扣。为了避免因管理模式不同造成各标段质量管理体系的“最后一公里”失效,业主和监理需要将标段的工区和班组在一定程度上纳入直接管理系统,通过考核奖惩、培训等方式帮助和督促承包人从法人单位到项目班子、部门、工区、班组等各管理层级持续改进内控效能。

12.3.2　制定适应项目实际的标准

作为质量计划的重要部分,质量验收标准和工作标准体现在《南沙大桥工程质量创优标准》和《南沙大桥专用技术规范》中。《南沙大桥工程创优质量标准》是以《公路工程质量检验评定标准》为基础,结合项目特点对部分项目进行适当提高和补充,作为本项目工程优质优价的评定依据。创优标准的主要特点一是对悬索桥部分评定指标进行补充,包括施工过程中发现索鞍铸钢件与钢板焊缝原设计要求采用铸钢件探伤标准不符合实际,因此组织专家研究,采用了钢板焊缝超声波检查标准 B3 级进行该类型焊缝的检查和评定;二是为了保证可执行性,没有对结构物尺寸、倾斜度、钢筋保护层厚度允许误差等一般性指标进行“拔高”,而是将创优的重点设定为针对耐久性和外观两个方面,如提高了外观鉴定标准、提高了钢筋保护层合格率的要求等。

在专用技术规范和后续制定的技术文件中,围绕创优标准,针对可能发生的缺陷和通病预防性地提出了一系列的工作标准,实行前馈控制。主要有三方面的内容:

一是设施设备的要求。包括拌和站、钻机、压浆设备、拌和混凝土用水制冷系统、自动焊机等施工设备以及实验室、信息化系统的标准化建设要求,这些都是实现高质量的首要物质条件。例

如,专用规范中要求承包人工地拌和场对每一套拌和站里必须配8个粉料罐,目的就是保证现场粉料的储存量,满足大体积混凝土一次性浇筑用量并保证材料“先检后用”的需要(图12-1)。

图12-1　拌和站具备充分的粉料储存能力

二是检验方式和检验频率的标准。如提出了对钻孔桩进行超声波检孔仪和自制笼式验孔器相结合的方式进行孔径和倾斜度检验、对钻杆进行水密试验及焊缝的无损探伤检测、钢筋螺纹接头的环规检查等检测方式和频率,也增加了部分原材料的进场验收指标,如设置了粉煤灰和矿粉的7d活性指数这一指标。

《公路桥涵施工技术规范》关于粉煤灰和矿渣粉的技术要求中并不包含活性指数这项指标,检测这个指标的目的是考虑到市场上假冒和劣质灰普遍存在这一现实情况,而且仅靠部颁标准难以辨别。尽管这项指标在运用过程中显示实际检测结果有不小的离散性,但用于鉴别真伪还是有效的。

又如,为了提高SMA桥面铺装和环氧沥青混凝土铺装的质量,业主要求降低路面细集料的粉尘含量,要求0.075mm通过率在0～8%之间,要满足这些标准显然需要加大投入,采用特殊工艺才能达到,其目的就是要追求耐久性,提升工程品质。

三是工艺要求。如混凝土构件模板的选择、拉杆的设置、预埋件防腐处理、凿毛、养生、两次混凝土浇筑的龄期差等。如对混凝土构件湿接缝的凿毛要求使用凿毛机,毛面露出密实均匀的新鲜集料,同时保留保护层外侧10mm边缘带,以保证接缝的密实美观(图12-2)。

图12-2　湿接缝凿毛标准

这些工艺要求关乎结构的外观和耐久性,主要是对细节处理、工序和材料的要求。外观和耐久性的好坏很大程度上由细节决定,这是吸收了大量工程实践经验的成果。

12.3.3 以全面程序化管理实现过程控制

依据相关法规标准,经充分调研和专家咨询,项目业主优化了管理办法、管理制度、监理规划和实施细则,制定和完善了一系列的工作程序,主要包括开工报告的提交与审批程序、工序自检与验收程序、交工报告填报程序、工程中间计量申报程序以及工程质量监理工作流程、原材料试验检测工程流程、委外试验监控流程等,同时还设计了工序管理"四步法"、工序流程卡制度等针对项目特点而设计的专用程序。将管理流程、工作内容、检查内容等编制成表格,通过表格的流转填报,保证流程的严格执行,确保工作内容无遗漏。同时,对项目涉及的关键工艺进行深入分析、研究,制定切实可行的技术标准和工艺要求,并通过首件工程认可制将工艺流程进行固化并形成标准,而指导施工。

针对悬索桥上部结构施工专业多、工序多的特点,在程序管理"四步法"的基础上作了进一步细化,一是将作业指导交底纳入"分项开工条件"。作业指导书制度作为将专项方案落地的过渡环节,要求各方共同研讨深化认知、取得共识,进一步细化工艺,确保方案落地。二是机材清单检验纳入"分项开工条件"。上部结构工序多、专业多,形成了导致设备多、材料多、进退场快的特点。通过清单化、专业化的机材专项管控,密切跟踪现场动态,保供给、提工效、省投入。三是将转序联检纳入"分项工程开工条件"。通过制度设计,有效消除误差,避免误差累积到下一道工序而放大。

在实施过程中,通过检查考核、信息化等手段确保程序的严格执行,做到"使标准成为习惯"。

12.3.4 健全检查体系,提高反馈效率

完善项目质量安全检查体系。该体系包括业主组织、监理监督和承包人自检三个层面,运用各种不同方式对质量安全的全部工作进行检查。既注重执行过程也注重结果,目的是及时发现工作偏差和工程隐患,及时反馈信息。各类检查可以单独进行,也可根据情况将某几类合并开展。具体如下。

12.3.4.1 施工单位自检体系

(1)巡查。

巡查内容为工程质量、安全生产、文明施工、环境保护。检查各项制度、规程的执行情况,发现缺陷或隐患及时按照管理程序提出整改意见。此项工作分别由现场质检工程师和安全主任或专职安全员负责执行,也可组织督导队进行巡查。在整个施工期内每日至少进行一次。施工单位应制定检查制度,编制检查用表。

(2)跟进核查。

要求各级管理人员发出工作指令、整改通知和各类文件通知时,应明确工作落实时间和完成整改的截止时间,明确执行人。指令或通知的发出人应在规定时间内检查执行情况。

(3)管理审查。

管理审查的实质是管理体系审核,检查本标段范围内各项法规政策、管理制度、程序是否

得到落实执行，制度规定的每个事项每一个流程环节的执行人是否明确，落实反馈渠道是否顺畅，工作记录是否完整。可参照职业安全健康管理体系审核规范和质量管理体系审核规范的要求进行内审工作，对不符合问题及时提出纠正意见。检查应形成书面报告备查。

管理审查每季度至少1次。当发生事故或重大管理失误事件后，或收到业主、监理指出的管理方面的问题后，施工单位应有针对性地组织内部管理审查。

(4)工序质量自检。

每道工序完成后进入下一道工序之前，由质检工程师按照相关规范和标准进行检查，对存在问题提出整改要求。整改并验收合格后，质检工程师填写《质量检验报告单》，通知监理到场检验签认。未经监理签证而擅自施工的工序均视为不合格工程，应无条件返工。每次隐蔽工程检查均应拍摄照片存档。

(5)培训成效查验。

对每个参加技术培训、安全生产教育的人按不同阶段、不同作业对象进行书面考试，若没有达到书面考试成绩要求，必须重新参加学习。考试试题和成绩均存档备查。

12.3.4.2　监理单位检查体系

(1)巡查。

监理人员每天进行日常巡查，对每道工序的巡视应不少于1次。重点巡视在建的工程是否已获批准；质量、安全、环保、试验检测等人员及特殊工种技工是否持证上岗；现场使用的材料、产品、设备以及施工方法是否与批准的一致；质量、安全及环保措施是否到位；施工单位是否按规定进行了质量安全自检，仪器是否按期标定。发现问题后责令立即整改并按权限签发《整改通知单》《处罚通知单》或向上级汇报，同时拍摄相片存证。

每次巡查后监理人员应将巡查的主要过程、发现的问题、处理意见和处理结果等如实记录在监理日记上。当天未处理的，应在处理后及时补记。巡视中对需要抽样试验的，应及时安排并应查验施工单位的自检资料。

(2)工序验收检查。

检查施工单位所完成的工序和采用工艺是否符合本项目有关标准和规范，抽检验证施工单位的质量自检和安全自检资料是否属实，为下一道工序所准备的各项试验和材料检验是否完成并符合标准，检查首件工程是否满足合同规定的标准要求，检查施工测量放样是否准确，验收合格后按权限批复《工序检验申请批复单》。

(3)准入验收检查。

按照监理规范的规定，检查进场的原材料出厂检验证明、施工单位自检报告并进行抽检。按照合同规定，对拟使用的模板、设备进行检查，符合合同要求后签认《模板审批表》等相关表格。

(4)跟进核查。

各级监理人员发出工作指令、整改通知和各类文件通知，应明确落实时间，明确执行人。指令或通知的发出人应在规定时间内检查执行情况。对业主向施工单位发出的整改指令也必须跟进落实整改情况，并在回复表中签认。

(5)旁站。

按照监理合同和《公路工程监理规范》的规定，对指定工序和试验进行全过程旁站监督，发现问题后责令立即整改或按权限发出停工指令。

(6)实验室检查。

监理中心实验室和驻地监理按照《南沙大桥试验检测管理办法》的规定,对施工单位的试验检测工作和实验室管理工作进行检查和试验抽检。

(7)执行检查。

检查各项法规政策、管理制度、程序以及业主和监理下达的各项指令、文件是否得到落实执行。如安全责任制、质量安全巡检制度、班前安全活动制度、技术交底制度、设备定期检修、内部奖惩激励等。每月至少进行1次(可与业主有关人员的日常“执法检查”工作协同进行),检查方式包括查看资料、现场观察、访谈提问等,可以和其他检查工作同时进行,发现问题及时填写《整改通知单》。检查后当天填写《考核评分表》《处罚通知单》。

12.3.4.3 业主的检查

(1)巡查。

业主工程部、安监部人员每周不少于2次对各标段进行巡查,内容包括质量、安全、进度、文明施工、环保等方面,对存在问题签发整改指令,抄送监理,同时填写《考核评分表》《处罚通知单》,并拍照存证。

(2)定期检查。

每月底业主会同监理组织一次综合检查,对各施工标段进行全面检查考核。内容包括质量、安全、进度、文明施工、环保等方面,也包含执法检查、教育成效评价的工作,检查方式包括查看资料、现场观察、访谈提问等,对于存在的问题,由监理签发整改指令,由业主有关部门签发《处罚通知单》。检查结果记入《考核评分表》,并在当月例会上通报。

(3)跟进核查。

各级管理人员发出工作指令、整改通知和各类文件通知应明确落实时间,明确执行人。指令或通知的发出人应在规定时间内检查执行情况。

(4)第三方检测检查。

业主委托有资质的检测机构负责本项目的第三方检测工作。对各施工和监理标段工地实验室和中心实验室进行技术监督和管理,对有关试验和检测工作进行抽检或平行试验,对实体质量进行抽查,并检查试验设备功能、人员资质、操作方法、资料管理、规章制度、台账等。检测和检查结果纳入考核评分体系,详见《南沙大桥试验检测管理办法》。

(5)教育成效查验。

教育成效评价包括考试和人员抽查提问。考试由业主出题,考察施工、监理人员对本项目适用的各项制度规定、规程、标准的掌握情况。不合格人员需培训并通过补考后才能上岗。各单位参加考试人员的平均成绩纳入单位考评计分体系。人员抽查提问主要检查内容有:检查证件与人是否相符、是否被登记在册、是否掌握本岗位本工序质量安全的要点、对有关制度及标准是否了解。抽查提问工作可在巡查和定期检查过程中进行。检查组人员至少2名,可以是2名业主方的人员也可由业主和监理人员共同组成,并由施工单位质检工程师或安全员陪同,检查后填写《现场人员抽查询问记录表》。

(6)执行检查。

业主执行检查工作内容同监理相似。全面检查可在每月的定期检查进行,也可在必要时组织专项检查。日常的抽查由工程部、安监部人员在巡查工作中完成。

(7)对监理的考评检查。

业主检查监理单位和监理人员履行监理职责的情况,每月一次。检查内容包括:监理单位组织管理工作情况;现场监理工作开展情况;监理单位内业资料;对监理人员进行理论和实地操作抽查考核;工地实体质量抽查,安全控制、质量控制、进度控制、费用控制等情况。检查后填写《监理单位考核评分表》。

(8)履约检查。

施工单位和监理单位进场后开工前,业主检查组织机构、人员、设备、场地的配备情况以及制度建设和管理体系是否满足合同要求,对不符合要求的单位发《整改通知书》,整改合格后才能签发开工令。在施工过程中,业主在日常巡查、定期检查中同时进行履约检查,也可开展专项的履约检查。对存在的问题按制度规定进行考核扣分或经济处罚。

12.3.5 把好物资设备进场关

通过出台《物资设备采购管理办法》和《物资设备进场检验管理办法》,对原材料、设备的采购管理和进场检验过程进行规范,确保所采购的设备和材料质量合格,从而做到"源头把关,过程控制,精细管理"。项目实行设备和原材料现场准入制度,用于工程施工的机械设备、大型模板及模板配套设备、挂篮、支架材料等在进入现场前,必须经监理人验收合格,方可投入使用。承包人开工前按照投标书的承诺和施工组织设计确定的主要施工装备使用计划,编制主要施工装备进场计划,并取得监理人的确认和批准。主要施工装备进场计划中应包括各种施工装备的名称、型号、技术规格、制造单位、出厂年份、数量以及进入现场的日期等。

所有原材料进场均采用"承包人100%自检→监理按不低于承包人自检频率20%的频率复检→试验检测中心按不低于承包人自检频率5%的频率抽检"的方法进行三级全覆盖检查,保证进场原材料达到100%合格;要求承包人、监理和试验检测中心均建立原材料检验档案,对各类进场原材料的质量数据及时进行汇总、统计,发现质量趋势不稳定时,及时采取相应措施;对检查不合格的原材料及时进行清退处理,并对所有使用该批次原材料的工程项目进行调查检验,出现质量缺陷时按相关规定启动工程质量事故处理程序,同时追究相关人员失察责任。

12.3.6 深入分析重点难点,做足预控措施

悬索桥工程具有专业多、工序衔接要求高的特点,要达到优质目标必须确保每一个工序细节的优良。在质量管理上必须在技术储备和工序转换方面下功夫。在制定质量计划过程中,业主工程管理部门对各工序的控制重点和难点以及工序转换时容易出现问题的隐患点进行收集、详细、归纳,编制成《管理要点卡》对现场管理人员进行交底,并和监理达成统一认识和执行标准。这些要求尽管都在相关的合同条款、专用规范和制度中已经载明,但有必要作为重点问题在向业主管理人员和监理人员交底过程中进行强调,通过对前因后果的了解而加深认知,成为实施前馈控制的一个有效手段。以下为《桩基础质量管理要点卡》部分内容。

桩基础质量管理要点卡

(1)便道、便桥、场地硬化的实施标准应按照《南沙大桥现场标准化施工实施细则》执行,承包人习惯于以往的低标准做法,导致经常性的填石填料。便桥不能仅供本标段用,还要满足相关标段最重构件吨位的需要。

(2)对水质进行化验,要满足日常生活和工程质量所需。

(3)审查施工组织设计要对照内容清单逐项进行,注意人、机、料配置的合理性,不满足要求的一律退回整改。

(4)测量控制网要注意及时复核,监理和施工单位两家数据必须独立,不得采取一家测量另一家旁站的做法。

(5)泥浆池的规模应严格按照有关要求执行,这是本项目文明施工和安全管理的重点。

(6)二次清孔是保证桩基质量的一个关键环节,通过监理旁站和业主代表抽查严格执行。

(7)申报桩基检测往往耗时较长,影响施工进度,业主方需要有专人负责跟进。

(8)本项目不容许有C类桩,要提前做好交底,并且做好第一次出现C类桩就冲掉的决心和准备。

(9)每台钻机开钻前必须配备泥浆相对密度计、泥浆黏度计、泥浆含砂率仪和10mL量杯,并存放于施工现场,要求每小时对泥浆的各项性能指标进行测定。钻孔施工中,根据具体的钻孔方法和地质情况,采用不同浓度泥浆悬浮钻渣和护壁。因此,开钻前必须有充足的膨润土和黏土,以备成孔过程中及时清孔时造浆使用。

(10)在桩基灌注完混凝土后,24h内不得进行相邻桩的钻孔作业,防止钻井过程中土体扰动,对已灌注桩体造成影响。

(11)每次灌混凝土前必须进行导管压水试验检查,确保导管接头牢固密实。

(12)灌注导管漏斗必须高于护筒面至少2m,以防止高差压力不足而影响桩顶混凝土的密实。

(13)考虑到可能出现扩孔现象,在混凝土灌注前应保证有不少于两倍的存料。

12.3.7　钢结构制造的专项质量计划

在开工之初,“一桥四方”(业主段检测单位、施工单位、监理单位)联合编制了索鞍索夹、钢箱梁、缆索制造质量控制计划(图12-3),明确管理程序、质量控制项目、停检点和旁站点设置、检验要求、焊缝探伤标准、实施用表,并对所有钢结构的焊缝进行了编号汇总。这样使得业主管理人员、监理人员、质检人员、检验人员等都明确质量检验该如何实施、何时实施,确保了全方位全过程质量控制。

在质量控制计划中,要求钢结构制造各工序严格执行“自检、互检、专检”的三检制度。各工序完成,操作者自检、互检合格后,在报检单中签字,交专检检验,不合格产品决不流入下一道工序。对于需监理确认的工序,经专检人员检验合格后,由专检人员通知监理检查。经监理检查确认合格后,方可进入下道工序。所有焊缝抽检,监理单位和检测单位按各自最低比例自行抽检,监理焊缝抽检的同时检测单位必须同步,制造单位做好相关配合工作。

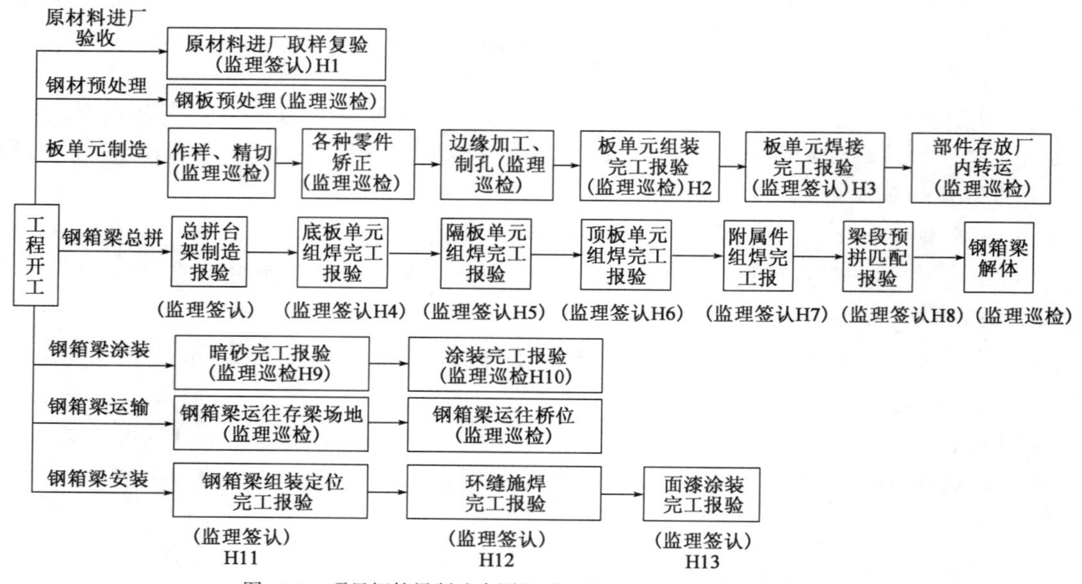

图 12-3　项目钢箱梁制造合同段质量控制流程及工序质量停止点

设立了 3 个类型的监理检验点：R（report point）点是文件检查点；W（witness point）点是通知见证点，监理单位必须及时到达现场见证，否则制造单位不得独立执行；H（hold point）点是停工待检点。监理单位须及时检测，制造单位做好配合工作。

12.3.8　实施专业化和精细化试验管理，有效掌握质量偏差状况

12.3.8.1　以专业化管理提升试验水平

承包人的工地实验室在质量管理过程中扮演着重要的角色。然而，工地试验人员持证率低是当前公路建设市场的一个普遍现象，采取有效措施应对这一客观情况是项目管理的必然需要。

南沙大桥的措施是委托第三方专业单位在现场设置试验检测中心，代表业主对全线的原材料、结构物成品、半成品、构配件、实体工程质量按不低于承包人自检频率 5% 的比例抽检，承担监理单位抽检的原材料（不低于承包人自检频率 20%）的试验工作。如发现不合格材料，以不合格快报的形式第一时间通知业主和监理单位，可以有效避免不合格原材料用于工程中。

除了承担检测工作以外，试验检测中心还要代表业主管理全线的试验工作，对整个项目的试验检测工作进行统一规划和协调，组织对全线试验检测工作人员进行培训和考核，及时将试验检测中心的试验检测结果和报告录入南沙大桥信息管理系统，做好试验检测数据和资料档案的归档工作，并对全线试验检测资料的归档进行统一管理。定期对承包人工地试验室仪器设备、环境、内业资料等进行检查，对人员进行理论实操考核，复核承包人自检频率、外检频率是否满足要求；同时联合业主对中心实验室检测工作及时性进行检查，以确保送检样品的检测时效性。参与业主和监理组织的月度综合检查的工地实验室内业、现场实体保护层和强度检测工作，定期开展抽查、培训指导、比对试验等工作，有效提升了承包人试验人员操作的规范性和准确性。

在项目进展到关键阶段，定期对南沙大桥的试验检测管理进行现场指导，并在现场抽取原

材料进行平行试验，出具试验检测报告。这种试验检测管理模式相比传统的模式，专业化程度更高，有利于业主及时了解现场工程原材料的质量情况。

需要注意的是，在实施过程中要界定好监理和第三方检测单位的责任关系。明确监理为试验检测工作的主导有利于保障试验管理工作的效率。在土建施工现场，第三方检测单位独立取样较为方便。而对于钢结构标来说，第三方检测单位的实验室离生产厂家路途遥远，监理抽样送检后第三方检测再抽样5%做试验则耗时太多，效率低下。因此，采取了监理和三检同时取样的方式，由监理协调抽样的批次或部位，确保在25%的抽检比例下覆盖所有炉批炉号、所有规格，跟踪有无缺漏检等问题。

12.3.8.2　以精细化管理保障试验效力

精细化管理就是要求试验管理覆盖检测的流程、方法、标准、操作的各个细节，做到事事有人管，件件有着落，最大程度消除漏洞。试验管理制度中明确了试验管理责任界面和流程。在土建工程中，监理负责取样送样，把握抽检频率，确保不漏检；检测中心实施盲样管理，对来样负责。对于工地实验室的监督方面，检测中心负责原材料的留样检查核对、产地调查检测、对试验数据实时监控系统的信息进行检查，监理负责工地实验室试验旁站。为了保证钢筋保护层厚度检测的可靠性，检测中心对两种类型的检测仪器进行了详细的比对，得出的结论是：对于保护层厚度不大于60mm的结构可采用电磁感应技术进行检测，而对于保护层厚度大于60mm的结构可采用雷达探测技术进行检测。在工程实体检测中，针对相邻钢筋影响、钢筋公称直径未知或有异议等情况，制作混凝土校准块，通过对标准块的检测数据与实际情况对比来减少或消除相关因素对检测结果的影响，也可避免对工程实体外观造成破坏。混凝土校准块采用与被测构件同一强度等级、同一配合比、同一施工工艺、同一配筋情况（相同主筋、相同保护层厚度）制作。为了提高钢筋保护层厚度检测的准确性，需要进行工前检测数据（保护层垫块或模板间隙量测）与工后检测数据（钢保仪检测或露头钢筋量测）的比对、分析，从而正确控制钢筋保护层厚度的工艺优化。

在钢结构方面，由于南沙大桥项目钢结构原材料进场量大，种类复杂繁多，进料时间长并且批次多，囤料难以区分，如何保证所有原材料先检后用和不漏检是重点。如钢板材料检测过程中，发现钢板抽检依据不一，最初钢箱梁招标文件沿用了以往项目的要求："钢板（型材）应按同一厂家、同一材质、同一板厚（规格）、同一出厂状态每10炉抽检一组且不大于600t组成一个检验批，每检验批抽检一组试件"。后来在制定《南沙大桥钢箱梁制造验收规则》中根据《碳素结构钢》（GB/T 700—2006），改为："钢材应按同一厂家、同一材质、同一板厚（规格）、同一出厂状态每10个炉（批号）抽检一组试件，其中，每个炉批号质量不大于60t"。这里面存在一个"炉"和"批"的差异问题，炉和批的概念不一样，一炉可能包含好几个热处理批，而各批的物理性能可能有差异。此外，一批的质量也可能大于60t，因此不能简单地由"每10炉批组成一个检验批，每炉批质量不大于60t"等价于"每10炉抽检一组且不大于600t组成一个检验批组"，这种质量简单相加是不合适的，变相降低了标准。以后采用以批为单位进行检验就更为精细严谨。

针对钢箱梁和索鞍索夹焊缝众多的特点，为避免三检人员不清楚厂内自检人员的施焊顺序、施焊部位而导致的盲目抽检探伤，或者由于施焊顺序不当导致重要焊缝抽检部位无法探伤的情况出现，要求厂家必须在焊前建立焊缝探伤清册上报监理并抄送三检人员。

12.3.9 源头把控，质量管控向产业链上游延伸

对于原材料和部分产业链较长的桥梁结构产品，其质量和工期控制必须从原料或初级产品等上游环节开始进行主动管控。南沙大桥开展的相关工作主要有如下几项。

12.3.9.1 *原材料的源头管控*

业主和监理组织人员到混凝土碎石、矿粉、环氧富锌漆等材料厂家进行考察和检验。为了提高大体积混凝土的耐久性，获得低水化热、低收缩的水泥，对水泥熟料的成分进行了特殊规定，取得水泥厂的配合，生产特殊水泥，为大体积混凝土裂缝控制创造了良好的条件，同时在厂内设立南沙大桥水泥专用库，实现了检验关口前移，解决了大体积混凝土大规模施工的水泥材料先检后用的难题。一般来说，建筑钢筋是标准化程度较高的产品，我国规模以上的钢铁企业所生产的钢筋质量总体是稳定可靠的。但在南沙大桥建设期间，钢筋的供应质量也发生过一次波动，为此开展了一段时间的专项管控。

根据主管部门的政策规定，南沙大桥钢筋材料采购招标采用合理低价评标法。这种评标法在理论上，只要产品的技术指标和企业资质满足国家标准就有机会中标。在这种以价格为唯一标准的选择规则下，一线品牌并无任何优势，结果在南沙大桥中标的钢筋主要是二线品牌。为了确保钢筋质量的可靠，业主要求项目质检机构对钢筋的质量进行全过程密切监控，检测中心要及时掌握各项质量指标的波动情况。2015 年初，某品牌的钢筋陆续出现了一些质量波动现象，主要表现有钢筋锈蚀严重、批次混乱、钢筋顺直较差、强度偏差较大、直径负差超标、钢筋圆度较差以至于影响螺纹接头攻丝的完整性等。业主公司一方面紧急叫停该品牌的供应，下达限期整改的指令；另一方面组织监理和检测中心赴钢厂，对其钢坯原料、生产工艺和设备、库存管理进行调查，督促厂商针对存在的问题制定相应的整改措施，并具体落实到各部门、各负责人。业主的强势介入引起了该企业的高度重视，工厂总经理亲自组织召开了生产质量控制会议，针对南沙大桥项目提出的质量问题制定了专门的整改方案，主要有：

(1)通过不计成本的调转，尽可能地保证钢材室内堆放；在转运、吊装过程中，尽可能地保证同一批次、炉号能相继调整到位，保证供货批次的统一性；对南沙大桥做针对性吊装发货，确保钢材外观质量、炉批号的一致性。承诺送到施工现场的钢筋外观没有明显的锈蚀，每车每规格不多于三个批次，并确保铭牌标示跟质保书的批号一致，否则将予退换。

(2)为了改善钢筋圆度，加强生产前的组织与首检，增加生产过程中的圆度抽查，对调整操作工作进一步严格要求和培训。

(3)为改善钢筋顺直度，加强终轧温度监控，保证钢筋在冷床温度波动在可控范围，保证钢筋冷却均匀，从而保证其顺直度；规范调整操作程序，严格操作规格，加强监控。

(4)为解决钢筋强度值离散较大的问题，对进厂钢坯严格按成分检测分类，并逐一做颜色标识，按分类标识颜色组批生产，堵住钢坯分析组批存在的漏洞。针对不同标识的钢坯分流轧制，采用不同的加热温度及终轧温度，保证钢筋强度波动值基本一致。厂商对钢筋力学性能指标提出了承诺，作为不满足要求时退换货的依据，如钢筋相应规格力学性能指标不满足相关指标要求超出三次以上，业主有权更换品牌。

(5)调整钢筋生产负公差的设定值，如 $\phi22 \sim \phi25$mm 钢筋由原来的 $-20 \sim -32$kg/t 调整为 -36kg/t 以内，防止个别钢筋负差超标。

经过对上述整改措施的督促落实和多次纠偏，钢筋质量得到明显改观，在后续的几年中持续保持稳定。

12.3.9.2　钢结构产品的上游管控

索鞍、主缆等产品的制造工序多，产业链较长，如果采取坐等交货的态度将导致质量和进度的被动。如索鞍和索夹，由于铸钢件有相当一部分是由分包厂完成，这些厂往往规模不大、技术和管理水平参差不齐，是整个产品链中最薄弱的一环。业主和监理从铸钢件这一最初工序开始监控，对分包铸件厂派驻监理，落实驻厂技术人员和第三方检测人员，制定质量控制计划。为保证铸件质量，执行首件验收制，监理在生产过程中建立了检验制度，设立了4个工序检验点，包括：①合箱前检验；②浇注前检验及炼钢、出钢、浇注的旁站；③热处理前检验；④铸件出厂前检验。正是有了关键点的把控，出厂件的质量稳定性得到了有效提升，合格率达到100%。

缆索制造的关键点在于高强钢丝的生产，而高强钢丝制造重在盘条原材料和制造工艺两大关。常规钢丝制造质量主要是控制好盘条质量，先检后用，调试好生产线，坚持试生产合格后批量生产。而1960MPa高强钢丝制造无相关经验，需要在高强钢丝批量生产过程中严格控制性能参数，对钢丝制作过程的酸洗、逐级拔丝、表面镀锌等工序，钢丝直径、钢丝弹性模量、松弛率等主要控制指标进行大量试验摸索才能正式生产，因此盘条的批量生产直接决定了项目成败的关键。监理对主缆的质量控制从钢丝的原材料——盘条开始，实施主缆钢丝驻厂监理，对各个环节进行全程控制，业主对影响工期的各类问题进行协调。检测钢丝、锌锭、锌铝锭、锌铝合金钢、针对1960MPa钢丝，规划了“研发→30t试制→800t小批量生产→大规模生产”四步走的程序并全程跟踪，成功实现大规模应用。

在索股制造过程中，驻地监理和业主在过程管控、人员培训、落实批复工艺等方面加强管理，对锚具分包单位同样也按“四步法”的要求进行管控。在工艺方面，重点对关键点加强控制，如：加强对钢丝镀层防护；加强对索股精度的控制；钢丝抽样方式注意对应炉号；锚具毛坯质量需100%合格；每次灌锚前对锚具内腔进行灌水实测体积，为后续灌筑率提供计算依据；减少钢丝股内钢丝长度差值等技术细节的控制。

12.3.10　强化设备与工具的应用，提高质量稳定性

积极采用先进、有效的设备和工具进行生产作业和检测，提高效率和质量的稳定。在南沙大桥大规模应用的新设备和工艺有如下几种。

12.3.10.1　混凝土结构施工

(1)使用智能张拉设备，提高预应力张拉精度和稳定性。

(2)智能搅拌压浆设备，提高预应力管道压浆液的质量和饱满度。

(3)S3标QC小组研制预应力钢束“子弹头”穿索器，将编梳好的钢绞线进行整体穿束，显著提高了穿束质量和速度，确保孔内钢丝的顺直均匀，无扭转(图12-4)。

(4)对拌和楼进行信息化改进，实现混凝土拌合料配比的及时纠偏，确保精确稳定。

(5)预制梁厂设置温湿度传感器和自动计时器，根据空气温湿度来调节养生时间间隔，自动控制养生喷淋，节段梁预制场设置专用养生棚进行覆盖喷淋养生。

图 12-4　子弹头梳编穿束

12.3.10.2　钢筋制作和安装

(1)采用数控加工设备,确保尺寸的精确。

(2)钢筋安装全面采用模具、夹具辅助工艺,提高钢筋定位精度。

12.3.10.3　悬索桥上部结构安装

(1)钢箱梁架设采用具有自动测力调节功能的 500t 级以上跨缆起重机,实现高效提升和调节桥面坡度。

(2)索股安装首创引进了 LoRa 物联网远程通信技术来实现主缆索股架设过程中自动化、智能化及实时化的远程监测,自动识别温度和高差并及时发出颠振指令,极大优化了架设效率和质量。

(3)拉线传感器 U 形卡尺(图 12-5)。下图为用于量测待架索股与基准索股高差拉线编码器的 U 形卡尺,能自动读取索股高差,并通过物联网系统发送到后台与同期量测的温度值联合计算,修正后计算调索量,发送调索指令,完成调索。和传统的人工读取水准尺的方式相比,大幅提高了效率和准确性。

图 12-5　拉线传感器 U 形卡尺及现场应用

12.3.10.4　桥面调平层施工

(1)调平层混凝土采用机械摊铺,提高平整度的合格率和生产效率。

(2)调平层顶面采用抛丸机凿毛,局部浮浆多的区域采用精铣刨机处理,确保铺装基底的质量。

12.3.10.5 钢结构制造

国内首次在索鞍上采用机器人焊接,高质量完成空间曲线的焊接(图 12-6)。钢箱梁大规模裁员机器人焊接技术,应用部位包括 U 肋板单元生产线、横隔板单元生产线、锚箱风嘴单元生产线等,为钢箱梁焊接质量“零缺陷”打下了坚实基础(图 12-7)。

图 12-6 机器人焊接索鞍

图 12-7 机器人焊接钢箱梁

12.3.10.6 沥青混凝土桥面质检手段

采用三维探地雷达、无核密度仪和路面抗滑纹理测试仪收集试拌试铺、模拟试验段、首件工程摊铺数据,运用大数据的方法准确定位各阶段存在的问题及产生原因,指导后一阶段质量的改进。

12.3.10.7 钢桥面环氧沥青混凝土施工

(1)全自动车载式抛丸机。该设备集成了抛丸机的动力、抛丸、吸尘系统,完全实现一个人驾驶和操作,具有快捷、环保、抛丸清理彻底(除锈等级达 Sa3.0 级)、清洁度、粗糙度可控的优点。每个工作面仅需 2 ~ 3 台车载抛丸机,搭配部分边角抛丸设备即可,工作面整洁、清爽。

(2)环氧树脂防水黏结层自动刷涂设备。针对防水黏结层施工研发了移动式恒温房(图 12-8)和防水黏结层自动刷涂机,研发使用了环氧树脂黏结剂智能涂刷系统(图 12-9),使用环氧树脂移动式恒温房提高了环氧树脂温控精度和均匀度,环氧树脂液倒出后桶内残留少,搅拌时污染少。环氧树脂自动刷涂机实现了机械化施工,和传统的人工作业相比,能够减少工人投入,减少界面污染,施工均匀性较好;施工工效高,每小时可完成 1300m^2。

(3)环氧树脂混溶、泵送装置(图 12-10)。这组装置解决了传统的人工混溶、投放环氧树脂工艺效率低、均匀性差且对身体危害较大的问题。

12.3.10.8 超声成孔检测仪

检测采用超声成孔检测仪进行桩基成孔检测,对不同品牌仪器的精度进行比较优选,确定统一的成桩质量判定标准。

图 12-8　移动式恒温房

图 12-9　环氧树脂防水黏结层机械式刷涂

图 12-10　环氧树脂混溶泵送装置

12.3.10.9　雷达式钢筋保护层检测仪

针对本项目混凝土构件钢筋保护层大的特点，构件采用雷达式钢筋保护层检测仪，提高了检测精度。

12.3.10.10　超声相控阵检测

为确保焊缝内在质量，本项目采用超声相控阵检测技术，而该领域并无成熟的标准，需要试验验证。通过相控阵超声探伤技术应用，根据真实几何形状来识别焊缝的缺陷，可使焊缝缺陷的检出率大大提高；同时，通过研发先进的自动化扫查器，实现焊缝检测的机械化、自动化，大大提高了焊缝的检测效率。

12.3.10.11　激光跟踪测量

本项目首次在桥梁建造中使用了激光跟踪测量技术。在索鞍和钢箱梁制造过程中，对大型空间断面的三维尺寸实现激光自动跟踪测量，并对测量空间坐标造型和已建立的三维空间模型进行拟合，从而提高了钢结构制造质量精度。

12.3.10.12　索鞍预热炉

由于受热不均而产生明显的焊接应力是大型构件焊接必须解决的重要问题。坭洲水道桥的索鞍是当时国内最大的铸钢件，这个问题尤为突出。为此，承包人专门购置了 10m × 7m × 8m 的燃气式热处理炉。焊接前鞍头连同钢板整体进入大型预热炉中进行预热至 100 ~ 150℃后，再进行焊接（图 12-11）。

图 12-11 大型热处理炉

由于索鞍需预热,这就要求工人在高温条件下施焊,工作环境非常恶劣。为此,承包人首次在国内采用机器人焊接,改善了工人的劳动条件,减轻了工人的劳动强度。机器人焊接还具备以下三个优点:一是稳定和提高焊接质量,保证其均一性。焊接参数如电流,电压焊接速度及焊接干伸长对焊接结果起决定作用,采用焊接机器人焊接时受人的因素影响较小,因此焊接质量是稳定的。特别是焊接环境恶劣时,人工焊接的人为因素对焊接质量影响非常大,而机器人焊接不存在此问题。二是提高效率。机器人不会疲劳,原则上可以 24h 使用,手工焊时由于工人技术水平的差异,原则上同一条焊缝只能由同一个焊工施焊,大大限制了焊缝的焊接时间。三是生产进度容易控制。机器人焊接的生产节拍是固定的,根据焊接参数,可以计算出机器人焊接的焊接工作量,从而控制产品生产进度。

12.3.11 应用信息化系统,提高反馈效率

采用交通工程质量管理系统、基于 BIM 的工程质量安全隐患排查系统、拌和楼质量监控系统、实验室实时信息监控系统、预制构件厂生产管理系统、钢结构远程管理系统、现场监理签证系统等信息化管理系统,及时掌握混凝土生产配合比、力值试验数据、工序检验情况,及时发现质量偏差和行为偏差,管理人员可及时采取纠偏措施。此外,通过系统对质量情况进行统计和对比分析,可对影响质量的各个因素进行评价,如某个试验员或监理人员的工作情况、某类原材料技术指标的偏离值异常变化等,大大提高了质量管理的效率。

12.3.12 溯源管理,责任到人

工程中有一部分工序如混凝土浇筑、钢结构焊接等是由工人一次性完成的,其质量的好坏只有在工作完成后才能判定。如果发现质量有缺陷,程度严重的可以责令返工,但如果是一般性的缺陷,常常使管理者陷入纠结中,因为工程返工所付出的经济成本和时间成本太大,往往最终的结果是用"下次改进"为托词,勉强接受缺陷。在上述的工序中,工程质量的水平很大程度上是由工人的操作决定的。一切的方案、标准都需由工人执行落地,南沙大桥要卓越的质量,追求"零缺陷"的目标,就必须要求每个人在细节上追求尽善尽美。由于现场作业的复杂性,对个人的工作质量进行评价,这对于土木工程来说是有相当难度的。南沙大桥利用预制构

件比例高、岗位相对固定的特点在生产过程中积极推行责任人管理制度，把责任落实到每个岗位和每个人，抓好质量管理的“最后一公里”。例如，在节段梁预制场，钢筋骨架和混凝土浇筑都是流水线作业，每个岗位和人员都是固定的，每个人工作范围划分清晰，便于识别和质量追溯。图12-12为预制梁混凝土浇筑振捣责任区划分，构件成型出模后，如果出现了外观缺陷，可以准确地找到责任人，便于督促、帮助其改进操作行为。

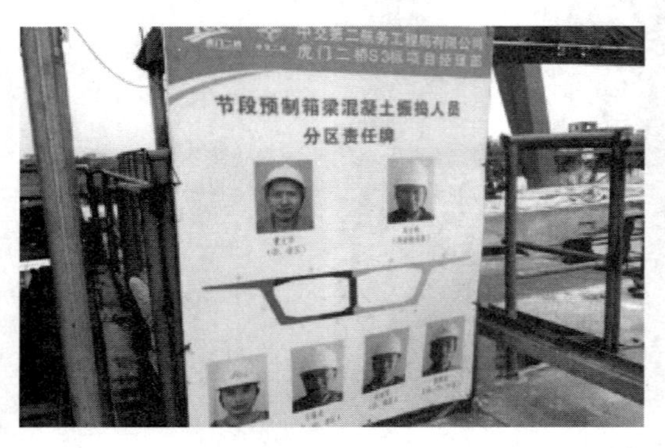

图12-12　预制梁混凝土浇筑振捣责任区划分牌

在钢箱梁生产过程中，焊缝质量是关键，尽管自动焊接已大量应用，但仍有部分焊缝需要手工焊接。业主和监理要求各制造单位做好焊缝和焊工人员台账，把每道焊缝和操作焊工对应起来，记录每道焊缝的自检一次性合格率和三检检测合格率，从而根据上传的焊缝焊工台账可直观看出焊工技能水平高低。一旦发现合格率低的焊工则立即要求对其进行培训和重新考试，待焊接技能提升后方可上岗，极大提高了焊接质量。

实践表明，只要经过几次有针对性的纠正，工人操作水平就能上升到一个较高层次，达到“一次就把事情做对”的目标，尤其是钢结构焊缝一次检验合格率基本可达到100%。

12.3.13　建立考评体系，强化正向激励

通过制订全方位的检查考评制度，采取以奖励为主正向激励措施，持续实现质量控制目标。

12.3.13.1　检查体系

检查制度为业主、监理、施工单位三级体系：业主对监理、监理对承包人进行检查、施工单位自检。日常巡查与定期检查相结合，明确检查内容、频率和方式。检查即考核，任何一次巡查或检查发现的问题均可予以扣分。检查考核内容包括：管理体系完整性、管理体系的执行情况、人员对管理体系熟悉程度、培训效果、现场工作成效、记录的完整性、真实性和时效性。重点检查班前会议制度执行情况、承包人安全检查体系的运行情况（通过实体隐患倒查体系问题，解决制度不落实、运行脱节的问题）。检查方式：现场查看设施和操作、抽查询问、考试、查阅文件资料等；实体结构检查中结合测量数据和试验数据考评。

12.3.13.2　考评措施

业主根据项目的特点制定了《南沙大桥“优质优价”考评及奖励办法》，在合同中约定奖金按标段投标报价一定比例计提。奖励金的发放坚持“优质”才有“优价”的原则，不保证承包人获得全额奖励金，只有工程质量达到优质的前提下，才能获得“优质优价”奖励。

成立由业主、监理人、检测单位代表共同组成检查考评小组，检查采用定期与不定期检查相结合的方式。不定期检查为日常检查，定期检查由考评小组统一进行，每月一次，每季度进行一次集中考评，每月工地例会上通报各标段检查中发现的问题，由业主发文通报考核分数和检查中发现的问题，监理单位监督，施工单位限期整改回复。

检查、评比的内容有临建设施标准化、土建工程质量评比、专项工作评比、优质工程奖评比。

临建设施标准化检查评比设置达优奖和优胜奖（达优奖需评分达 85 分及以上才能获得，优胜奖需本期评分最高者且分值 90 分及以上者才能获得），分临建工程首次评比和施工期间临建设施维护评比。

土建工程质量评比分为实体工程质量评比和专项工作评比两类，实体工程质量评比设置达优奖和优胜奖（达优奖需评分达 85 分及以上才能获得，优胜奖需本期评分最高者且分值 90 分及以上者才能获得），评比内容分质量内业和质量外业，按不同的比重打分。

专项工作评比主要针对项目建设各阶段质量管理的重点内容、质量控制薄弱环节设置。南沙大桥建设期间开展的专项评比有钢筋制作安装专项评比、工地实验室专项评比、混凝土质量通病专项评比、预应力施工专项评比、防撞护栏专项评比、年度综合排名评比、全省高速公路综合检查评比。通过开展以上专项评比工作，形成了相互赶超的氛围，工程质量控制水平逐步提升。

竣工验收优质奖按竣工验收质量评分来控制，质量评分达 90 ~ 92 分（不含），按“优质优价”价款总额 60% 额度进行控制；质量评分达到 90 ~ 94（不含）按 80% 控制，如建设期间已支付金额大于按上述评分对应的控制额度计算的金额，其差额由发包人在质量保证金中予以扣回；质量评分达到 94 分以上（含），奖励该标段“优质优价”价款的 10% 。“鲁班奖”及类似标准的国家级工程奖项，奖励该标段“优质优价”价款 10% 。以上奖项的设置激励承包人全过程控制工程质量，有利于项目开工前制定的质量管理目标实现。

对于钢结构制造项目，则按季度或按工序对各参建单位进行质量进度管理综合检查并在钢结构远程管理系统上公开通报，综合检查也包含专项质量控制。如铸件、焊接、机加工质量控制等，督促每个控制点的相关措施到位并将相关情况上传到系统，提高制造单位积极性，建设良性竞争循环体系。

12.4　以技术措施保证工程质量

12.4.1　钢筋加工与制作安装精细化管理

为保证钢筋成品加工质量以及施工安全作业，大力推广新设备，采取“机器替人”的方式，项目配备了数控弯曲机、钢筋锯断机、机械连接数控打磨机等先进设备，尽可能降低因为人为因素造成的质量偏差。

为保证焊接质量，对焊接工人进行岗前培训，由业主联合总监办对施工单位开展了二氧化碳气体保护焊焊接比武大赛，对采用二氧化碳气体保护焊焊接接头进行了现场力学性能试验，并举办了颁奖仪式，对焊接质量好的工人进行了相应的奖励。随后业主在桩基钢筋笼、现浇箱梁、预制小箱梁及重要临时结构的焊接上推广使用了二氧化碳气体保护焊。

南沙大桥工程对于钢筋制作和安装的质量标准是在混凝土浇筑前，钢筋间距和保护层厚度合格率达到 100% 。为了实现这一目标，必须从钢筋制造的全过程进行控制，在钢筋下料前组织设计单位就钢筋下料长度进行深入分解，为了防止原材料变形，要求钢筋必须按一定规则进行堆放（图 12-13），半成品堆放和运输都采用胎架进行固定（图 12-14）。

图 12-13　钢筋材料堆放标准

图 12-14　钢筋半成品托架

为了保证钢筋安装位置和保护层厚度的准确，安装工程中采用定位框架、卡尺辅助等手段（图 12-15 ~ 图 12-17），每根钢筋套入固定的位置，实现 100% 的合格率。这项措施实行的初期，部分工人尚不习惯，在监理和施工管理人员的“强令”下做尝试。但很快他们发现，采用辅助框架和卡尺后介绍了钢筋对位调整的动作，工作效率更高了。部分预埋筋的定位框架须埋入混凝土中，会产生一些材料消耗，但由于业主有奖励机制，施工人员始终保持很高的积极性，对钢筋位置精度的追求逐渐成为习惯，质量控制取得了令人满意的效果。

图 12-15　墩身钢筋定位架

图 12-16　小箱梁钢筋胎架

图 12-17　墩身预埋钢筋精准定位

S4 标段探索了引桥墩身钢筋骨架预制安装新工艺，在地面的胎架上制作钢筋骨架，整体起吊至墩位上安装，大大提高了施工精度和效率（图 12-18）。同时，在桥梁行业第一次采用锥套锁紧接头技术试行主塔钢筋网片预制安装（图 12-19），效果较好，主塔钢筋安装速度提高了 4 倍，成为钢筋骨架装配化施工的先驱。

图 12-18　引桥钢筋骨架装配化施工

图 12-19　主塔钢筋骨架网片预制安装

12.4.2　混凝土结构的品质提升措施

桥梁结构很大程度是以混凝土成品结构形式展现在大众面前，与混凝土结构内实外美相关的可靠性、耐久性、整体均匀度、平整性、裂缝控制、色泽等指标反映了混凝土结构的品质。南沙大桥在混凝土结构的品质管理重点围绕耐久性和外观质量两个方面进行，在设计阶段对混凝土耐久性进行了专项研究，并提前对混凝土耐久性指标和相关生产控制环节进行布局，在实施过程中对于混凝土生产环节采用多种措施加强控制，并开展了混凝土外观细节的反复提升。同时针对悬索桥施工大体积施工多、控制难度大特点，针对性开展了大体积施工裂缝控制研究与施工组织专项管理，从而全面提升本项目的混凝土品质。主要措施有：

（1）开展混凝土耐久性品质的专题研究，在设计阶段对耐久性进行了针对性设计。

通过调研南沙大桥工程选址区域的气象、水文与腐蚀环境资料，结合邻近的虎门大桥实体结构耐久性检测与评估分析结果，确定了南沙大桥不同部位的腐蚀环境划分及作用等级。开展了静荷载作用下针对氯盐侵蚀的人工模拟加速腐蚀试验，研究构件在承受外部荷载与环境腐蚀耦合作用下的耐久性演化规律。根据虎门大桥实体结构耐久性调查和评估结果，结合华南暴露试验站的数据，建立考虑荷载影响的混凝土结构耐久性劣化的数学模型。利用模型进行本工程具体构件的耐久性设计，提出了符合工程整体耐久性设计使用寿命要求的混凝土质量控制指标与结构参数控制指标，从而形成了满足南沙大桥混凝土耐久性要求的防腐清水混凝土配合比及成套施工关键技术。

(2)原材料的精准选择与有效控制。

水泥控制：基础及下部结构采用P.O水泥，以“甲供”方式采购，确保材料来源稳定可靠；上部结构全部采用PⅡ水泥，以“甲控”方式采购，选择低收缩、低水化热的水泥品种。特别对PⅡ水泥性能提出了熟料中C_3A含量、比表面积和水化热等指标要求。据水泥厂反映，这一特殊要求在桥梁工程中尚属首次，国内只有核电工程提出过类似要求，经协商，厂家同意为南沙大桥设立水泥专用库。

粉煤灰控制：料源采购采用甲控方式，材料检验实行厂检(中转库)铅封，与现场到岸材料对应检测。针对市场上存在的假冒伪劣粉煤灰状况，对粉煤灰增加防伪检测指标，初期曾考虑检测玻璃体含量和7d活性指数两个指标，因具体实施条件限制，最终采用检测7d活性指数作为辨别手段。

存料管理：在招标文件中明确水泥、粉煤灰、掺合料等储罐数量及容积要求，保证在大体积混凝土施工时，先检后用制度能落实；砂、石料均在室内存储，按标准化要求实施防雨、防尘、防窜料措施。

对原材料、设备进行采购管理和进场检验管理，制订相关管理办法，确保设备优良，材料质量合格。实行设备和原材料现场准入制度，所有原材料进场均采用承包人100%自检→监理按不低于承包人自检频率20%的频率复检→试验检测中心按不低于承包人自检频率5%的频率抽检方法进行三级全覆盖检查，保证进场原材料达到100%合格。借助实验室信息实时监控系统和试验管理流程，监理和试验检测中心及时对各类进场原材料的质量数据及时进行汇总、统计，发现质量趋势不稳定时，及时采取相应措施。

(3)混凝土生产过程实施精细控制。

南沙大桥在拌和楼安装了拌和楼监控管理系统，对拌和楼数据进行实时监控，并与监理的现场签认系统实现挂钩。借助于信息化监控系统和拌和楼数控计量设备控制配合比误差，当任何一种配料的掺量出现超标情况时，系统即按照预设的权限，根据偏差量的大小向对应的管理人员发送警报，相关人员即可进行调差和调整。高一级的领导可通过定期查看统计数据掌握生产精度控制的稳定性。由于这些偏差报警情况被纳入考核评分中，各方较为重视，开工以后经过一段时间的磨合，混凝土拌和生产精度逐步稳定在较高水平，集料严格控制在±3%以内，水泥用量控制在1%以内，水和外加剂控制在±0.4%以内，掺合料用量控制±2%以内，实际生产配比稳定，混凝土品质得到了有效保证。监理签认程序也基本能够严格把关，全桥混凝土结构的强度及耐久性指标完全达标。

(4)把控细节，提升混凝土外观质量。

桥梁工程的墩、梁等结构一般没有外层涂装修饰，属于清水混凝土，外观展现的都是混凝土本色，而且是一次成型。南沙大桥作为一座大湾区标志性建筑，必须具有良好的外观质量。建设各方在混凝土的施工工艺方面,经历了反复磨合和多次总结改进,取得了良好的效果。图 12-20 展示了预制箱梁试验块的外观。

图 12-20　预制箱梁试验块外观

为了确保混凝土浇筑后的色泽均匀、光洁,在设计阶段就开展了“长寿命清水混凝土施工技术研究”,确立了配合比、外加剂、模板等关键要素的基本原则。在建设期,主要围绕模板制作的精度和刚度、混凝土配合比的试验进一步细化工艺。节段梁和墩身试制的大小及足尺试验块超过 50 件,逐件通过首件验收后方可开展实体部位施工,确保了混凝土外观质量。

另一个影响外观的因素是各种施工细节的处理,如接缝防漏、对拉螺杆孔、预埋件等细节,如果处理不当,会对外观产生严重影响。

为了解决高墩的漏浆问题,要求严格执行混凝土浇筑前的密封检查,重点是各类预埋孔、预埋件的位置,每次浇筑完成拆模后即组织各方评价,如有缺陷则研究改进措施。

为了解决墩身节段施工缝的错台和漏浆问题,实施浇筑期间的模板底部对拉杆二次张紧,确保模板面与下部墩身间足够的压力,基本消除了接缝的错台通病。

为了消除对拉螺杆孔对墩身外观的影响,一方面加强模板安装工程中的堵漏;另一方面在浇筑后补孔时,预先将美纹纸贴在螺孔位置再往孔洞内补砂浆,填补砂浆后再撕下美纹纸(图 12-21)。这种方式可确保孔形规整,空洞周围无污染,变“疤痕”为“饰纹”。

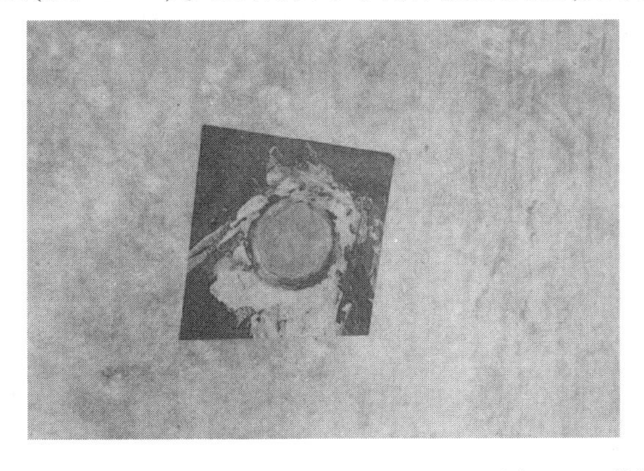
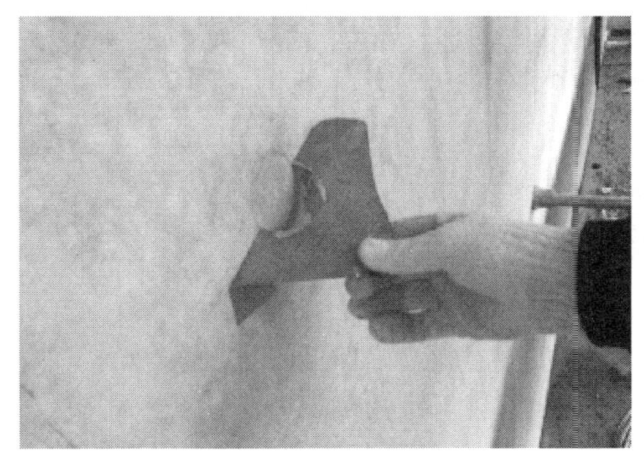

图 12-21　修补对拉杆孔洞

混凝土构件施工所需要的临时设施常常需要附墙件,传统做法一般是预埋钢板,然后将附墙连接件焊接在预埋钢板上。这种方式存在两个问题,一是在施工期间易发生锈蚀,污染混凝土壁面;二是竣工后采用水泥砂浆覆盖抹面,而砂浆的耐久性差,运营期常常发生开裂脱落。南沙大桥专用技术规范统一规定混凝土构件上的扶墙件预埋件一律采用预埋螺母的方式,附墙件通过螺栓与墩身相连,并严格进行连接件防锈涂装,最大程度减少对混凝土外观和耐久性的影响,如图12-22所示。

图12-22　墩身预埋件防腐处理

(5)悉心组织大体积混凝土施工,抓好裂缝控制。

南沙大桥项目的承台、锚碇大体积混凝土浇筑,全部采用现场拌和楼生产的方式,其中锚碇底板一次浇筑最大达1.8万m^3,为国内桥梁史上最大规模的一次混凝土浇筑。项目部组织各班组材料供应商对"人机物料"进行了充分的计划准备和推演,成功实施了以下三项关键措施并取得成效:

第一项措施是保证所有数万吨材料的"先检后用"。

图12-23　在水泥厂设立专用库

大体积混凝土浇筑最大一次水泥用量近3000t,砂石近3万t,由于材料检验需要一定周期,特别是粉煤灰和矿渣粉要检验7d活性指数,现场条件不可能完全储存如此巨量的粉料。解决这个矛盾的方法是将检验工作提前:和水泥供应方海螺水泥厂协商,在厂内设立南沙大桥水泥专用库(图12-23),将水泥检验工作提前至水泥厂家的专用库;有的标段租用了粉料中转库,将粉煤灰及矿粉的检验工作提前至中转库和运输船上,将砂石检验工作提前至船上进行(图12-24),确保了入场材料先检后用,实现原材料100%合格。

第二项措施是确保混凝土的连续浇筑。

混凝土浇筑时间最长一次达5个昼夜。为了避免混凝土过早凝结而产生冷缝,通过对混凝土凝结时间、浇筑速度和分仓次序进行精心设计,同时加大投入,使混凝土生产能力最大达到190m^3/h,最多一次性投入罐车11台,先后调用材料船20艘,冰块530t。同时做好充分的预案准备，确保在出现机械故障的情况下，不影响现场混凝土浇筑。在多方的努力下，实现混凝土浇筑一次连续完成，保证了质量，通体强度及耐久性指标合格率100%。

图12-24　监理在矿粉和碎石运输船上取样检验

第三项措施是采取了全方位的控温抗裂技术。

①减少水化热。使用核电低热水泥从源头降低水化热，同时混凝土采用“双掺”配合比和密实骨架堆积设计方法，满足混凝土工作性和强度条件下优化配合比，最大限度地减少胶凝材料用量及浆体率，尽量减小水泥用量，以达到降低水化热的目的。

②水温控制。采用制冰机降低拌和水温。由于夏季气温高，要切实做到混凝土入模温度降至28℃以下，仅靠制冰水机难以实现。因此，采取了外购冰块的方式，在现场制造冰屑加入混合料中，成功实现温控目标。

③材料降温（图12-25）。采用专用水泥库储存实现水泥材料的预冷却，夏季高温条件下为混凝土运输车罐车体、外加剂罐、输送管等设施添加保温套；在施工平台设置喷雾设备，增加大气湿度，降低混凝土浇筑时的大气环境温度，遮阳棚下对集料使用雾化风扇降温。

图12-25　水泥罐防晒网

④构件降温。在大体积混凝土构件内置冷却水管并对大体积混凝土进行温度监控（图12-26）。根据现场埋设的温度传感器，了解实际温度场发展情况，进而利用智能化冷却水流量控制器，智能控制冷却水的温度计流速，保持与仿真计算一致。

⑤保温养生。混凝土浇筑后的降温期尤其是夜间，延长模板拆除时间，带模养生，在模板外覆盖保温（图12-27）。在混凝土浇筑完成后实施蓄水养生（图12-28），既避免了洒水覆盖养生可能存在的干湿循环弊端，又由此增加了一道保温措施。

由于措施充分，混凝土施工过程克服了炎热的天气影响，成功保证了入模温度低于28℃，混凝土温升和内外温差完全达到设计要求，有效地控制了混凝土裂纹。

⑥优化工艺。为了防止分层（节）浇筑的混凝土之间因龄期差过大而产生收缩裂缝，采取了专项措施。一是通过优化施工组织加快施工速度，二是超前预设下节段钢筋（图12-29），以缩短两次浇筑混凝土的间隔时间，确保不超过14d。

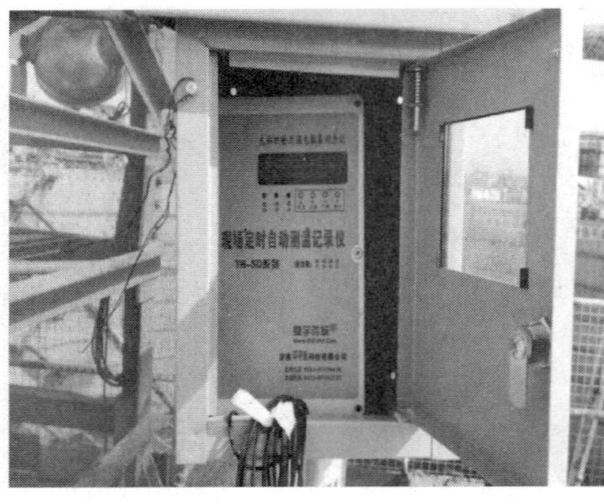

图 12-26　温度监控仪和冷却水管

图 12-27　养生期覆盖棉被保温

图 12-28　蓄水养生

图 12-29　承台顶层混凝土浇筑前预设好塔座和墩身部分钢筋

南沙大桥主要的大体积混凝土构件包括四个悬索桥锚碇、四个主塔承台和塔柱实心段等。从第一个大体积混凝土构件施工开始，各标段在施工期间通过“四步法”流程不断摸索，互相学习借鉴。上述技术措施和施工组织的综合运用日渐成熟，构件的裂缝逐步减少，至后期坭洲东塔承台施工完成时，已实现基本无裂缝。

(6)分类细化混凝土养生措施，提升混凝土耐久性。

混凝土养生对提升混凝土后期强度、控制碳化深度、提高混凝土耐久性起到至关重要的作用。南沙大桥项目混凝土构件类型繁多,构件尺寸比例相差悬殊,混凝土特性也有所不同,各类构件外部环境也相差很大。项目高度重视混凝土的养生,根据各类构件的特点,制定了有针对性的养生措施。如承台及锚碇大体积混凝土采用蓄水养生、圆柱墩采用覆膜养生,墩身采用自动喷淋养生、预制节段梁采用棚内自动喷淋等(图 12-30)。同时,对每种养生措施细化具体要求,确保各种养生措施能够落实到位。成品混凝土构件实测强度后期仍有较大增幅,运营 2 年后实测碳化深度全部为零。

图 12-30　预制节段梁采用棚内自动喷淋

12.4.3　预应力施工质量管理

为了提高预应力施工质量,建立预应力精细化施工长效机制,南沙大桥开展了以提高锚下预应力有效性和均匀性为目标的专项提升活动,主要内容有:

(1)发布预应力施工质量管理文件组织施工员和班组进行宣贯学习,特邀预应力专家召开专题讲座并现场指导预应力施工。同时组织开展知识技能考试,确保每位现场技术员都能够熟练掌握预应力张拉伸长量计算等专业知识。

(2)预应力张拉前各标段均开展孔道摩阻试验(图 12-31),并报监理和设计单位复核,张拉时根据复核后的孔道摩阻试验结果调整张拉力,预应力施工开始前开展现场相关实测参数测定工作。

图 12-31　测试锚圈口损失与孔道摩阻力

(3)全线预应力构件全部采用整体束梳穿束工艺,预应力筋穿束时对整束和束中各单根钢绞线均进行编号后方进行整体穿束。

(4)预应力张拉采用智能张拉设备张拉,能同时控制张拉力与伸长量,可自动算出预应力筋锚固回缩量,能直接导出张拉数据,确保张拉数据的可靠性。预应力管道压浆采用智能压浆技术,智能压浆设备能自动监控压浆过程中的浆液压浆压力、稳压压力、稳压时间等数据。

(5)预应力施工实行专人专机及挂牌上岗制度,各工点具体预应力施工工艺流程固化,形成预应力施工工艺流程卡和作业指导书。

(6)加强锚下有效预应力检测,要求合格率达到90%以上,同时将检测结果纳入“优质优价”考评,通过严密的检测和激励手段综合运用,有力促使了工班采取有效措施提升预应力施工质量。

通过上述措施,锚下预应力检测合格率稳步提升。经过数月的努力,全线锚下预应力有效力值合格率稳定在95%以上,同束不均匀度指标合格率达92%。

12.4.4 测量管理

南沙大桥项工期长,专业多,工序复杂,而且地处珠江三角洲深厚软土地区,如何保证控制网的持续稳定、测量放样数据的协调统一和准确是工程管理必须解决的重要问题。业主方采取的措施是:

(1)在设计阶段建立全线控制网,以后每年进行一次大网复测。在首级网建造强制归心观测墩时,均对其底座进行了深基础处理。

(2)依托第三方测量咨询单位,加强项目测量管控。通过招标引入了独立第三方测量管理机构,成立测量控制中心,加强项目测量管控工作。依托测量控制中心,梳理全线测量管理,制定测量管理办法,明确各工程参建方职责和各工点抽检频率。以上措施提升了施工单位对测量工作的重视程度,使测量精度逐步提高,精益求精。

(3)建立全球导航卫星系统(Global Navigation Satellite System,GNSS)连续运行参考站,统一全线测量控制基准。CORS(跨域资源共享)是一项集成GNSS定位技术、计算机网络技术、现代通信技术、空间信息加工与增值应用技术等高新技术的产物。它可以24h不间断运行,通过网络向整个测区播发差分改正信息,为施工测量提供高精度、高稳定性的测量控制基准。同时,采用全线统一的GNSS参考站便于测量管理,省去各个施工单位自行架设基准站的过程,避免引入对中误差。采用Ntrip协议进行测量授权管理,只对南沙大桥项目的测量部门开放授权,既有效杜绝资源占用,又便于测量成果的安全保密。同时参考站具有覆盖范围大、工效高的优点。

(4)针对重难点进行专项控制。为使锚体锚固系统施工达到设计和规范要求,业主牵头成立由测控中心与施工单位测量部门、总监办及监控单位组成的测量小组,协调全线测量管理工作。通过不断试验,在测量过程中优化推广扣式钢质圆盘辅助对点器,辅以短杆小棱镜的方式,尽量减小测量误差。要求测控中心对锚固系统自后锚面向前锚面整个施工测量过程全程跟进,100%覆盖检测。抽检累计获取数据1871组,经过统计,锚垫板或预应力钢管管口中心轴向偏差控制在±10mm(含)以内,而轴向偏差在±5mm以内。

两座悬索桥四座索塔,索塔设计成向内收,并附横梁的形式,如此之高的建筑,如果不进行有效控制,倾斜度难以保障。业主要求测控中心每4个节段抽检一次,共抽测了100次。从抽检情况看索塔轴线偏差均满足符合规范要求,平面和高程误差控制在了1cm以内。

12.4.5 预制梁段架设

项目高墩区采用了节段预制拼装,低墩区采用了小箱梁预制架设工艺,梁板预制架设精度成为项目引桥区施工线形控制的关键。

(1)开展宽幅短线匹配法节段拼装箱梁施工技术研究。

围绕短线法节段拼装箱梁施工,从节段梁密封关键技术、几何线性控制、节段箱梁长期性能演变、预制拼装节段管道摩阻预应力损失以及质量评定方法等方面,多维度和多角度展开了一系列的精细化研究,取得一系列具有建设性的研究成果,并将研究成果运用到南沙大桥的实际施工中。

(2)依托节段梁监控单位,严格控制节段梁预制与架设精度。

南沙大桥节段梁采用短线匹配法施工,为确保节段梁成桥结构内力和成桥线形符合设计要求,项目成立了南沙大桥信息化施工监控小组,并建立了南沙大桥节段梁预制与架设系统,对节段梁架设过程中数据采集、传递、分析进行指导。

(3)开发短线匹配法施工全过程控制系统。

以大型数据库为核心,开发了集模型计算与预测系统、误差分析与修正系统于一体的短线预制拼装线形控制软件系统。该系统可实现宽幅变截面箱梁、缓和曲线变横坡、小曲率半径等复杂桥梁结构的精度控制。同时采用先进的网络技术,后方软件控制服务器通过智能客户端对多个项目进行远程控制运算。该系统的成功开发,填补了国内短线预制拼装桥梁施二控制软件的空白。

(4)确保接缝施工质量。

研发应用新型接缝处预应力管道密封装置(图 12-32),减小跑浆漏浆病害发生的概率;控制涂胶厚度和均匀性,提高拼缝精度。合拢段湿接缝两端高程误差基本上控制在 10mm 内,普通接缝误差控制在 3mm 内。

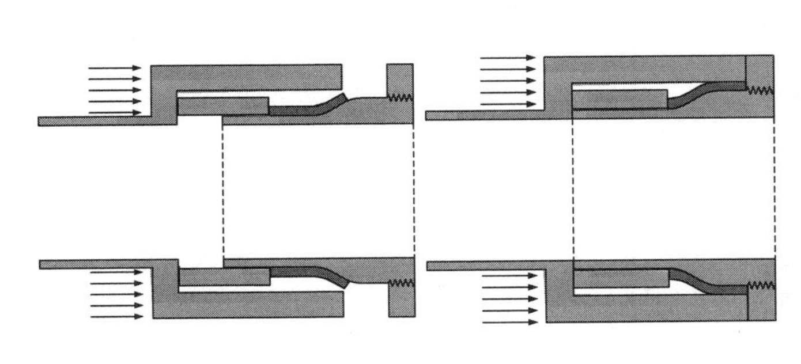

图 12-32　接缝处预应力管道密封装置

(5)小箱梁预制的精细化施工。

和大跨径梁相比,预制小箱梁是普通的传统结构,技术难度不大。项目业主对这类构件的美观耐久性提出了更高要求。率先施工的 S1 标承包人对生产和安装工艺进行了精细优化。箱梁的钢筋利用胎架绑扎成型,确保定位精确,保护层厚度合格率 100% 。同时又使小箱梁钢筋的绑扎与模板拼装平行施工,成型后的钢筋骨架整体吊装入模,减少了小箱梁模板及预制台座的占用时间,加快了小箱梁模板及预制台座的周转速度。通过优化封端设计、强化模板的平整与防漏性能、严格执行混凝土振捣、接缝凿毛等标准化工艺,成功打造出一项精品标杆,如图 12-33 所示。

图 12-33　小箱梁预制

12.4.6　悬索桥上部结构安装

悬索桥上部结构安装的质量控制是以精细化的工序管理和设备效能的提升为主要手段，包括：

(1)明确多方协同界面，实现程序管理的精细高效。

在上部结构施工管理中，严格执行《南沙大桥项目悬索桥上部结构施工主动管控办法》，通过超前组织、各方协同、主动管控、持续总结的管理流程持续改进悬索桥施工质量。在管理办法中，各方工作界面清晰分工明确：业主定规则掌控全局；设计做结构技术服务；监理管控程序及现场；监控做施工技术指导；测控管控测量口工作；施工组织调度和生产；作业队负责现场落实。同时，实施监理程序公开、监控测量透明、实时交互的措施，杜绝了以往多见的数据扯皮现象。

例如，在上部结构安装施工前，就监控相关的工作将重点工作予以明确：

①监控单位明确猫道及主缆架设阶段、吊索索夹安装阶段、钢箱梁安装阶段和成桥阶段的监控工作内容；

②对施工准备工作提出具体要求，包括测量人员、全站仪精度和数量、基准索股测量工装、一般索股测量专用卡尺、锚跨张拉千斤顶准备和标定、索夹螺杆测长仪器的准备；

③为了实现索股架设高精度测量，基准索架设时由监控单位提供温度测量仪器，一般索股架设时由施工单位自行准备仪器；

④明确索夹紧固分 5 个阶段进行紧固，分别是索夹安装时、吊梁前、吊梁完成后、主缆缠丝后、铺装完成后；

⑤针对无索区梁段的吊装，由施工单位提供施工方案，监控单位据此提交钢箱梁测量指令和体系转换指令。

钢箱梁吊装过程较好地体现了在复杂条件和高技术要求下各方的有效配合。该工序分两个阶段：

一是钢箱梁吊装阶段。钢结构单位负责梁段运输及抛锚定位，土建单位负责梁段吊装与临时连接。其间面临远距离运输、海上台风、船舶保障、码头保证等问题，要做到每片钢箱梁按照海事限航规定时间精准、高效到位。在实践中，大船通航、海事限航、河床复杂、涨潮落潮、吊索运输安装、跨缆吊机移机就位等都会给钢箱梁运输装船方向、抛锚定位时间精度造成挑战。因此，需要不断优化程序、分析难点、采取措施，经过首件制及不断磨合后，达成一套标准化作业程序，减少协调难度、安全风险与进度风险。

二是钢箱梁吊装合龙与焊接的转序。在钢箱梁吊装后，通过增设转序验收环节，要求土建标尽量还原吊装线形、严控梁段间隙，通过监控单位、测控单位、监理单位、钢结构单位联合确认后，再移交工作界面。钢结构标则要求在焊接期间负责控制好梁长、焊接及涂装质量、焊接后的线形。

最终通过一桥各方的努力，大沙、坭洲水道桥钢箱梁上下游高差均符合规范要求，大部分小于10mm。

(2)提升设备性能，实现工程安装的精细高效。

在上部结构施工关键设备上，通过专业化设计、加工、检测、试验，确保施工安全可靠。如坭洲水道桥创新采用无线Lora局域网传输技术，实行基于BIM的信息化架索；索股牵引系统采用8台全新30t大吨位数显卷扬机，创新采用双放索工法，大大提升架索效率和控制精度；紧缆机、跨缆起重机和缠丝机均采用全新研发的数字化、可视化、自动控制装备；索股架设中，发明了上下棱镜装置，消除了单侧测量误差问题；研发了新型自锁式拽拉器(图12-34)，确保索股不滑移；发明了数显大量程卡具，调索精准高效；发明了专用工装，减小预紧缆空隙率、提高主缆圆度指标。

图12-34　新型自锁式拽拉器

经过一系列工艺设备的改进，控制效果明显：两座主桥主缆索股架设线形精度、锚跨张力、主缆空隙率、圆度等指标均达到合格率100%；索夹及吊索安装均满足要求，主缆缠丝、涂装质量合格；钢箱梁吊装线形控制良好，各项测量指标均满足要求，主梁上下游高差小于2cm。

12.4.7　桥面铺装质量管控

南沙大桥主线桥的桥面铺装有两种形式：钢箱梁桥面铺装为6.5cm的热拌环氧沥青混凝土；混凝土梁桥面铺装为10cm厚SMA沥青混凝土。南沙大桥的桥面施工面临两大重要挑战，一是作为粤港澳大湾区重要的过江通道，南沙大桥将承担大量的车流量，在项目通车后，虎门大桥有可能开始大修施工，届时南沙大桥的桥面铺装将面临极大的交通压力，这对桥面施工质量提出了严峻挑战。二是工期压力。由于环氧沥青混凝土特殊的属性，完成一层的铺装必须有3个连续的晴天，当时正值2018年第四季度，本该是广东的旱季却频繁降雨，为历史罕见，承包人只能停雨间隙时间施工，工期已延误数月。为了抓住有限的时间尽可能多地完成工作量，实施全断面摊铺十分必要，但19m宽度的一次摊铺对施工质量是严峻考验，环氧沥青的特殊性能和昂贵的造价决定了全过程不能有一点失误，必须是“零缺陷”。

面对这一挑战，建设各方所采取的技术措施主要有提高原材料标准、加强试验段工作、大力推行机械化施工及现场5S管理等四个方面，关于机械化施工的内容在本章其他小节已有介绍，其余三项措施情况如下：

（1）原材料的高标准。

集料质量的好坏直接影响到桥面沥青混凝土的耐久性。本项目路面的设计对碎石集料的要求较高，如引桥SMA路面细集料0.075mm通过率范围要求原设计为0～12%，砂当量指标原设计要求不小于70%；沥青上、中、下面层的细集料均采用玄武岩、辉绿岩或安山岩等非酸性机制砂，承包人自建高品质集料生产线，在密闭的钢结构厂房内，采用半成品碎石进行SMA沥青面层集料（粗、细集料应岩性相同）的二次加工；除尘方式采用干法除尘，确保集料粉尘含量和含水率等指标满足要求。细集料要求洁净、干燥、无风化、无杂质，并有适当的颗粒级配。2018年5月，为了应对通车后的巨大交通量，业主方对细集料指标提出了更高要求，0.075mm通过率范围要求变更为0～8%，其他筛孔范围，砂当量指标变更为不小于75%。这一标准已达到了热拌环氧沥青集料的要求。设计文件对环氧沥青混凝土集料的指标要求如下：

各指标为：洛杉矶磨耗率≤16%，针片状颗粒含量≤5%，压碎值≤12%，<0.075颗粒含量≤0.8%，砂当量≥70%。

上述指标靠传统碎石加工设备是无法达到的。为了满足这一要求，承包人采用石场4级破碎的半成品碎石进行二次加工，引进食品、药品行业的超精细设备，做到精细加工，无污染流转。图12-35展示了集料精加工生产线，配置了皮带秤、德国立轴式冲击破碎机、布袋式脉冲除尘设备、日本进口空气筛、多点电机驱动概率筛、自动打包机、转运平车、桁架天车等，并采用袋装出库的形式进行储存和使用（图12-36），并使用集料二维码身份识别监控系统。实现了自动化、智能化、信息化、无尘化作业，确保了集料的高品质和稳定性（图12-35、图12-36）。出产的集料品质保持在较高水准：针片状在1%左右，0.075%通过率在6.3%左右，粉尘含量在2%左右，细集料砂当量在84%左右。

图12-35　集料精加工生产线

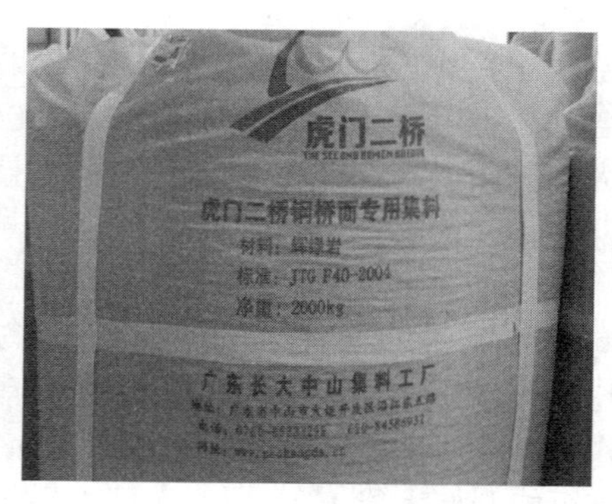

图12-36　袋装集料

(2)扎实开展试验段研究总结。

路面工程落实首件验收制度,就是要做实做细试验段工作。每一结构层均作为试验段。施工期间实施了十余个试验段项目,包括引桥 SMA-13 中面层和上面层、路基段各结构层、钢箱梁桥面喷砂除锈及环氧富锌漆、钢箱梁环氧沥青混凝土桥面等。

对于主桥钢箱梁桥面来说,更需要谨慎细致的工艺试验,力求技术和生产各要素能够完美磨合。因为环氧沥青材料十分昂贵,如果施工不当而被迫返工将造成巨大经济损失。承包人针对主桥铺装的试验段施工分成三阶段进行,包括场外试拌试铺、在引桥试铺模拟,主桥试验段三个阶段。通过不断总结,完成了多个配合比的优化及施工工艺的微调,确保在大规模施工中保持高效率和质量的稳定。

(3)施工现场 5S 管理。

施工现场全面开展以整理、整顿、清扫、清洁和素养为内容的 5S 管理。在生产和库存区,标准化的设施确保场地和材料的整洁有序,细集料和主桥碎石料均袋装入库,主桥拌和站采用封闭式厂房,配以干法除尘设备,沥青混凝土拌和站被评为“南粤最美拌和站”(图 12-37)。前场施工区域严格实行零污染施工,使用移动厂房将钢箱梁桥面的露天施工转变为工厂化作业(图 12-38),各结构层施工严格执行保护和清洁措施,做到“零污染”。环氧沥青层施铺前的界面清理,要求工人穿鞋套,戴毛巾,地毯式地排查清除工作面上的任何砂粒、蚊虫和汗水(图 12-39)。

图 12-37　沥青混凝土拌和站

图 12-38　移动式环氧富锌漆喷涂厂房

图 12-39　桥面基底清洁处理

实践表明,这一系列的措施取得了显著的效果,路面工程的质量始终稳定在高标准状态。这为管理层增强了信心,管理层作出了实施环氧沥青混凝土全断面摊铺的决定,承包人在施工过程中创造了单日摊铺 20000m^2 的世界纪录,质量指标优良率 100%,实现了优质高效的目标。

第13章　南沙大桥工程进度控制

工程建设项目的进度控制是指对工程项目各建设阶段的工作内容、工作程序、持续时间和逻辑关系编制计划,将该计划付诸实施,在实施过程中经常检查实际进度是否按计划要求进行,分析偏差出现的原因,采取补救措施或调整、修改原计划,直至工程竣工,交付使用。进度控制的最终目标是确保进度目标的实现。无论是建设单位还是施工单位,在追求进度的过程中都不可忽视安全、质量和造价。

南沙大桥的建设具有三个显著特点:一是社会影响大,政府及社会各界常常对工期有着急切的需求;二是工程本身具有投资规模大、建设周期长的特点,而且工程呈线状,涉及的行政区域和构造物多;三是作为大型悬索桥,工程立体交叉多,同一断面十几家单位同时施工,协调事项多,协调难度大,因此影响工程进展的因素多。特别是征地拆迁,往往对公路工程进度的影响最大。南沙大桥的批复工期为5年,主体工程施工合同签订时间为2014年5月,开工时间为2014年8月。广东省政府要求通车时间为2019年7月1日,实际通车时间为2019年4月2日,比广东省政府下达的通车计划提前3个月,实际施工期不足5年。成功的进度控制,取决于科学的计划、合理的投入、高效的管理、关键点的准确把握和技术的进步。

13.1　南沙大桥工程进度影响因素与控制原则

13.1.1　工程进度影响因素

为了对工程项目的施工进度进行有效的控制,必须在施工进度计划实施之前对影响工程项目进度的因素进行分析,进而提出保证施工进度计划实施成功的措施,以实现对工程项目施工进度的主动控制。影响南沙大桥工程项目施工进度的因素有很多,归纳起来,主要有以下几个方面:

(1)工程建设相关单位的影响。

只要是与工程建设有关的单位(如政府有关部门、业主、设计单位、物资供应单位、资金贷款单位以及运输、电信、供电等部门等),其工作进度的拖后必将对施工进度产生影响。因此,在进度控制中,必须进行充分考虑,协调好各相关单位之间的进度关系。而对于那些无法进行协调控制的进度关系,在进度计划的安排中应留有足够的机动时间。

(2)资金的影响。

工程施工的顺利进行必须有足够的资金作保障。承包人如果未能及时获得工程进度款,就会影响到流动资金的周转,进而殃及施工进度。在南沙大桥建设过程中,项目公司确保资金供应充足,避免了因资金供应不足而拖延进度的情况。

(3)设计变更的影响。

在施工过程中,出现设计变更是难免的,或者是由于原设计有问题需要修改,或者是由于业主提出了新的要求。南沙大桥宏大的规模、复杂的技术条件和地质环境条件,使得设计变更无可避免。

(4)施工条件的影响。

在施工过程中,一旦遇到气候、水文、地质及周围环境等方面的不利因素,必然会影响到施工进度。南沙大桥所在区域属于华南亚热带海洋性季风气候,终年温暖湿润,雨量充沛。尤其,5—8月为雨季,台风、强热带风暴可带来灾难性暴雨。且项目地处珠江口,河面宽广,水系发达,淤泥深厚。天然的气候和地质水文条件给南沙大桥的施工带来了较大的困难和挑战。项目施工进度的计划制定也必须考虑到这些不利因素的影响,合理做好安排。

(5)征地拆迁等风险因素的影响。

风险因素包括政治经济政策、技术及自然等多方面的因素。在实践中尤其以征地拆迁的影响最为明显。综合各种风险因素的影响,采取应对有效措施,是工程进度控制工作的重点和难点。

(6)承包单位自身管理水平的影响。

施工现场的情况千变万化,如果承包单位的施工方案不当,计划不周,管理不善,解决问题不及时等,都会影响工程项目的施工进度。因此,需要根据南沙大桥施工情况及时采取调整、改进、激励等措施。

正是由于上述各种因素的影响,施工进度计划的执行过程难免会产生偏差。尤其对于像南沙大桥这样建设周期比较长的项目,施工进度计划和施工实际进度产生偏差的情况无法避免。管理工作能努力做到的就是在施工过程中,尽量减小偏差。一旦发现进度偏差,就应及时分析产生的原因,采取必要纠偏措施或调整原进度计划,这种调整过程是一种动态控制的过程。

13.1.2　工程进度控制原则

(1)强化目标管理。

进度控制应该重视并强化对工期目标的管理。一方面,对合同规定的工期目标按时间进行分解,明确阶段性形象目标——里程碑。只要各个里程碑目标顺利实现,工期总目标也就得到了保证。另一方面,将资源目标进行纵横向分解,明确满足进度目标条件下的各种资源目标,如设计、设备、材料、场地等。

(2)强化计划管理。

合理制定好进度计划是能够有效执行进度控制管理的首要步骤。进度控制的重要内容就是通过比较实际进度与计划进度之间的偏差,找出工期超前或滞后的原因,采取措施进行纠正。进度控制与进度计划是紧密相关的,进度控制应以进度计划为依据,而有效的进度控制又能保证进度计划的顺利实施。

(3)强化资源管理。

工程进度的实施需要相应的资源供应保证。因此,设计、施工、设备供应、劳动力供应、征地、资金筹措等各方面的工作都必须围绕项目总体进度计划衔接有序地进行。

(4)加强关键线路的控制。

关键线路的工作实施情况会直接影响到整个工期的进度状况。在进度控制中,监理人应运用先进的进度管理方法与手段,动态监控关键线路的进展,要求承包人及时采取有效措施,保证阶段目标和工期目标的实现。

(5)着重处理好进度与成本、质量之间的关系。

在工程建设目标中,进度控制目标与安全控制目标、质量控制目标和投资控制目标是对立统一的,应妥善处理好三者之间的关系。

在进度和投资成本的关系上,一方面,施工进度的延误都将引起工程成本的增加,赶工就要增加投资;而工程如果能提前投入使用就可以提前产生效益。

在进度和质量安全的关系上,加快进度就有可能降低标准、省略程序、不敢返工,从而影响工程安全和质量;而严格实行安全和质量控制,也会在进度方面付出一定的代价。南沙大桥工程作为一项举世瞩目的重大工程,在需要确保工程质量和安全并符合控制工程造价的原则下,合理控制进度。

(6)遵循工程控制论基本原理,重视现代化管理手段的应用。

在进度控制全过程中,坚持做好施工进度的事前预控、事中的始终监督与事后的反馈纠偏工作。同时,重视现代化的管理手段,应用相关信息化的管理系统到进度控制工作中,实现进度控制的数字化、网络化和科学性。

13.2 南沙大桥工程进度计划的编制

工程进度控制是通过计划体系的运行,判断实际进度与计划进度的偏差,并及时采取一系列措施纠偏的过程。计划体系是由自上而下、相互关联的一系列计划所组成的。通过做好进度控制管理工作,可以保证桥梁工程能够如期完工并交付使用。工程计划的编制必须结合施工组织设计,对工程的特点以及现场的具体状况进行全面的分析,对影响工程进度的诸要素进行辨识分析,进而制订出高效的、符合自身能力的、能有效应对不确定性的总体施工进度计划,最大程度地保障工期目标的实现。南沙大桥进度计划做到了提前、深入地研究,科学合理地编制,为成功实施进度控制打下了坚实基础。

13.2.1 提前谋划,深入开展施工组织研究

项目前期,由业主牵头组织有经验的单位对项目总体施工方案进行策划,对临建设施、主要施工方案、质量安全控制重难点等进行分析,理出项目关键线路,编制了项目总体施工组织设计文件,作为项目后续总体控制的指导性文件,有利于对项目后续招标文件、主要工期控制节点的把握。在工期控制方面,重点开展了以下工作。

13.2.1.1 明确项目关键线路,编制项目总体施工计划

通过对总体施工工序的分析,可以发现,项目工期的关键线路是坭洲水道桥主桥的施工。由于其跨径达到了1688m,主塔高度达260m,钢箱梁达176榀,工程规模、技术难度均为国内罕见,是项目的控制性工程。项目业主深入调研了国内类似的桥梁建设历程,明确了各分部工程主要施工工法与工效,制定了项目关键线路和关键节点里程碑计划。根据当时项目前期工

作的进展,将计划的起点(开工时间)拟定在2014年4月23日,工程可行性研究批复的工期为5年,这符合国内同等规模特大桥施工周期的实际情况,理论上合理完工时间可定为2019年5月1日。制定计划过程中考虑了以下主要因素:

(1)由于广东的气候特点是每年的一季度后期基本为雨季,不利于工程的最后冲刺。尤其是沥青混凝土路面施工,需要连续无雨的天气,故应尽可能地安排在第四季度的旱季施工。此外,考虑为未来的不确定因素预留时间,暂时将计划完工时间定在2018年12月31日。

(2)大沙水道桥为非关键线路,总工期比坭洲水道桥少近8个月。但是考虑到本工程钢箱梁数量庞大,国内市场优质的钢箱梁制造商供应量有限,大沙水道桥和坭洲水道桥钢箱梁制造与安装工程宜错开,并避开台风期。因此,设定大沙水道桥必须和坭洲水道桥同时开二,以便为业主在总体工期调控方面留出足够空间。

13.2.1.2 对项目各重要交叉工序进行研究,制定对策

根据前期调研类似项目建设经验,悬索桥建设涉及单位多,立体交叉作业多,而且东、西引桥节段梁拼装的上、下部结构分属于不同施工单位,很容易在一些工序交验、结构过渡位置和临时设施出现界面不清或者工作面重叠的现象。为此,本项目在项目前期就对工作界面和工序交叉环节进行详细研究,制定了相应对策。

(1)解决节段梁架设与悬索桥施工多个工作面交叉问题。主要如下:

①与锚体上方墩身、锚体顶板施工交叉:大沙水道桥、坭洲水道桥锚体上方均有墩身,节段梁架设工期安排时需充分考虑锚体墩身施工进展,合理安排节段梁架设顺序,锚体顶板施工需考虑节段梁架设后施工便利性。

②与主缆索股架设工作面交叉:悬索桥边跨位置索股架设与节段梁架设存在上下交叉问题,考虑到悬索桥架设为总体关键线路,明确以索股架设为主,节段梁架设合理避让原则实施。

③节段梁翼板与猫道、散索鞍吊装门架冲突:节段梁外侧翼板与猫道位置存在冲突,与散索鞍吊装门架空间狭小。为此,通过采取节段梁翼板区域留出后浇缺口,待主缆完成、猫道拆除再补做后浇块的方式予以解决。

节段梁架设与坭洲水道桥施工工作界面如图13-1所示。

④节段梁架设与主桥钢箱梁架设交叉。节段梁架设与主桥钢箱梁架设空间位置上存在交叉,因此在钢箱梁安装完成后方可架设节段梁,同时节段梁架设工况前支腿与中支腿要落在钢箱梁上的工况需要设计院提前复核,以进一步优化节段梁架设方案。

(2)明确主桥架设土建标与钢结构标段间界面管控要求,主要原则是以土建标施工进度为控制关键线路,钢结构标段进度需提前土建标进度6个月左右,主要要求如下:

①钢箱梁明确生产线要求,对总拼厂房在珠三角范围以外的单位要求在珠三角设立临时存放区,并要求在开始架梁前完成半年制梁任务。

②主缆索股需充分重视制索运索周期。国内主要制索厂家集中在长三角一带,需经海运到达桥位现场,索股运输周期长,且常受到台风影响有可能索股架设速度很快,索股供应速度跟不上。因此,招标文件明确了施工现场存索场地要求以及吊装和运输要求。

③索鞍制造厂家需重视各组件时间要求,重视超重超大构件运输及吊装问题。索鞍鞍头为铸件施工,国内能做的厂家不多,需重视厂家的排期需求。另外,坭洲水道桥散索鞍为单体索鞍,质量达到接近200t,需充分考虑现场运输条件与吊装条件。项目在招标文件中明确

了索鞍进场路线，并对相关栈桥、便道等以此作为控制荷载，在节段梁架设时预留了门架安装位置。

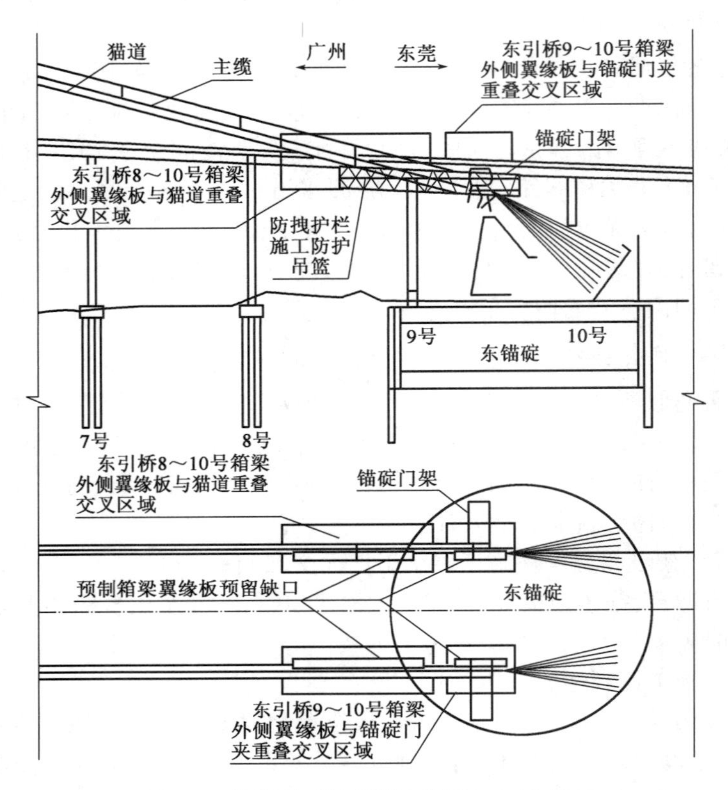

图 13-1　节段梁架设与坭洲水道桥施工工作界面

(3)明确节段梁架设下构施工顺序和时间，为节段梁架设施工打好基础。

项目节段梁架设涉及南沙、番禺、东莞三地，其下部结构由三家单位负责实施。为保证后续节段梁架设顺利开展，项目根据总体施工组织计划，明确了各地节段梁墩身施工的顺序和完成节点，并纳入招标文件，过程中成立业主牵头的专门协调小组，动态调整和跟踪。另外，明确了节段梁湿接缝混凝土供应原则，由 S2、S4 标段在南沙、东莞两侧供应湿接缝混凝土，并在合同中明确单价。

(4)对存在交叉关系的临时设施建设节点、使用和管理进行规定，避免相互干扰、延误。以下为土建施工承包合同中关于海鸥岛相邻两个标段施工便道建设的规定，明确了便桥便道建设维护的责任主体，同时又根据总体进度计划明确了建成时间，这是筹建期对施工组织方案开展精细化研究的成果：

海鸥岛上海鸥岛互通主线桥 41 号墩西侧施工便道和便桥由 S3 标段负责施工和维护，41 号墩以东便道和便桥由 S4 标段负责施工和维护。S3、S4 标段须在坭洲水道桥西锚碇基础开始施工前完成上述施工便道和便桥维护。

(5)在建设过程中及时对前期未能预见的工作界面交叉问题制定明确的处理原则。此类问题主要集中在后期路面、机电交安与土建标协调方面。业主通过成立项目协调组，遵循充分协商、局部服从总体、责任共担的原则，协调处理实施过程中的问题。

13.2.2　进度计划中为不确定性的影响预留时间

项目总体实施工期为5年,需考虑项目所在地气象、水文、风土人情等方面的影响因素,在工期计划中预留相对充裕的时间,以应对各因素在进度方面造成的影响。

(1)不良天气影响工期,尤其是强台风影响。

项目地处珠三角地区,属于强台风频发区域,每年有3个台风影响珠三角区域,每个台风影响工期6~10d不等。项目建设计划中应对台风影响做好预期,在工程方案和工期计划中均进行充分考虑,在工期规划方面应尽量避免钢箱梁吊装安排在台风多发的6—10月。在实施上,南沙大桥建设期间,遭遇了"山竹""天鸽"等两次强台风袭击,均给项目造成了一定影响。

另外,珠三角区域每年4—6月的梅雨季节,以及下半年雷雨天气等对项目建设也会造成较大影响,尤其是在塔、锚施工期间影响更大。此外,在坭洲水道桥架索期间,季风影响对于索股架设,夜间调索也造成了较大的影响。

(2)民风民俗影响工期,尤其是春节影响。

项目建设共经历2015—2019年5个春节,每年春节对项目工期影响为15~30d不等。从项目建设情况来看,春节期间提前做好预案,能部分减少春节对项目建设的影响,尤其是减小对关键线路的影响。实际上,每年春节期间对工期影响还是会超过15d,这个工期影响很难避免。此外,中秋、端午、农忙等传统节日也会对项目进度造成一定干扰,但影响相对而言并不是很大。

(3)工序转换对工期的影响,尤其是悬索桥上部结构施工。

悬索桥进入上部结构施工阶段,工序包括猫道安装、索鞍安装、索股架设、紧缆、索夹、吊索、钢箱梁安装、缠丝、防腐及除湿等,各标段、各班组间转换频繁,要做到"零时差"困难很大。须成立各单位参与的协调领导小组,对后续工作做好预判,厘清各参建单位责任义务,制定特种设备、大临设施需求计划与到位时间,各标段间交验节点计划等。施工单位成立上部结构施工工作小组,每天对工作执行情况进行反馈,对第二天工作做好部署,对存在的问题第一时间解决或及时报送领导小组统筹解决。本项目采取了以下措施,尽量将工序转换时差影响降至最低:

①施工前科学计划施工方案,保障施工过程顺利。悬索桥上部结构施工很多时候是在拼设备、拼组织、拼预期、拼协调。存在前场施工和后场准备两条战线,前场施工要明确需求,后场准备是保障,尤其是一些大型设备,如"三大机"的采购、制造、试验、运输、现场拼装等周期时间还比较长。例如,钢箱梁、索鞍、索夹、主缆等钢结构制造单位分布在全国各地,在合同中须明确各单位交货时间须至少提前6个月完成,并在过程中安排专人巡检,做好运输专项方案。现场吊装条件、运输通道、存放场地等条件应考虑充分。此外,明确栈桥需考虑运输散索鞍的需求,节段梁提梁站须帮助吊装索股,存梁场规模具备存放1/3索盘的条件等要求,为上部结构顺利架设打下了良好的基础,是很好的经验。

②选择优秀、有经验的专业化班组。请有经验的带班工人、设备人员等参与项目方案制定、工作计划安排,往往可以起到事半功倍的效果。

13.2.3 关键设施设备的保障要求

关键设施设备的投入必须提前规划,如果在建设过程中发现关键设施设备效能不足,再来考虑更换或者增加投入,势必消耗大量时间,有些设施甚至已无法改变。因此,南沙大桥在前期总体施工组织规划时,明确了项目关键工程投入要求,并纳入招标文件,为承包人投标作为相关参考,也为后续标段进场后现场管理提供依据,减少现场推诿工作量,为进度控制提供了有力保障。

(1)明确了大临设施的规模和产能要求。明确了各标段材料码头、钢筋场、拌和楼、施工便道、栈桥、预制场等关键场地投入要求与产能要求;明确了主桥桩机设备、塔式起重机、电梯、跨缆起重机等关键设备的数量和标准;明确了节段梁架桥机规格、数量要求与进场时间等。

(2)对关键线路设施规模和标准要求略有冗余。如:

①主塔桩基施工平台要求必须按 8 台钻机同时使用进行设计,这样可以为后期桩基础施工加大设备投入进行赶工提供条件;

②节段梁预制场占地面积要求 10 万 m^2,预制台座预留量必须 16 个台座,外加 3 个备用方案实施,同时要求存梁能力不少于 800 片,为后期赶工预备做好准备;

③主塔水上栈桥要求必须满足索鞍荷载通过的要求,宽度要求为 9m,可同时满足起重机作业和车辆并行。这样充分的通行能力,使栈桥不再成为影响施工效率的"瓶颈";

④要求为节段梁从水上转运上岸而设置的提梁站,必须兼顾相邻标段索股装卸的需求;

⑤考虑到台风对索股和钢箱梁海上运输的严重影响,要求索股存放场地须具备存放全桥 1/3 索盘的能力,为避免台风对运梁架梁影响,钢箱梁总拼场靠近桥位设置,要求在珠三角附近设置存梁场,缩短箱梁在海上运输的距离;

⑥路面铺装采用双 4000 型日工沥青混凝土拌和楼,为高峰期钢桥面铺装打下基础。在东升场地增设路面拌和楼和备料场地,为路面大规模施工备足材料等。

13.2.4 合理划分标段和工作界面

13.2.4.1 合理划分标段

标段的划分合理与否,对项目管理的效率影响很大。大规模标段可以让有实力的承包人拥有较多的资源和较大发挥空间,承包人的母公司也会在资源配置方面向大项目倾斜,业主的管理较简便。其缺点是容易使承包人成为"二业主",如果施工项目部管理能力不足或工作目标与总体建设目标不一致,则业主干预力度能力会大大削弱。如果设立小规模标段,便于业主实施精细化管理,但难以形成规模效应,工作界面多,业主协调工作量大。因此,标段划分要以总体建设目标为纲,全面考虑项目社会地理环境、工程特点、业主管理能力、市场容量、实施效率后形成最优解。

南沙大桥工程跨越珠江大沙水道和坭洲水道,两个河道将桥位分为三个区域,分别属于广州南沙、番禺区和东莞市沙田镇三个行政区。因此,总体上宜将此三个区域划为三个土建标段,分别为 S2、S3、S4 标段,每个标段的合同规模为 10 亿~20 亿元,如此规模较适合国内一流施工企业发挥其管理和技术能力。两座悬索桥上部结构安装分属于两个标段,有利于承包人对安装施工的总体组织。

引桥上部结构主要为预制拼装混凝土节段箱梁，共3658榀梁段，分布在东引桥、中引桥和西引桥，分属于被两条河道分割的三块区域中。这三块区域的主体工程分由S4标段、S3标段和S2标段承担。为了实现规模化、标准化生产，提高管理和生产效率，决定将全部节段梁的预制和安装集中由S3标段负责，东引桥和西引桥的下部结构、桥面系施工仍由S4标段和S2标段负责。

钢结构制造方面，基于前期充分调研，掌握了国内主要钢结构厂家产能和近几年国在建和拟建的大型钢箱梁桥工作量情况，并以此制定了项目钢结构分标计划，避免了各厂家出现产能不足的问题。如项目主缆有1770MPa主缆钢丝和1960MPa两种主缆钢丝，其中1960MPa主缆钢丝还需进行科研攻关后才能批量生产，经过对厂家调研和工程质量考虑，明确了分2个标段实施的方案。大沙水道桥钢箱梁约2.8万t，1个标段实施体量适中，可减少工作界面；而坭洲水道桥钢箱梁体量超过5.4万t，施工周期只有2年时间，同一厂家实施难度很大，因此将其分解为2个标。这合理避免了产能不足的问题，确保了项目钢箱梁供应稳定。

13.2.4.2　明确工作界面与工序衔接规定

大型复杂项目规模大，专业多，参与单位多，因此存在大量的工作界面。如果界面模糊不清，必然会在建设过程中产生大量扯皮和冲突。项目业主在确定标段划分方案后，即对各个工作界面进行了细致的分析研究，明确了关键界面划分原则，并将其作为“发包人要求”纳入招标文件，大大减少了后续界面协调工作量。此外，对土建标段和钢箱梁制造单位、土建标和索鞍制造单位、土建标与主缆和索夹制造单位、景观照明及防雷设施、施工监控单位、健康检测单位、路面、机电工程单位的界面和各关键工序衔接进行了详细说明，极大地降低了后续推诿工作量，也大大降低了变更率。表13-1列举了部分工作界面的规定。

工作界面划分表（节选）　　表13-1

界面部位	项目名称	实施（安装）标段	界面处理方案
主塔下横梁（含过渡墩）和钢箱梁结合处	竖向支座和抗风支座垫石（含预埋件）、预焊件	土建标段、钢箱梁制造标段	各标段承包人照图施工、埋设或焊接。土建标参与钢箱梁标段的支座垫石（包括预埋件）和预焊件施工的验收
	伸缩缝预埋件、预焊件	土建标段、钢箱梁制造标段	各标段承包人照图埋设或焊接。土建标参与钢箱梁标的预埋件和预焊件施工的验收
	钢箱梁及检查车吊装	土建标段	钢箱梁及检查车由钢箱梁标运送至监理人指定的江面吊点位置抛锚、定位，土建标承包人必须及时进行钢箱梁及检查车的检查验收和起吊安装工作，否则，48h之后的压船费用及其他相关费用均由土建标段承包人承担
钢箱梁	钢箱梁焊接、防护等施工设备吊装	土建标段	由钢箱梁标段运送至指定水域，由土建标承包人免费吊装至桥面
	钢箱梁现场焊接和防护	钢箱梁标段	钢箱梁标段负责现场焊接和工地防护，土建标段承包人应提供相应水电接口、施工现场进入通道和设施等，其中进入通道（临时通道、便桥等）不得收取任何费用，其他相关费用自行协商

续上表

界面部位	项目名称	实施(安装)标段	界面处理方案
除湿系统	钢箱梁内除湿设备	防腐除湿标段	钢箱梁标段负责钢箱梁内除湿系统预焊件的施工,防腐除湿标段参与验收。钢箱梁标段承包人协助配合防腐除湿标段除湿设备的安装,并应提供相应水电接口、施工现场进入通道和设施等,其中进入通道(临时通道、便桥等)不得收取任何费用,其他相关费用自行协商
散索鞍	散索鞍预埋螺栓	土建标段	散索鞍预埋螺栓由散索鞍制造标段提供,由土建标段承包人卸货、保存、转运和安装
	散索鞍安装	土建标段	散索鞍由制造标段运送至监理人指定的码头,由土建标段承包人卸货、保存、转运和安装
索股	索股、吊索及检修道安装	土建标段	索股、吊索及检修道由缆索制造标段运送至监理人指定工地现场附近的码头,由土建标承包人负责卸货、保存、转运和安装。索股安装完成后,空索盘的上货工作由土建标段承包人负责,其他运输等后续工作由缆索制造标负责
主缆及索夹	主缆防护	土建标段	土建标段给各专业承包人提供施工现场进入通道、作业平台、水电接口等,进入通道(临时通道、便桥等)和作业平台(猫道)不得收取任何费用
	索夹及缆套安装	土建标段	索夹及缆套由锁夹制造标段运送至监理人指定工地现场附近的码头,由土建标段承包人负责卸货、保存、转运,并在索股制造标段承包人指导下安装
节段梁安装	节段预制箱梁安装	土建 S3 标段	S3 标段参与 S2、S4 标段引桥桥墩支座垫石施工的验收。若 S3 标段有需求,S2、S4 标段必须按单价 × × 元/m^3 提供混凝土给 S3 标段用于本标段所处引桥节段箱梁的现浇工作,混凝土应送至监理工程师指定位置
其他工程	机电、防雷、照明、航空灯、航标灯等工程安装	—	土建标协助配合安装,并提供供电接口、吊装设施、施工现场进入通道等,其中进入通道(临时通道、便桥等)不得收取任何费用,其他相关费用自行协商

以下是对承包人之间的工序衔接规定(节选):

(1)悬索桥土建标段的承包人应负责钢箱梁吊装后的线形调整,精确定位后由钢箱梁制造单位根据监理人的指示完成钢箱梁的工地连接和最终涂装(包含补涂)工作。

(2)土建标段的承包人应及时向钢箱梁制造单位提供钢箱梁吊装过程中施工监控的数据,在监理人和第三方施工监控单位的协调下与钢箱梁制造单位共同分析研究,调整后续钢箱梁加工制造的精度及线形控制。

(3)钢箱梁标段承包人应根据监理人的指示,适时提供所需钢箱梁段及匹配零部件,并将其运送至桥位下监理人指定的地点停泊抛锚，交付给土建标段承包人进行吊装，承包人应予以配合。在桥下停泊48h之内的各种有关费用包含于承包人报价之中，如由不可抗力造成在桥下停泊超过48h仍不能吊装的，土建标段承包人有义务进行妥善照管，其间发生的保管费用发包人不另行支付。

(4)钢箱梁标段承包人应在监理人和第三方施工监控单位的协调下与土建标段的承包人共同分析研究，调整后续钢箱梁加工制造的精度及线形控制。

(5)钢箱梁制造承包人应根据钢箱梁的结构特点和运输路线的水文条件，通过计算和安全分析，选择运输方式和固定方式，并编制钢结构运输方案，通过发包人审核后实施。土建工程施工承包人应明确船舶锚泊定位的准确位置，负责桥位范围运输路线的畅通及负责航道清淤、维护等工作。

(6)钢箱梁临时吊点及其组件(若有)由土建标段承包人吊至钢箱梁制造单位的运输船上，钢箱梁制造单位应无偿负责临时吊点及其组件的安装和拆卸工作。

(7)土建工程、交通工程、桥面铺装施工承包人在与各自有关的附属结构开始制作安装之前，如果对上述若干附件的位置、形式有修改意见，可按程序及时报请设计人、监理人和发包人批准后，由钢箱梁制造承包人据此实施。

(8)在钢箱梁节段发运至现场吊装前，钢箱梁制造承包人根据程序向监理人、土建工程施工承包人、土建工程监理人进行报检，验收的项目包括永久支座及临时支座垫板位置及平整度、防腐涂装质量、吊点设置等，报检合格经各方确认后，开始吊装。如在验收过程中发现损伤或其他问题，由钢箱梁制造承包人及时采取相应修补措施。

(9)承包人负责提供检查车及其与钢箱梁的连接、安装调试等，检查车构件随同钢箱梁段运至现场。

(10)当钢箱梁标段承包人与其他施工单位在施工组织和生产安排衔接上出现不一致时，应服从监理人的统一协调。

(11)钢箱梁现场连接平台由土建标段负责桥位现场搭设与拆除，钢箱梁标段承包人应予配合。

(12)钢箱梁标段承包人负责完成本合同工程与其他专业工程(桥面铺装、交通工程、桥梁结构健康监测系统实施等)的界面管理、配合协调。在施工阶段，当本合同工程具备其他专业工程作业条件时，经发包人批准，其他专业工程施工单位可进入本合同工程现场作业，承包人应予以积极配合。

(13)土建标承包人应根据监理人的指示，在主索鞍、散索鞍运送至监理人指定工地码头后24h内负责卸货、转运、存储及保管；码头、栈桥等大临设施的设计要考虑索鞍的重量。

13.2.5　以节点计划为纲开展施工组织

进度管控是一项极为复杂的工作，稍有失误就会变成一团乱麻。例如，东涌互通立交部分施工需要跨越广州地铁4号线，而地铁防护棚施工时间只有1时地铁停运到4时地铁准备运营前的短短3h，每个月只能申请2~3次施工。面对这种复杂情况，如何有效协同施工安排，尽可能发挥班组工作效率是对领导者统筹能力的一种考验。在施工高峰期，大桥上一个工作面上有着多个班组，十几家单位同时开始作业，上下交叉，前后交叉，时间交叉。如果班组之间难以协调好，不仅会耽误工期，更会影响到质量。

面对这种情况，业主管理人员发挥出主观能动性，采用一整套施工统筹的方法论，将业主职能前置，针对性提出由业主主导、多方协调的解决思路。在原本由各施工单位安排工作计划的基础上，发挥业主对不同施工单位、不同工序之间的协调作用。主要措施一是通过每周召集所有施工单位召开协调会，集中讨论优化各单位施工计划；二是根据项目的总体目标，确定在特定工点上作业的先后次序，把多标段同时施工的场景理顺，规避安全风险和质量风险。

针对大型项目计划进度控制，业主有着行之有效的管理思路。和常规项目的计划管理侧重点不同，他们认为，计划安排必须以关键线路的关键节点为纲，以节点工程的质量控制和进度控制为翼，以资金投入为基础，对项目开展进行综合安排，而不是简单粗暴地将资金分解，将形象进度计量支付总额作为考核，以此来推动工程进展。

在项目建设初期，在对项目深入分析和借鉴其他项目经验的基础上，全面编制了项目总体计划安排，涵盖主桥（大沙水道桥和坭州水道桥）、引桥、钢结构制造等。此外，将主桥关键线路上的关键节点进行分解，将钢结构的制造周期和安装周期统筹考虑并以此确定计划安排。为保证关键节点计划的实现，业主工程部联合计划部以项目总体计划安排为基础制定了各标段的年度工作计划。在年度工作计划基础上制定了季度计划，并根据现场实际情况制定每个月的月度计划，负责各项计划的现场执行工作。根据年度征拆及现场实际情况，在年中对计划进行了及时修订，并完成修订后的年度计划。

在路面施工期间，工程已处于后期冲刺阶段，工期紧，机电、交安、土建、钢结构制造等数十家单位同时在桥上作业。为了有效加强各专业标段的协调工作，业主建立协调工作群，随时有效推进各标段间协调工作。同时，每周一召开例行周协调会，明确各标段需要业主协调解决的问题；每两周召开一次全线所有标段的协调会，对明确的事项通过纪要形式下发，做到有据可依。这项措施为各标段的沟通协调提供了一个平台，使各标段间的沟通更为畅顺，增进了互信和友谊，是一个比较有效的方法。

鉴于钢结构制造工作量大、分布分散的实际情况，项目公司率先在国内运用了单元分解法。根据钢结构索鞍索夹、钢箱梁等的制造工艺和流程，将主要工序分解，根据总体工期计划安排细化到月和周，通过每周和每月的对比考核工作来促进计划的实现。由于项目的征地拆迁、坭州桥主塔桩基地质复杂等因素，原定工期计划受到了影响，业主工程部根据实际情况的变化多次调整了广州侧、东莞侧、海鸥岛架梁详细计划和坭州桥调整后的总体工期计划，并由此指导现场实际工作安排。工程部要求各位业主代表将进度管理具体到每周和每天，适时对比分析实际进度的提前或延误。在每月计划下达后，对现场实际进度情况严格考核，督促落实相关资源需求，并通过考核、召集专题会议、协调升级等手段推动各标段按照计划安排稳步前进。

13.3　工程进度控制的检查措施

在总体计划分解到月度和周计划的基础上，业主和监理人员在每月计划下达后，对现场实际进度情况严格考核，督促落实相关资源需求。对于关键线路的关键节点，业主和监理人员将进度管理具体到每周和每天,适时对比分析实际进度的提前或延误。

除了直接检查实体工程进度外,管理人员还需及时了解各工序所需的人力、材料和设备的准备情况,按施工组织设计进行对照,及时预判可能发生的延误。

钢结构的生产厂家发布在国内多个地区,信息的收集和传递存在较大难度。为此,项目公司开发了钢结构远程管理系统,以便及时了解各制造单位进度方面的实时信息,并通过对比监理、制造单位、第三方检测单位之间的信息掌握真实进度情况,及时发现存在的问题和隐患。同时能将各制造单位的优劣反映出来,让各级领导根据实际情况进行决策,并指导下步管理工作。

13.4　进度计划的反馈与纠偏

13.4.1　对进度产生实质影响的主要事件

在南沙大桥短短的13km线路范围内,复杂的建设环境、极端的地质和气候条件对二程进度产生了巨大影响,主要有:

(1)征地拆迁的影响。

征地拆迁是对公路工程项目工期影响最大的因素。如处理不好,会对工期产生颠覆性影响。南沙大桥东涌互通、沙田互通和引桥节段梁安装均受到拆迁影响较大。东涌互通有部分用地滞后了1年,个别“钉子户”拖延了2年。沙田互通在2017年春节后才陆续大面积交地,实际施工时间不足2年。东引桥、中引桥和西引桥节段梁架设施工的起点段均受到了房屋或电线拆迁的影响,原计划于2015年初开始架梁,但实际上最晚的一段到2016年6月才开始架梁,时间滞后超过1年。施工期还存在跨越地铁及高速铁路施工时间被严格限制在晚间规定的3h窗口期而导致施工时间极其有限的问题,以及在下穿高压线施工时需对感应电进行安全防护等一系列问题。

(2)被交管道和铁路安全管控标准提高,导致东涌互通大范围变更。

东涌互通建设条件极其复杂,需5处跨越广州地铁4号线、6处跨越高压油气管线、9处跨(穿)越既有高速公路、1处穿越高速铁路、11处高压线下工点。开工初期,受当时安全生产形势和政策的影响,油气管线、地铁、高速铁路等设施的安全管控标准比之前有了大幅提高,导致原有设计方案无法实施,产生大量变更,这些问题对工期造成了严重影响。

(3)特殊的地质、地理条件的影响。

处于关键线路上的坭洲水道桥桩基由于基岩裂隙发育,桩身需保持约20m的入岩深度。这种砂岩硬度偏高,耐磨性强,钻进速度缓慢。项目人员通过尝试多种工艺,更换了大功率钻机,即使在将设备数量增加到极限的情况下,基础施工时间仍然较计划延长了6个月。

引桥节段梁拼装原来的工期计划是参照国内已建的类似工程经验编制的,但以往的节段梁架设施工多在水上,水运加浮式起重机的工艺效率较高。南沙大桥的引桥节段梁桥均在陆地,而且是在流塑型软土地基上,陆上架梁由于需要多次转运、零号块安装和架桥机拼装采用的大型履带式起重机作业地基需要打管桩处理,工效较原计划明显降低,再加上前述拆迁的影响,导致引桥节段梁施工有可能成为影响总体工期的关键线路。

(4)桥面铺装受到极端天气影响。

南沙大桥钢桥面采用双层环氧沥青铺装,对天气要求非常高,必须要有3d连续无雨天气才能实施。但2018年旱季不旱,原本计划2018年10月—2019年1月旱季黄金施工季节完成钢桥面铺装,然而2018年11—12月反而雨水不断,2个月内几乎无法施工,对项目钢桥面铺装造成了极大影响。

13.4.2 进度计划调整与应对措施

项目业主根据实际情况多次调整项目关键线路中的节段梁架梁详细计划和坭州水道桥的总体工期计划,并由此指导现场实际工作安排。

东涌互通受拆迁、建设条件和设计变更影响,按原有施工方案,工期将延长约2年时间,成为影响总体通车计划的"堵点"。为此,业主和施工单位共同对施工组织计划进行专项研究,逐个匝道、逐个交叉点制定专项方案和进度计划,主要措施一是多个工作面同步推进,加大材料和设备的投入,减少周转;二是将部分现浇梁改为预制混凝土箱梁或钢结构,以利于快速施工。这些措施为保障东涌互通与主线同步通车发挥了关键作用。

引桥节段梁受到拆迁影响,施工起始时间严重滞后,而且陆地架梁的功效也比原来预计的低。业主和施工单位按照增加2台架桥机的条件重新编制进度计划,其中包括对架梁方案和顺序进行专项研究,确定架梁实施方案,以指导S2和S4标段节段拼装梁桥下部结构施工。

坭洲水道桥因受招标进程、前期海事、航道等手续办理影响,项目实际桩基开工日期比原定计划晚了约3个月。同时,桩基开始施工后,因东塔下方的砂岩裂隙发育但硬度偏高,为保证基地的完整性,合同规定必须采用回旋钻施工,因而进尺缓慢,平均约40d才完成一根桩。为保证总体工期目标,从实事求是的角度出发,业主组织相关单位、专家再次对关键线路坭洲水道桥除桩基外的其他关键节点工序进行了细化并加强了施工组织工作等,并对坭洲水道桥总体施工计划进行了优化、调整,将S4标段完工时间延至2019年2月。由于初期的计划和过程管理都是按照偏紧的进度来控制。因此,这一调整仍然可以满足2019年5月前通车的目标。

13.4.3 加强过程管控,动态纠偏

在项目实施过程中,项目人员加强进度过程管控工作,及时与总体计划进行对照,发现存在的问题,分析进度出现偏差的原因,提出合理的解决措施,确保项目进度总体目标得以实现。主要做了以下工作:

(1)加强对人、班组的管理工作。

熟悉掌握各班组的能力、动态,对满足项目要求的班组做好留人工作;对不满足要求的班组及时采取措施,直至清退出场。制定专项激励方案,加强春节期间留人和春节后尽早复工的工作,减少春节期间人员流失率过大的问题;开展优秀班组评选和工艺比武活动,激励工人做精做细做快做好,培养工匠精神。

(2)加强对物的管理和对关键设备的投入。

项目节段梁架设因受征拆影响过大,节段梁架设未达到预期要求。为保障项目总体工期

要求,在征拆问题逐渐明朗后,果断作出要求增加2台节段梁架桥机的决策,确保项目总体关键线路不转移到节段梁架设上来。

路(桥)面铺装按原计划,施工高峰期是2018年第四季度的旱季。在此期间,受不良天气影响,路面进展不顺,因此采取了增加引桥沥青混凝土拌和站的措施,增加工作面,确保路面铺装总体计划要求。

(3)加强对财务的管理,加大项目攻坚阶段资金的投入力度。

项目进展到中后期,各项目部均存在资金困难问题。项目公司在合法合规范围内,通过对部分已完成变更采取暂定计量、加大部分钢结构预付款、缓扣材料款、以保函置换质保金、支持春节备料(加快计量、缓扣款等)等方式,保障各标段资金链稳定,不因短期资金短缺出现停误工情况。

(4)加强技术管理,优化方案,提升效率。

项目实施过程中,外界因素与设计阶段会有部分出入,不可避免地会带来部分现场外界条件与图纸不符,产生设计变更的情况。为此,项目公司本着实事求是的态度,及时处理相关变更,只要有利于项目工期、质量、安全的合理化变更建议均持开放态度。如沙田互通现浇梁变预制梁,通过试桩合理减少坭洲水道桥桩长等,均提升了工作效率。同时,积极采用"四新"技术,优化施工工艺,如主塔钢筋笼安装尝试采用挤压锥套接头,提升主塔钢筋安装速度;对主缆索股架设技术进行改进,采用索股预成型入鞍技术和往复式牵引工艺提升索胺架设速度;采用荡移工装配合永久吊索进行浅滩区梁段的荡移安装(图13-2),取消了传统的高低支架牵引移位和存梁,减小了对航道的影响,简化了施工过程中的航道审批手续,加快了施工进度。

将前锚室混凝土顶板变更为型钢+钢板做底模支撑系统、再浇筑钢筋混凝土盖板结构,使锚室顶盖板的工期提前了30d,单个锚碇减少了支架安拆及模板加工及安拆(图13-3)。

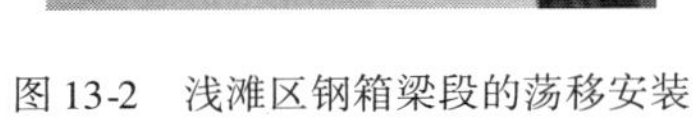

图13-2　浅滩区钢箱梁段的荡移安装

图13-3　前锚室采用钢-混叠合式顶板

在钢桥面铺装面临极端气候的不利条件下,项目公司和施工单位及时采取措施。首先是加强与气象部门的合作,精准研判工地天气,及时抓住宝贵的停雨间隙快速施工。司时,优化钢桥面铺装方案,采用全幅摊铺模式,有效加快铺装进度。坭洲水道桥分为8个循环,每个循环约2.1万m^2;大沙水道桥剩余分为4个循环,这一速度也创造了环氧铺装速度世界纪录。此外还加大投入,增加东升站一套沥青拌和楼,多点施工,加快引桥及互通区施工进度。

(5)加强对标段的管理。

项目总体管控要求各标段施工进度必须服从项目总体计划,对部分过程中出现投入不足的标段及时采取果断措施。通过约谈中标单位,实行更换班组、更换项目部负责人、违约处罚的措施加强管理。对于管理到位、进度控制良好的单位,按照合同要求给予一定奖励,奖优惩劣,正向引导各参与方按照项目总体进度计划安排各自生产计划,实现总体与局部计划的统一。

南沙大桥这样庞大的项目,历时5年,施工过程并非一帆风顺,常出现工作面人员、设备投入不及时而影响进度,或者交地时间较晚导致原计划的工期不能满足的情况。如节段梁架设的进度受到拆迁滞后的影响而严重落后于计划,面对这一情况,项目公司及时预判,采取果断措施,加大投入,新增2台节段梁架桥机,以满足项目剩余工程计划,不使节段梁架设成为项目关键线路,所采取的举措及时、恰当、有效地控制了工期的进度。此外,坭洲水道桥上部结构施工班组中,有一个班组施工经验匮乏,现场施工不得力,经几次整改尚达不到预期要求。最后通过及时约谈中标单位法人,更换该施工班组,为项目关键线路——坭洲水道桥的上部结构施工扫清了障碍。同时,对于坭洲水道桥桩基施工遇到的桩基钻进速度慢问题,通过试桩试验结果,合理优化了桩基长度,最大限度地减少了工期延误。

13.4.4 实施激励措施,调动各参建方积极性

合理通过经济奖励和精神奖励调动各参建方积极性,形成"比学赶超"的良性竞争局面。合理利用合同内的安全进度奖,有针对性地制定了安全进度奖使用办法。通过每季度、每月的计划会议,针对性地制定下一阶段工作计划,制定相应考核节点,完成奖励,滞后惩罚,督促承包人加大投入,努力完成既定计划,获得相应奖励奖金,提升现场积极性。

从2015年南沙大桥项目全面开工开始,每年的旱季期间组织项目劳动竞赛,合理制定劳动竞赛方案,设立综合评比奖和节点考核奖。在综合评比奖项设置上,项目充分吸取了部分项目只追求进度而忽视质量、安全的问题,通过在进度、质量、安全之间设立不同权重值,实现项目一体三面的全面发展,督促项目参建方在追求进度的同时,不忽略对质量、安全的管控,同时在质量、安全上设立了一票否决制。针对项目关键线路上的节点,设立劳动竞赛专项考核节点,完成进行奖励,滞后进行相关处罚,以促进项目关键线路推进按照预期进行。每年劳动竞赛结束后,通过召开劳动竞赛表彰大会,对获得综合评比奖励的单位给予经济奖励,并向相关获奖单位颁发锦旗、发文到中标单位总部予以表彰,达到精神鼓励的目的。此外,对一年来各单位表现优异的员工进行评比,设立项目先进工作者并予以表彰,同时抄送中标单位,最大程度激励在场参与项目的各位参建者。

13.4.5 加强界面协调,合理组织各参建方交叉施工

南沙大桥悬索桥上部结构施工涉及多标段、多班组、多大型设备的协调作业,工序转换非常频繁,任何一个环节没有及时跟上都有可能会造成项目总体工期的滞后。为此,项目根据其他项目经验,构建了以业主为核心、大桥参建各方协同的工作机制;归纳总结国内外经验教训,结合南沙大桥项目实际情况,联合编制了《南沙大桥项目悬索桥上部结构施工主

动管控办法》,实行程序化、表格化、清单化、兜底式主动管控。按照“一程序、二首件、三协同、四纳入、五个要、十不准(N不准)”开展相关工作。最终,两座主桥在进度、质量、安全方面均受控,按期保质保量地完成了两座主桥上部结构施工工作,获得了行业专家的一致认可。

第14章　南沙大桥工程施工安全控制

建筑工程施工安全控制是一个系统性、综合性的工作,其控制的内容涉及建筑生产的各个环节。南沙大桥工程位于珠江三角洲核心区域,同时建造两座超1000m特大跨径悬索桥,其规模宏大,技术复杂,施工期长。因此,在施工安全控制中如何有效贯彻"安全第一,预防为主,综合治理"的方针,对于项目的施工安全控制意义重大。为保证工程的生产安全,减少施工事故的发生,南沙大桥项目从系统、物、人三大方面提升工程的安全可靠性。通过制定安全政策、计划和措施,完善安全生产组织管理体系和检查体系,确保工程的施工安全控制取得成效。

14.1　南沙大桥安全生产的特点及挑战

南沙大桥项目由两座超千米级的跨江特大跨径悬索桥连接而成,其中坭洲水道桥主跨采用1688m双塔双跨悬索桥(主桥长度548m+1688m),主塔高260m,为世界最大跨径钢箱梁悬索桥;大沙水道桥主跨采用1200m双塔单跨悬索桥,主塔高193.1m;引桥主要采用39m~62.5m跨径的预应力混凝土节段梁拼装工艺;三个互通区主要采用现浇、悬浇及预制小箱梁等施工工艺。工程施工难度大,交叉作业多,周边施工环境复杂,工程所涉及的工艺、工法较多,均属于危险性较大的分部分项工程。在这样的超级工程中,施工组织设计的布局、施工方案的确定与实施决定了项目管理的成败。在其建设过程中,存在多种安全生产的风险挑战。

1)技术难度集中

一个项目同步建设两座超过1000m的悬索桥,在世界范围内尚属首次。项目属世界级桥梁项目,超大跨径悬索桥,结构复杂,技术难度高,工程规模大,复杂的地质条件、灾害性天气都将对桥梁的建设造成威胁。坭洲水道桥跨径大,桥面宽,荷载大,主缆直径大,其自重应力占比高,索鞍吊装、主缆架设、梁段架设都是目前国内最大体量,面临新的风险和考验。超大超深地连墙锚碇复合基础施工、超高主塔爬模施工、超宽钢箱梁台风季节安装、超大吨位节段梁安装等技术难度高。

2)高空作业集中

项目全线12.89km均为桥梁结构,80%的桥墩柱为墩高超过25m的高墩,坭洲水道桥主塔为国内最高悬索桥桥塔,建设周期内80%为高空作业期,高空作业时间长、范围广,超高作业面多。

3)水上作业集中

南沙大桥工程横跨珠江口坭洲水道、浮莲岗水道等多条重要水道,其中珠江主航道坭洲水道日均通行双向约近万船次。项目建设中有四个大型水上施工平台和大型水上施工栈桥,并有水上运梁与吊装施工。施工期内江面施工船舶频繁交织,水上施工规模大,施工作业期长,通航环境复杂,通航安全保障要求高。

4)深基坑作业集中

深基坑作业覆盖面广,超大超深基坑开挖施工多。项目处于珠江三角洲软基覆盖层,承台施工开挖深度从4m到10m不等,软基坍塌风险极大,水中承台因承台面沉入河床面以下,水面下开挖深度超过20m,支护安全风险大。两座超1000m桥梁基坑开挖施工工作量大、难度大,其中锚碇坭洲水道桥采用直径为90m的圆形地连墙基础,为世界上直径最大的桥梁地连墙基础,开挖深度超过40m,距离珠江大堤不足50m。

5)大型机械设备集中

项目施工中涉及大型机械设备、专用机械设备多,全线各类大型起重设备达116台,包含大型铣槽机、2000吨级超大型架桥机、超高塔式起重机、缆索起重机、超大吨位的履带式起重机(350t)和门式起重机(220t)等大吨位各型吊装设备和安装设备等各类大型施工设备。尤其是起重设备,涉及的起重设备种类多,起重重量大。其中5台2000吨级超大型架桥机须连续工作3年,架设3533榀节段梁;600吨级缆索起重机、200吨级索鞍吊装非标设备的管控压力大。

6)交叉作业集中

项目施工工种、工序繁多,交叉作业集中。悬索桥施工工种、工序繁多,涉及众多交叉作业,同时南沙大桥项目还涉及两个与高速公路相接的立交施工,其中东涌互通8跨既有高速公路、6跨高压油气管线、5跨广州地铁4号线、地下有3条高压油气管线、1穿既有高速公路、1穿高速铁路以及有多处11处万伏以上的高压线,下有油气管,中有高速公路、高速铁路、地铁,上有多处高压电线,立体交叉作业施工难度大。

7)施工人员素质存在短板

在当前市场条件下,无论是普工还是特种作业人员,都存在人员素质参差不齐、操作人员专业水平不足等问题,在误操作或违规操作造成事故的风险。大型施工现场的人员众多、施工点多、危险源多,因而发生事故的概率较大。

8)环境条件复杂

两座悬索桥跨越珠江河道交通繁忙的航道,江面宽、通航等级高、条件复杂,桥址区台风频繁,如何在高塔施工、猫道、缆索系统施工、钢箱梁架设过程中保证施工安全,也成为本项目的难点。此外,项目处于台风和热带风暴频繁影响区,水上墩台施工、预应力混凝土节段运输、吊装作业及高塔施工安全风险突出。

14.2 提升系统的安全可靠性

14.2.1 健全制度,建立以事前控制为重点的管控体系

首先,项目制定适应于南沙大桥项目建设管理的安全制度体系。自项目筹建伊始,便着手于项目安全管理框架与制度的编制工作,力图形成一套完善的制度管理体系。项目管理要求构建项目业主、监理、施工单位三级完善的安全管理体系,形成"项目业主主导、监理单位督促、施工单位负责"的管理层次。南沙大桥项目成立了专门安全管理职能部门安全质量部,负责南沙大桥分公司安全管理工作,以高标准、高规格的人员配备该部门,立足构建一支懂专业、

懂技术的安全专业管理队伍,更好地服务于项目安全管理。项目安全管理人员全部为路桥相关专业技术人员,均持中级安全主任或是注册安全工程师证,且在项目建设一线从事过安全管理的人员。项目还成立了由第一责任人担任主任、直接责任人担任副主任的安全生产管理委员会,并设立由直接责任人担任办公室主任的安全委员会办公室,完善组织构架。项目要求施工单位设立由项目经理任组长、总工程师和安全生产副经理任副组长的安全生产领导小组和专门安全管理部门,监理设立由总监理工程师任组长、专职安全生产副总监任副组长的安全监理小组,明确了施工单位和监理单位安全管理机构人员配置。

南沙大桥项目安全管理保证体系图如图 14-1 所示,施工、监理等各参建单位在此框架下建立相应的安全保证体系。

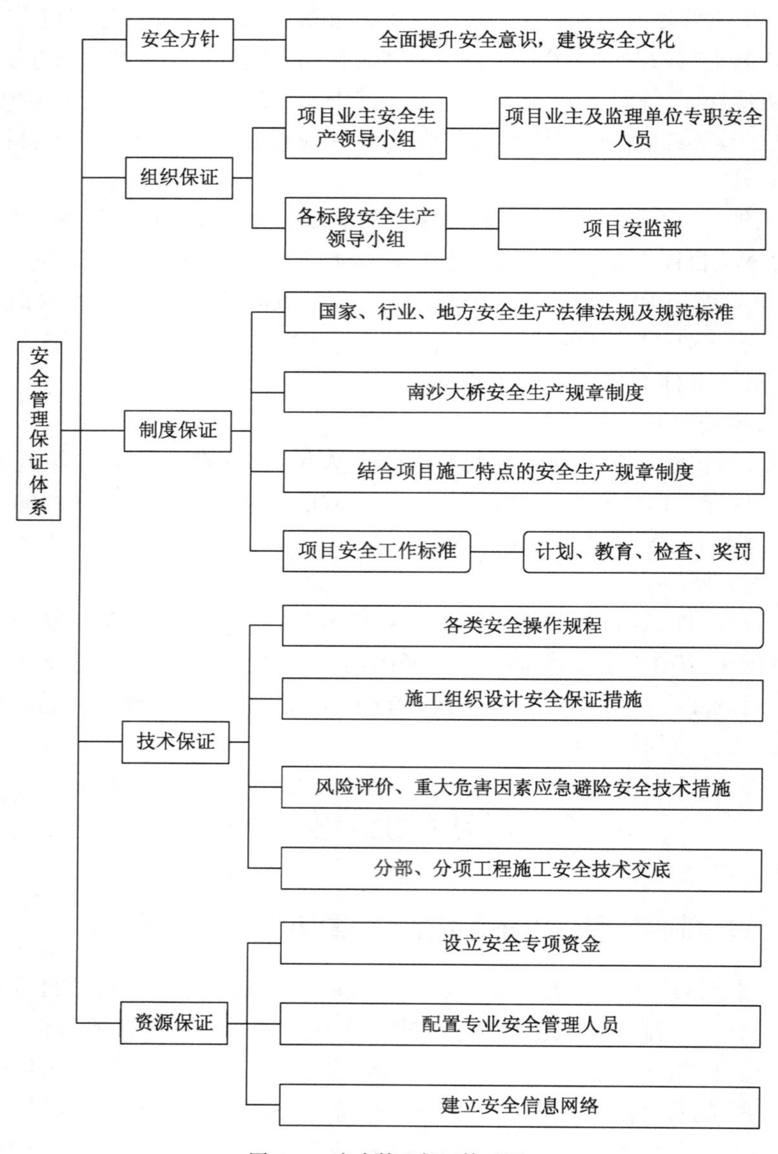

图 14-1　安全管理保证体系图

14.2.1.1　监理单位安全管理体系要求

监理单位的安全监控体系中的重点包括：安全方针；安全目标；组织机构与职责权限；危险源与风险因素识别评价；重大危险源管理；承包人人员、施工机械设备和船只、施工安全物资等的准入管理；施工方案、安全施工措施等审批程序与审批管理；过程控制；文件控制；检查考评等。要求总监办至少配备一名主管安全生产的专职副总监，在管理制度中明确各级监理人员对安全生产所负的责任。

监理单位的制度清单：

(1)全员安全监理责任制度。

(2)关于安全生产会议的规定。

(3)安全生产专项费用审批制度。

(4)安全生产教育培训制度。

(5)安全生产检查和隐患排查治理制度。

(6)安全生产专项方案审查制度。

(7)安全生产事故报告、应急救援和处理制度。

(8)安全生产档案管理制度。

(9)安全生产奖惩和责任追究制度。

14.2.1.2　承包人安全管理体系和制度要求

施工企业的安全生产保证体系应获得 OSHMS 认证，并在本项目建设期间保持有效运行。体系中至少应包括以下制度：

(1)全员安全生产责任制度。

贯彻实施“一岗双责”，每一个岗位安全职责明确，该岗位人员应掌握并自觉履行其岗位安全职责。

(2)关于安全生产会议的规定。

规定了安全会议基本类型、频率、人员和主要内容：包括安全生产月例会、安全文明施工现场会、标段危险源辨识与控制会议、分项工程危险源辨识与控制会议、班前安全会议、安全生产专家会等。

(3)安全生产费用管理制度。

安全生产费用根据《企业安全生产费用提取和使用管理办法》规定，按工程建安费报价的1.5%计提。其中的30%与工程预付款同期支付。施工过程中根据安全生产费清单每季度申报支付一次。项目业主及上级主管部门对承包人的安全生产设施、设备进行检查，发现隐患而承包人未能在限期内完成整改的，业主有权代为整改，所发生费用在计提的安全生产经费中支付。

(4)安全生产交底及教育培训制度。

对安全交底及教育培训提出了具体要求：包括基本内容、形式、时间、监督、考试等，以确保每个人能够理解掌握相关内容。

(5)安全生产检查制度。

安全生产检查制度包括但不限于定期检查制度、隐患排查治理制度、安全员巡查制度、专项的大临设施、大型起重设备和施工船舶专项安全检查制度。要求制定单位、项目现场和班组组织三个层级的安全生产检查制度,明确检查的内容、组织、方法和组织形式。明确各项工作的实施责任人、监督人、整改程序,每项工作落实到具体岗位,要求管理流程闭合。

(6)安全生产隐患排查治理制度。

承包人应制定单位—项目—班组三级安全隐患排查治理制度,建立安全隐患治理动态台账,针对《危险源清单》的内容开展隐患排查工作。排查的范围应覆盖全部危险源,不得遗漏。对于发现的隐患要落实“三不放过”措施。

(7)重大危险源辨识、评价、监控、管理制度。

要求明确危险源辨识评价程序、参加人员、控制程序,可与隐患排查治理结合起来。

(8)劳动防护用品配备和管理制度。

劳动防护用品配备和管理制度内容包括各岗位、各工种的劳动防护用品配备和管理制度等。

(9)安全设施、设备管理和检修、维护制度。

要求制定消防设施和特种设备等的管理制度,包括准入、安装与拆卸、运行、检修管理、检测等各方面工作。

(10)职业健康管理制度。

(11)安全生产应急管理制度及应急预案。

要求制定安全生产应急管理制度和各类安全生产应急处置方案或措施。

(12)安全生产档案管理制度。

(13)安全生产考核、奖惩和责任追究制度。

(14)协作队伍的安全管理制度。

要求对专业分包、劳务分包、租赁服务的队伍、供货商安全资质、人员资格、设备准入、安全责任、教育培训、保险等方面进行规定,并在合同中体现,禁止以包代管。

14.2.2 实施三级流程管理,抓实过程控制

14.2.2.1 项目级流程管控

项目级流程管理由业主、监理和承包人参与。在安全管控方面,以“四步法”管理程序作为基础运行机制,重点确保方案科学合理、工艺可靠、操控有效,杜绝无方案施工、不按方案施工或施工方案缺陷等问题。

“四步法”的第一步,由监理负责严把施工方案审查关,确保本质安全。重要工序的施工方案必须由承包人的法人单位技术负责人进行内审签字。第二步,注重首件验收关。业主参与到本项目范围内分项工程的第一个首件验收,验证施工方案的可操作性并发现和消除施工方案中的不合理之处,进一步完善改进控制参数和操作规程。第三步,严查施工方案落实关。此阶段工程管理者重点关注施工方案的落实,防止方案打折扣实施,从而发生安全质量事故。第四步,总结与推广。及时总结实施过程中存在的问题,完善预控要素。最先施工该分项工程的承包人获得的经验通过业主邀请其他后续有同类施工任务的承包人共同参加总结会议,实

现共同学习和共同提升。通过以上四步,做到方案先行保本质安全,首件工程为指导,过程控制抓落实,管理成效有评价、有总结。

14.2.2.2　标段级流程管控

标段级流程管控由监理和承包人项目部完成。安全生产流程管控的重要抓手是专控工序制度。南沙大桥专控工序管理制度将一些高风险工作列为"专控工序",这些工序必须由监理进行安全检查签证后方可进入下一道工序施工。"专控工序"管控可解决两个"两张皮"问题。

首先是监理的安全管控和质量管控"两张皮"问题。公路工程的施工已经有了一套较完整的质量管理表格用于各分项工程和工序的检查审批。按照制度的规定,非监理签批的工程不得进入下一道工序,也不能获得计量支付。然而安全生产工作互不相干,工程出现安全隐患的时候,在管理流程上并没有一个让监理对某项工作进行系统全面检查、对安全状况进行核定的"停止点"。"专控工序"就是在工序流程中设立一个"停止点",为监理的安全检查提供一个切入口,与质量管理和计量支付流程结合起来,安全检查不合格的不得进入下一道工序。此外,由于设立了专项程序,安全监理的验收检查成为一个"规定动作",有利于督促监理人员履行职责。在安全检查中,监理的首要职责是要核查现场施工是否与审批的专项方案和完全一致,解决专项方案与现场实施"两张皮"的问题。

业主针对每个专控工序制定了相应检查验收表,监理工程师在施工单位自检的基础上进行检查。发现有危及结构安全的隐患时,必须下达整改通知单,待整改完成后填写《整改回复单》,重新组织验收合格后,方能通知监理进行专控工序验收。对于不危及结构安全的一般性隐患时,直接在专控工序检查单上签署意见,完成整改后由监理工程复查直接在专控工序检查单上签署复查意见。

14.2.2.3　班组级流程管控

有研究指出,由于人的不安全行为而造成的事故占事故总数的绝大多数。安全管理系统最重要的目标就是要保证每个个体的行为可控。管理者必须做到目标、流程、方法、标准明确清晰,便于让全体员工能够准确掌握。只有把这些功课做足了,再加上过程的跟进控制,才能达成目标。对于一些危险性较大的复杂工序,南沙大桥将夯实班组岗位操作规程作为实现这一目标的重要措施。在编制操作规程时,重点考虑如何使每一个岗位人员清晰了解团队和本岗位的工作目标、工作要求和标准操作细则。

以节段梁架桥机为例,《操作风险控制手册》中的操作规程包括三层内容:

第一层是总体流程。按架桥机安装定位、节段架设和架桥机纵移过孔三个工况分别编制架桥机的工作流程以及每一个流程中每个环节工作落实责任人(图14-2)。

第二层是每个工况的详细操作步骤及说明,并对每一个步骤均提示不安全行为的后果和风险控制措施(图14-3)。

第三层是每个岗位的安全操作规程(图14-4"中支腿操作及维护、保养规程")。

以这种操作手册进行培训、监督,可以使每个工人了解总体工作,为理解总体目标和参与团队协作创造条件,同时又能熟练掌握本职岗位的操作,有利于保证执行到位率。

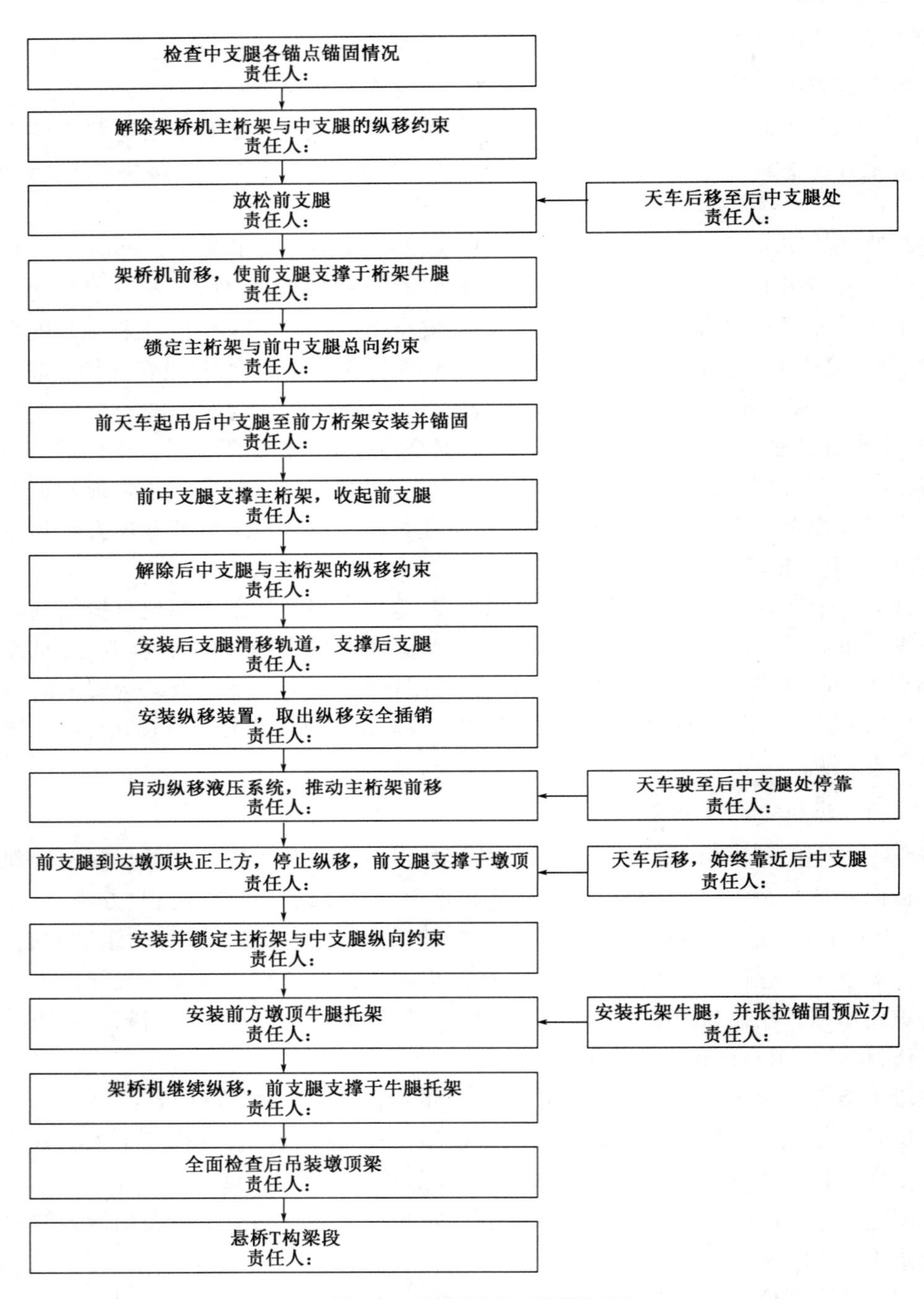

图 14-2　架桥机纵移过跨操作流程

架桥机纵移过跨

1. 操作步骤及说明

(1) 各操作人员到位，纵移时除两个中支腿处液压操作及纵移油缸拆、装人员外，各支点处还应有专门视察人员。

(2) 确认两台天车均处于前方中支腿上方，且均处于停止锁定状态，防风铁已制动。

(3) 检查确认主桁架下弦底面和接触点均处于润滑状态，且无任何障碍物。

(4) 拆除前支腿下锚固装置，取出其有刚刚伸缩套内的插销并收缩油缸，使前支腿悬空（高空应大于20m）；如果前方为临时中支腿，对应解除其与主梁桁的2根精轧螺纹钢锚固装置。

(5) 在确认纵移油缸前端两个ϕ 60mm插销已插入后，查出前移油缸后端的纵移安全保险插销和主桁架与中支腿间的竖向锚固精轧螺纹钢箍（每个中支腿4根）。用于推移的纵移油缸可选择前、后中支腿任何一组。在确认系推、拉力达不到要求时，也可两组同时进行推、拉调整。

(6) 各项工作确认无误后，指挥人员下令启动前移指令，同时启动同一中支腿的2台（或同时启动2台中支腿的4个），缓慢、均匀加压。驱动液压油推、拉，当其中某一个油缸行程将至时（实际操作时可能存在各油缸初始行程不一致现象）。操作人员立即通知指挥员，指挥员下达停止推移口令。停止所有油缸的推移动作，完成第一个纵移行程。

(7) 插入纵移油缸后端的纵移保险插销，取出纵移油缸前端的2个ϕ 60mm插销，操作液压操作杆回油，使纵移油缸回位，并确定纵移油缸前端销孔与主桁架上的销孔对齐。

(8) 再次插入2个ϕ 60mm插销，取出纵移装置安全保险插销，重复6～8步，进行下一行程调整，直至调整到位。

(9) 插入纵移装置后端安全保险插销，安装每个中支腿处主桁架的4ϕ32mm 精轧螺纹锚固钢筋。

a)

工况操作说明——架桥机纵移过跨

步骤一：检查确认中支腿锚固情况

1. 操作步骤

安装后支腿滑移轨道，支撑后支腿，锁定主桁架与前中支腿纵向约束。

2. 存在不安全行为及导致后果

①后支腿支撑时，未安装斜撑导致后支腿失稳；②后支腿滑动轨道下方未找平，导致受力不均；③锚固未有效锁定；④后方中支腿卸载以前，未检查后支腿受力支撑构件、销轴是否有磨损、变形和裂纹。

3. 应采取的措施

①安装后支腿，并检查后支腿安装是否垂直，斜撑是否安装到位；②后支腿轨道下的2%横坡未找平；③检查确认动作以外锚固是否有效锁定，并形成有效记录；④安装后支腿前，检查后支腿受力构件、销轴是否磨损、变形、裂纹，并形成有效记录。

b)

图14-3　工况操作说明

中支腿操作及维护、保养规程

(1) 统一指挥、协调操作，规范操作。

(2) 油泵操作人员熟悉本机液压系统工作原理。熟悉机务基本知识，经正确判断、分析，处理液压故障，正确使用各液压件。

(3) 操作前应检查各线路和液压管路是否有损坏，各操作手柄是否在中位。

(4) 启动液压马达待油压稳定后方执行油缸操作。

(5) 中支腿钢垫块下面必须用支座灌浆料找平以消除垫块倾斜。

(6) 四个顶升油缸尽量同步顶升，单缸一次不同步操作一次不大于50mm。

(7) 纵移操作时，必须先插好保险销才能松开纵移小车的插销。

(8) 纵移操作时，应清除轨道上的毛刺，并在轨道面上涂抹润滑油。

(9) 确保中支腿顶升总高度 5500mm，其中内侧梁面至架桥机主桁架轨道面约5425mm，外侧梁面至架桥机主桁架轨道面约5575mm。

(10)所有安装的油管路严禁蹬踩，以免接头松动漏油，支腿液压件及电器元件必须做好防水处理。

(11)所有伸出的油缸活塞杆，工作时应加以防护，严禁碰撞或者电焊烧伤。螺旋保险保的顶要经常涂润滑脂。

(12)纵移油缸、横移油缸及垂直油缸的软管及连接电线，严禁挤压，匝碰。发现有接头溜油，立即紧固或更换密封圈。

图14-4　中支腿操作及维护、保养规程

14.2.3 细化风险辨析,实施分级管控

为提升安全风险管控水平,从风险分析辨识结果运用、专项方案编制评审与落实等方面着手。建立"安全风险分级管控和隐患排查治理双重预防机制",通过"两级评估、两级辨识、一张表格",做到风险辨识清晰,风险结果运用充分,隐患排查治理到位,主要重大风险管控到位。

首先,推进多层级的安全风险评估,达到工程总体风险明确、分项工程风险不遗漏的目标,实现施工全过程风险管理。全路段桥梁建设的安全风险评估由项目业主组织开展。在每个分项工程开工和方案制定阶段的风险辨识采用头脑风暴的方法,组织技术人员、管理人员、工班长、工人代表参与对各类风险的分析,排列出危险性较大的风险清单,明确控制责任人,并根据辨识结果调整编制专项施工方案。

其次,以分部分项工程的风险评估和辨识为基础,依据施工各环节、各工艺特点,建立风险与隐患的对应关系,建立风险与隐患对应的检查排查表格。管理人员根据表格进行隐患排查,风控目标明确。风险分级与隐患对应治理措施实施以来,项目累计开展分部分项工程辨识会议 128 次,完成了 1325 项对应检查表格,累计完成了 2008 项隐患排查治理(图 14-5)。

6 悬索桥主桥工程安全风险辨识与防控

悬索桥主桥工程主要针对锚碇基础施工、主塔施工、索塔施工、索鞍吊装、猫道架设与拆除、主缆架设、吊索与索夹安装、钢箱梁吊装等特有的作业存在的主要安全风险进行辨控。

表6-1 悬索桥主桥施工典型风险辨识、评估与控制表

序号	管控单元	风险点	风险事件	可能后果	可能性	严重程序	风险等级	风险控制措施	责任人	监督人
1	锚碇基础施工	地下连续墙开挖	成槽过程中,由于地质情况不稳定,泥浆制备、堆载、工序衔接不紧密等原因,导致槽壁发生坍塌	坍塌	2	3	Ⅲ级(一般风险)	(1)地下连续墙施工应设警戒区,施工现场和施工道路应平整,地基承载力满足施工要求。(2)采用优质膨润土制备泥浆,严格控制泥浆黏度,保持好槽内泥浆水头高度。(3)缩短裸槽时间,抓好工序间的衔接		
			在地下连续墙开挖时,由于无合格的安全防护措施,发生人员坠落槽孔或泥浆池事故	高处坠落、淹溺	2	3	Ⅲ级(一般风险)	(1)泥浆池周围应设置防护栏和警示标志。(2)连续槽段挖掘完成后至混凝土浇筑完成期间,不作业时用盖板将槽位覆盖		
		基坑开挖	基坑开挖施工方案存在缺陷,导致开挖过程中发生坍塌事故	坍塌	2	5	Ⅱ级(较大风险)	(1)应制定专项施工方案,方案中对整个施工过程安全风险进行分析和安全验算,并提出安全技术措施、监控措施,方案应经专家论证、审查。(2)针对发生的事故类型,制定应急预案等		

图 14-5 施工安全风险辨识、评估、控制手册表样图

南沙大桥通过开展施工风险评估、危险源辨识活动、危险源和重大事故隐患清单化管理、专控工序验收管理,以及借助信息化管理手段,在建立大型桥梁工程风险管控和隐患治理体系实现"清单化""信息化""闭环化"动态可追溯管理,推动安全生产工作向"系统化、规范化、精细化"转变,有效提升项目建设本质安全能力,为建设平安工程奠定坚实基础。

14.2.4　采取多种技术管控手段

南沙大桥利用信息化技术手段，打造智慧工地。在工程建设过程中使用的技术监控手段包括视频监控、架桥机塔式起重机监控、锚碇基坑监控、挖掘机摄像头以及路面测速仪等。项目整合利用隐患排查整治系统、安全视频监控系统、特种设备监控系统和架桥机远程应力监控系统等安全信息化管理手段，充分利用信息技术和物联网技术，搭建管理信息平台，实现安全管理全过程的信息化控制，不断规范安全管理行为、提升安全管理实效，达到安全管控和隐患治理双重预防管控。主要措施有：

（1）现场视频监控系统对施工现场重点区域进行实时监控，便于及时发现影响安全、质量、环保的行为并存证。

（2）采用特种设备安全管理系统，系统主要对项目的塔式起重机、门式起重机等特种施工设备进行远程安全监控。

（3）架桥机远程监控系统对全线5台超千吨级架桥机主要受力工况进行远程应力和挠度监测，对架桥机实施远程风险管控。

（4）使用隐患排查整治系统，实现现场发送整改通知，线上完成安全隐患“三不放过”的处理流程，并可对安全隐患进行统计分析，辅助安全管理决策。

（5）为了监督“班前会”的开展，利用当时刚刚兴起的手机微信进行现场监督，每一场班前会均由施工员拍照上传至微信，各级管理人员均可检查。经过两个月的督促整改，取得良好效果，班前会逐步成为各班组的习惯。

（6）路面施工期间，桥上施工车辆与人员多。为保证交通安全，上桥管制口通过车牌识别和人脸识别系统（图14-6），动态记录每日进出车辆和作业人员，落实工班实名制管理。图14-7为临时车辆自动测速仪，对超速行驶的车辆进行处罚。同时，开发施工安全信息化软件，应用二维码技术，可查询作业人员动态安全信息、设备的安全技术状况。移动机械设备均配备倒车影像与倒车雷达装置，防止交通安全事故。压路机加装安全支架，规避了原地面涂油作业带来的碰撞碾压风险。

图14-6　车牌识别与监测系统

图14-7　临时车辆自动测速仪

14.3 提升物的安全可靠性

14.3.1 以标准化建设提升本质安全

14.3.1.1 高标准建设大临设施

安全标准化是实现安全的途径和保障。项目定位于系统集成标准化管理成果,创建和体现南沙大桥安全生产管理的标准化,形成一个现场管理与内业管理的标准化管理体系。业主在招标文件中明确了各项临时设施建设标准,施工期间按标准建设、验收。施工栈桥标准化防护、翻模工作平台防护如图 14-8、图 14-9 所示。各参建施工单位按照“工厂化、规模化、专业化、集约化”的原则,建设工厂式钢筋集中加工场和拌和站,并引进先进设备和信息化管理系统,同时实现了临时用电安全标准化、特种设备安全标准化。

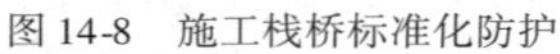

图 14-8 施工栈桥标准化防护

图 14-9 翻模工作平台防护

为了确保临时工程和安全设施的建设质量,建立了专项验收机制。需要进行验收的临时工程和安全设施包括但不限于承包人负责建设的临时用房、作业栈桥、临时码头、钢围堰、大型模板、拌和站、消防设施、高空作业平台、猫道等。具体验收项目及参考标准由监理单位确定,并报备项目业主。临时工程和安全设施的验收由监理单位组织,承包人应为检查验收提供必要的条件并给予配合。承包人在完成临时工程和安全设施的施工后,由本单位技术负责人和专职安全管理人员进行安全自检,合格后填写《临时工程及安全设施检查验收表》和相关资料报监理单位。监理单位应在收到承包人的资料后及时组织检查。检查工作由主管安全监理工程师具体负责。检查人员应认真核查,核查合格的,相关人员在《临时工程及安全设施检查验收表》签字验收;核查不合格的,则要求整改。严禁未经核查或核查不合格投入使用,否则监理单位应立即下达暂停施工指令并进行处罚,并及时上报项目业主。含有重大危险源的临时工程施工时(如龙门架、架桥机等大型设备安装拆除),实行安全监理旁站,未有旁站记录的不予验收。

14.3.1.2 工作环境安全标准化建设

制定发布建设标准,用图示和数据全面规范场地和设施建设(图 14-10、图 14-11),努力为建设者提供安全和有尊严的工作环境。主要包括:生产生活场所建设标准(图 14-12、图 14-13)、临边及洞口防护标准、爬梯安全标准、配电设备标准、翻模爬模和跨线挂篮施工全封闭防护标准、涵盖工作场所与标牌标识的视觉识别系统（VIS）等。通过标准化建设，在水上作业、高空作业等管理上基本实现了变高空作业为平地作业，变水上作业为陆地作业。

图 14-10　平台防护标准

图 14-11　预制箱梁浇筑平台

图 14-12　工地移动卫生间

图 14-13　休息站

为了更精准地管控桥面上桥施工人员安全，项目部推行上桥施工实名制。现场建立在岗上桥人员公示牌并设置个人信息二维码链接，通过手机即可了解该人员相关个人信息。

14.3.1.3　推进“三集中”建设，大规模开展装配化、工厂化施工

全桥主线90%的梁段采用预制拼装法施工，尽可能将现场高空作业转化为平地厂区内作业。主桥钢箱梁、引桥混凝土节段箱梁均采用工厂预制现场拼装的工艺。主塔钢筋网片式安装施工和高墩钢筋节段预制安装施工、主塔横梁预应力体系采用预制骨架整体吊装新工艺，都是在国内尝试探索，有效提升了施工效率和工程质量水平。构件通过预制场的流水化生产线、加工车间里的数控钢筋加工设备和各类胎架模具进行标准化生产。所采取的这些措施能够降低人员劳动强度，简化操作内容，大大提升了安全度。

14.3.2　以高质量的专项方案提升本质安全

施工方案的安全性是实现本质安全事前控制的重要条件。在安全生产管理办法中将需要编制安全专项方案的分项工程清单以及方案必须包含的内容一并列明，供承包人和监理执行和监督。这份清单是项目前期汇集专业技术人员针对本项目施工特点进行分析辨识的成果，其中包括了现场临时用电、深基坑开挖支护、支架施工、挂篮施工、结构安装、大临设施及大型

设备安装与拆除、跨铁路和高速公路施工等,并规定其中的重要工程必须由承包人法人单位进行技术审查后再由监理组织专家会进行评审。

14.3.2.1　安全专项施工方案的审批程序

如图14-14所示,承包人应按照监理的要求对危险性较大的分部分项工程,在开工前30天编制完成安全专项施工方案,并附上安全验算结果,经承包人项目负责人、技术负责人审核签字报监理单位审批。

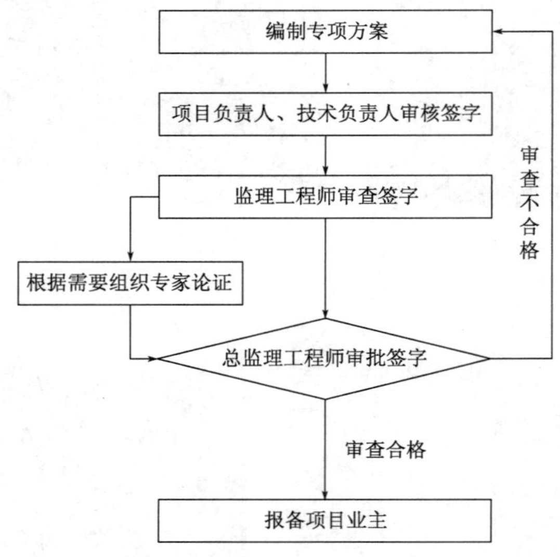

图14-14　专项方案审批流程图

14.3.2.2　需要申报专项方案的专项工程

需申报专项方案的专项工程包括但不限于以下方案:

(1)施工现场临时用电方案。

(2)开挖深度超过5m(含5m)或虽未超过5m但地质条件和周边环境复杂的基坑开挖支护工程。

(3)便桥的架设与拆除;桥梁、码头的加固与拆除。

(4)桩基础。

(5)桥梁工程中的梁、拱、柱等构件施工等。

(6)现浇混凝土梁施工支架、钢结构安装工程及用于钢结构安装等满堂支撑体系。

(7)挂篮工程。

(8)跨越国、省道,高速公路,铁路等道路施工交通安全。

(9)起重吊装及安装拆卸工程,包括:

采用非常规起重设备、方法,且单件起吊重量在100kN及以上的起重吊装工程;采用起重机械进行安装的工程;塔式起重机、门式起重机、架桥机、跨缆起重机等起重机械设备自身的安装、拆卸。

(10)采用新技术、新工艺、新材料、新设备及尚无相关技术标准的危险性较大的分部分项工程。

14.3.2.3 须由项目部的上级单位审查的专项方案

下列专项方案需经标段项目部的上级单位审查后报监理单位组织专家评审论证:

(1)各类模板工程及支撑体系:包括大模板、滑模、爬模、翻模等工程,及墩身、盖梁、系梁、梁板等模板支撑。

(2)锚碇基坑开挖支护工程。

(3)挡墙基础、深水基础及围堰工程。

(4)索鞍与梁板安装工程。

(5)主缆架设工程。

(6)猫道架设与拆除工程。

(7)钢箱梁吊装工程。

(8)监理单位认为需采取此项措施的其他工程。

专项工程施工方案专家评审论证会由总监理工程师负责主持,项目业主、项目部上级单位技术负责人、分管安全负责人参加。专项施工方案经监理审批后报备项目业主。

14.3.2.4 安全专项施工方案的审批与实施

承包人必须严格按照监理批准的专项施工方案组织施工,承包人的专职安全管理人员和监理单位的安全监理工程师要根据专项方案施工要求进行现场监督。施工过程中如需更改方案,必须按本节要求重新报批。

14.3.3 推广安全技改创新,安全防控细致入微

通过对一系列的小设施设备的微改进和创新应用,力图做到对施工现场和作业人员进行更细致的安全保护。如大型高支架搭设施工阶段,作业人员需进行高空攀爬,作业点不具备设置护栏的条件,人员移动过程中也不可能使用挂扣式安全绳。解决的方案是配备防坠自锁器(图14-15),扣锁既可以随人员上下移动,在发生坠落时又可以锁紧在护绳上。

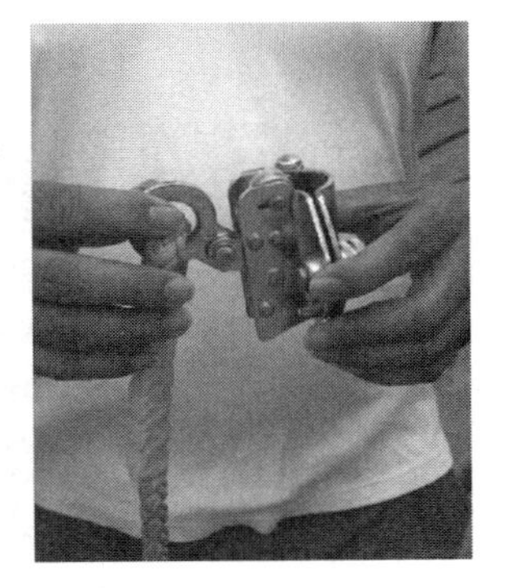

图14-15 防坠自锁器

另一类需要特别防护的是引桥盖梁上作业等没有护栏的场景。项目部为工人配备了挂安全绳的“天索”,消除坠落风险(图14-16)。

在架桥机、塔式起重机和大型施工设备的视线盲区安装监控装置,为操作人员增加了一双“眼睛”,有效避免了机械伤害(图14-17)。

图 14-16　盖梁上的“天索”

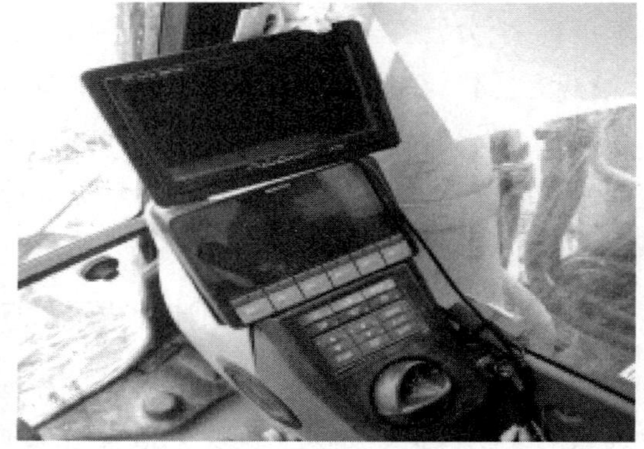

图 14-17　挖掘机臂设置监视器

大沙水道桥的猫道架设采用无人机牵引先导索过江，极大提高了架设效率和安全性（图 14-18）。

图 14-18　无人机牵引先导索过江

采用龙门架的自锁防风铁靴(图 14-19),实现了起重机在非工作状态风力作用下而不被大风吹跑,也可防止发生下班后操作员忘记使用夹轨器时门式起重机自锁的情况。龙门架使用滑触线轨取电(图 14-20),实现了当门式起重机移动时,集电器随设备同步运行,并随时从滑触线轨上取得电源,提供给设备,以使设备可继续移动,达到了安全、可靠、经济、方便、美观的效果。

图 14-19　龙门架的自锁防风铁靴

图 14-20　龙门架使用滑触线轨取电

14.3.4　安全生产费用管理

在南沙大桥建设项目中,30% 的安全生产费用与工程预付款同期支付,但必须满足以下条件:按合同要求建立了安全管理体系,各项制度齐全并通过项目业主和监理方面的检查;提交安全计划并获得批准。

施工准备阶段,承包人根据合同文件、本合同段施工组织设计,编制安全生产费用使用总体计划、安全生产费用使用年度计划,并附相对应的安全生产费用使用计划编制说明,详尽列明安全生产费用预算的编制依据与费用构成分析,经监理单位审批后报发包人审定备案。工程实施过程中,承包人根据提交的安全生产费用使用计划实施情况,列明安全生产费用的使用明细和使用证明材料,报监理人审核,发包人对经监理工程师签字确认的安全生产费用使用报表和监理工程师出具的支付证书审核确认后,将当季末的月度工程款同时支付给承包人。承包人不得将安全生产费用挪作他用。

承包人在取得预付安全费用后,要按要求购置安全防护用具、落实安全措施、改善安全条件、加强安全管理。预付的安全生产费用从安全生产费用计量中分 6 次扣回。项目业主及上级主管部门对承包人的安全检查中发现隐患而承包人未能在限期内完成整改的,项目业主可代为整改,所发生费用在安全生产经费中支付。工程决算时安全生产经费未使用完的,全部返还给承包人。

为了避免安全生产经费的虚报和挪用现象,确保安全生产经费的合理正确使用,要求各合同段承包人的财务、采购和安全管理部门分别独立建立安全生产经费支出、使用管理台账等相关材料;监理单位应对承包人的安全生产经费进行全面的检查监督;业主代表或业主安全管理人员对安全生产经费的使用进行抽查,对承包人虚报或挪用的安全生产经费的行为进行处罚。

14.3.5 对部分重点工序采取专项措施

针对危险性较大的分项工程,集中项目的管理力量和技术力量,制定有效的专项技术措施和管理措施,进行重点控制。

14.3.5.1 大型支架施工安全管控

南沙大桥施工现场大型支架包括混凝土现浇支架和起重吊装支架两大类。大型支架施工是建筑工程施工事故高发的工序,容易出现重大安全事故,造成较大的人员伤害和社会影响,因此这一类型的工作被纳入专项管控。南沙大桥的起重吊装支架荷载大,预制节段梁、散索鞍等构件吊重达150~300t。支架现浇施工分为两类:第一类是箱梁现浇施工,全部在软土地基上,并且普遍高度在30m以上;第二类是主塔横梁的现浇支架,支架高度最高超过100m,面临的风险极大。为了确保万无一失,南沙大桥确立了安全专项方案设计采用的原则是将临时工程当作永久工程来做,即部分采用了永久工程建设中的检验手段和标准。因此,除了包含支架施工普遍采用的各项安全措施外,还针对性地采取了一些特殊措施:

(1)软基上现浇支架采用打入桩基础,并进行单桩承载力检测,验收支架搭设钢管基础时严格执行贯入度和垂直度标准。

(2)对支架地基和现浇箱梁结构支架逐跨预压,要求施工单位的设计负责人、监理单位及第三方设计验算负责人必须参加支架验收,明确预压方案监测标准,确保支架分级预压监测到位。对主塔横梁现浇支架也进行反吊式预压,不走捷径。

(3)对支架钢构件焊缝进行无损探伤检测,重点加大对高支架、悬浇施工0号块牛腿和重载吊架的检测验收。

(4)加大支架结构计算安全储备。采用容许应力法进行验算,并提高安全系数。这是由于临时结构所采用的材料并非全新,构件尺寸及安装精度也难以达到永久工程的标准,这样结构的边界条件与教科书和设计规范提供的计算模型的前提条件并不一致,因此临时结构设计必须有较高的容错能力。

14.3.5.2 东涌互通立交复杂环境施工安全管控

东涌互通8处跨越南二环和广珠北段高速公路、6处跨越高压燃气管线、5处跨广州地铁4号线、3处跨地方公路、1处穿高速公路和广深港高速铁路及11处万伏以上高压电线,施工环境十分复杂,交叉作业多,场地障碍物多,投入的机械设备多,风险集中程度极高(图14-21)。跨地铁施工只能在1—4时之间,只能进行夜间施工及夜间起重吊装,安全风险高。跨现有高速公路施工需要维持交通安全,部分箱梁需要下穿既有桥梁进行架设,部分桥墩设立于既有互通立交的匝道间,施工作业空间狭小,更增加了安全管控难度。此外,桥梁结构形式有混凝土箱梁、钢箱梁、钢箱组合梁、钢壳梁及钢盖梁等,混凝土箱梁采用现浇支架和挂篮悬浇施工、预制安装采取架桥机、汽车起重机及千斤顶顶推施工工艺,堪称桥梁施工工艺博览馆。因此,施工工程将面临几乎所有的危险源类型,安全控制措施必须全面周到。这一区域的安全管控专项措施主要有:

(1)在跨地铁和跨高速公路处设置全封闭防护棚,悬浇挂篮实施全封闭施工,爬梯和走道全部采用装配式安全防护栏,确保地铁和高速公路车辆的运行安全(图14-22)。

图 14-21　东涌互通施工现场

图 14-22　跨线桥挂篮防护

（2）在高压线下箱梁吊装施工尽量协商采取临时停电措施进行施工。如未能获得适合的停电窗口期，则采取设备设施接地加绝缘保护措施进行穿越施工，要求制定专项施工方案，细化操作要领，确保吊装的安全。

（3）对桥下的油气管线采用水泥搅拌桩＋混凝土盖板的形式进行防护。

（4）细分工艺类别，针对每一类工艺逐项编制专项方案。东涌互通的施工和监理单位先后共完成编制和评审的专项施工方案达 62 项，并逐项召开风险辨识会和安全交底。

14.3.5.3　悬索桥上部结构施工安全管控

悬索桥上部结构施工风险防控主要有高空坠落（包括人和设备）、抗风安全、航运安全、有限空间作业等。针对这些特点采取了一系列的专项措施，实现全过程“零事故”。主要有：

（1）针对先导索过江和钢箱梁吊装工序，联合海事部门制定水上交通安全保障方案并开展演练。

（2）努力保证设备稳定可靠。组织对跨缆起重机地面荷载试验和行走联合检查，确保关键工序按操作程序严格执行和有序转换。

（3）通过猫道风洞试验，有针对性地采取抗风加强措施，确保猫道平安渡过台风季。

（4）编制了钢箱梁环焊和主缆涂装危险源清单。环焊使用有防火棉遮盖的检查车作业，在斜顶板（底板）的焊接、气割、碳刨作业时，将检修道缝隙（底板缝隙）封堵，防止焊渣掉落河道，消除焊接对航道石化船舶航行安全的影响。箱梁内照明设备采用安全电压，按工作面配备冷风机和通风设备等，保证箱内有限空间施工人员的职业健康和安全。

（5）对猫道拆除实行最严格的安全管控。猫道拆除是上构作业风险最大的作业，在专项方案编制和实施阶段，开展了详尽的风险辨识活动，将防坠落、防倾覆工作分解到每一个动作，详细交底，确保每个工人清晰掌握。实施过程中，监理进行全程监督。

14.3.5.4　节段箱梁运输安装安全精细化管理

南沙大桥节段梁架设工作量大，3500 榀梁端共投入 5 台 2000 吨级的架桥机，同时还涉及 220t 门式起重机、出梁站、进梁站的天车运转、400t 履带式起重机等多种大型起重设备吊装、水上陆地运输等多个高风险点。采取的专项措施包括：

(1)开展水上运输通航评估和试吊演练,理顺节段梁水上和陆地运梁通道运输安全问题。

(2)委托第三方对架桥机主要受力工况进行应力和挠度远程在线监测。

(3)实施架桥机专控工序管理,由总监办对架桥机移机关键风险和操作步骤实施监理签认制度。

(4)制定岗位级的工作职责、和作业规程,实行标准化操作。

(5)对节段梁安装吊杆进行集中检查、定期抽样检验及更换报废。

(6)委托特种设备专业单位每季度一次对包括架桥机在内的起重设备进行检查。

14.4 提升人的行为可靠性

人是建筑工程施工过程的主体,并且贯穿工程项目施工的全过程。人在工程项目施工领域具有一定的脆弱性。工程项目施工领域的作业环境危险源较多、施工人员的劳动强度相对较大。从许多事故统计分析结果中可以看出,绝大多数事故发生的原因都与人的不安全行为有关。施工现场安全事故发生的主要根源为相关人员缺乏责任感,安全防护意识不足,有时为了赶工期而疲劳作业,出现违章操作。同时,人的认知、情绪、身体状况也影响行为的稳定性,从而产生安全隐患。南沙大桥通过培训教育、演练、行为矫正等多种手段提升施工人员的安全意识,规范操作行为。

14.4.1 安全教育培训

建筑施工安全培训是建筑施工安全生产的重要环节,开展建筑施工安全培训教育,有利于增强从业人员安全意识和提升安全操作技能,减少违章作业的行为,从而有效减少施工安全事故。在南沙大桥的建设当中,各级管理人员制定了一系列安全教育培训规定及具体要求,开展了各种形式的安全教育培训活动,主要做法有:

(1)饱和式学习。

为了使全体人员树立牢固的安全意识,紧绷安全之弦,在业主的倡导下,各单位采用了极其丰富的手段,进行全感官、全时段、全方位的宣传教育,包括简报、通报、音像制品、会议、班前班后会、在食堂和各主要走道张贴挂图和标语、开展知识竞赛、安全体验、安全技能比武、安全书法摄影比赛、安全月文艺晚会等,如图 14-23 ~ 图 14-25 所示。在交底和培训中,对施工作业人员优先采用幻灯图片的形式进行,从而确保个人能够理解到位。同时规定,对进场的管理人员和作业人员进行三级安全生产教育培训,安全教育培训后须进行考试,未经教育培训或培训不合格者不得上岗。

(2)考试。

如图 14-26 所示,业主的考核对象是监理和施工管理人员。考察的目的是检验施工管理人员、监理人员对本项目各项制度规定、规程、标准的掌握情况。各标段负责对属下全体施工人员进行三级安全教育的考试,不合格人员需经培训并通过补考合格后才能上岗,并在单位考评计分中扣分。所有参加考试人员,必须保证考后 100 分,对考试合格人员,须对错题重新学习、签字确认。施工单位对施工人员的考试也同样以 100 分为合格标准。

图 14-23　现场安全教育板

图 14-24　大型 LED 展示屏

图 14-25　安全技能比武

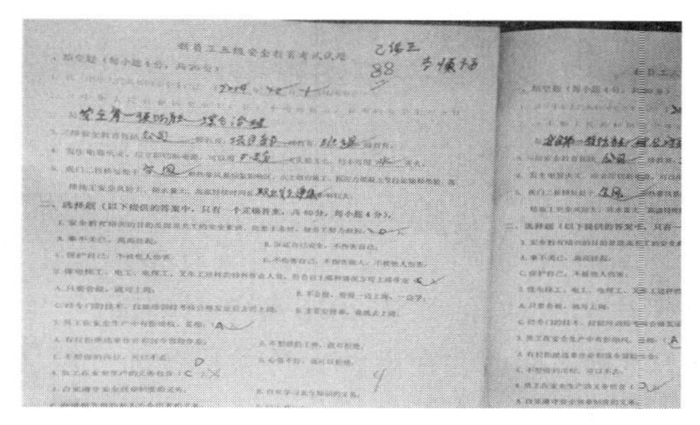

图 14-26　安全教育考卷

还有一种考核方式是抽查提问。主要检查内容有:检查证件与人是否相符、是否被登记在册、是否掌握本岗位本工序质量安全的要点、对有关制度及标准是否了解。抽查提问工作可在巡查和定期检查过程中进行。在检查组人员抽查提问的过程中,由施工单位质检工程师或安全员陪同。制度要求施工单位应教育全体施工人员配合抽查工作。

(3)演练。

演练包括两种,一是各类应急响应的演练。在建设期内各单位有计划地定期开展各类应急响应的演练,有效控制了安全事故和损失。建设期间,项目遭遇了“天鸽”“山竹”两次超强台风的影响,各单位由于预案和演练较充分,应急物资准备、人员疏散、设备清理加固得当,避免了人员伤亡和重要设备的损失。图 14-27 所示为加固板房抗台风演练。二是对大型吊装工序的试吊演练。钢箱梁吊装、混凝土预制节段梁的转运和安装、索鞍吊装等工序在正式工作前开展试吊,对吊具、吊架、车辆、船舶的运行操作和各工种的人员配合进行测试演练,及时找出并解决问题。通过试吊演练,实现了人和设备的完美协调,达成了全部吊装作业的“零事故”。特别是

图 14-27　加固板房抗台风

钢箱梁的吊装,涉及起重、安装、船舶定位抛锚、通航协调等多个方面,通过多次演练,优化了操作细则,保证了安全,同时又提高了效率,创造了一天吊装4个梁段的新纪录。

(4)纠偏。

在制度与规程的编制、发布、教育、培训后,安全管理的重点就是如何确保执行。在南沙大桥安全隐患整治过程中,经统计,隐患产生的原因大部分属于“有章不循”。人们从“知”到“行”是有很长的距离要走的。对不安全行为的纠偏矫正就是要和不守规矩的散漫习惯做斗争,而且这些工作必须始终贯穿整个建设过程。在这方面,南沙大桥的做法一是建立并运行完整的检查体系,及时发现偏差;二是在隐患整改过程中坚持实行“三不放过”,尤其是要将“责任人受到教育”落到实处,强化纠偏效果;三是持续监督,在执行制度和规程过程中,通过反复的监督纠正使行为成为习惯。监督的手段包括各类检查巡查、视频监控和微信、App等工具。纠偏的对象不仅针对工人,也包括各级管理人员。实践表明,针对某一个单项行为的纠偏只要坚持一个月就能取得明显效果。

14.4.2 平安班组建设

创建“平安班组”活动是强化基层班组安全建设,提高基层班组安全管理水平和一线员工安全素质,切实保护员工的生命健康权益,推动南沙大桥项目安全生产管理上台阶的有效手段。南沙大桥项目全线范围内所有参建施工单位以及所属施工作业班组都参加“平安班组”创建达标活动,活动从2016年7月启动,至项目建成通车结束。通过达标评比,促进“平安班组”创建达标活动在南沙大桥项目全面开展,使得本项目80%以上施工作业班组达到“平安班组”管理标准。南沙大桥分公司每季度初联合总监办对全线施工标段上一季度“平安班组”创建达标活动情况进行现场检查及达标评比,平安班组达标后,综合考虑本项目综合检查及上级单位相关检查考核情况评定优秀班组。南沙大桥分公司从工程安全进度奖中计提专项奖金用于“平安班组”和优秀班组评比,按季度和年度进行奖励。“平安班组”创建达标主要包括以下内容。

14.4.2.1 班组安全组织标准

班组设立班组长和安全员,班组分散作业时,明确每项工作的安全负责人。

14.4.2.2 班组安全管理制度标准

(1)班组安全管理制度健全,每个岗位、工种和所操作的机电设备、工具都必须有健全的安全操作规程、规范和工艺要求。

(2)健全班组安全生产责任制,明确班组长、安全员及每个员工的安全职责及安全管理工作分工。

(3)实行“平安班组”安全生产目标管理,制定量化、细化的安全目标,安全责任书签订到个人,定期考核,奖惩兑现。

(4)班组各岗位人员应熟知本岗位安全生产责任制并严格遵守。

14.4.2.3 班组用工规范标准

(1)项目部对员工进行全员登记。

(2)项目部与作业队签订劳务合同、用工协议等,并购买意外伤害保险。

(3)组织工人岗前体检、作业前体能测试等。

(4)班组特种作业人员上岗前应参加本工种技能测试,并取得特种作业操作证持证上岗。

14.4.2.4 班组安全教育培训标准

(1)新进、转岗、复岗员工培训实行三级安全教育和进场考核。

(2)定期开展专项安全知识教育培训,使班组的每一位成员熟练掌握本岗位安全操作的技能训练。

(3)建立相关安全学习教育档案。

14.4.2.5 班组安全检查标准

(1)每天坚持开好班前会或班后会。班前会结合当天工作任务,做好危险点分析,布置安全措施,交代注意事项;班后会总结讲评当班工作和安全情况,表扬好人好事,批评忽视安全、违章作业等不良现象,并做好记录。

(2)安全隐患及时整改,符合"三不放过"要求。

14.4.2.6 班组现场安全管理标准

(1)生产作业场所工完场清,文明整洁,无垃圾、无杂物、物料工具堆放整齐、安全通道畅通,安全标志明显。

(2)员工上岗前按规定穿戴好劳动保护用品,着装规范。

14.4.2.7 班组标准化岗位建设

积极落实岗位标准化建设,标准化岗位要求有:

(1)作业程序标准化;

(2)生产操作标准化;

(3)作业环境、工具摆设标准化;

(4)个人防护用品穿戴标准化;

(5)安全标志标准化等。

14.4.2.8 班组突发事件应急处置标准

(1)根据分部分项工程危险源辨识活动,凡有危险源的班组必须有完整的"危险源"控制措施及告知,每个员工对本岗位的"危险源"及控制措施和应急预案达到熟知。

(2)班组每年应至少参加一次岗位应急演习或突发事件应急演练,使工人熟练处理各种故障和处理突发事件的能力,提高自我保护能力。

14.4.2.9 班组建设活动及成果总结标准

(1)借助"平安班组"创建达标活动以及"平安工地"考核、劳动技能竞赛、安全生产月等契机,组织各类施工技能、安全生产知识竞赛活动(图14-28)。

(2)推广传授先进安全生产经验。一是针对班组施工实际组织专题学习会议,开展"班组互助"活动,学习推广先进施工工艺、先进管理模式,促进班组管理及操作技能的提高;二是倡导"帮徒式"用工管理,营造和谐班组氛围,制定"以老带新"实施办法,让新员工与老员工签订师徒协议,建立师傅带徒弟激励约束机制。

图 14-28　先进班组评选活动

14.4.3　安全检查考评

14.4.3.1　经常性检查(巡查)

安全环保部人员、标段工程师每周不少于 1 次对各标段进行巡查,内容包括安全、文明施工、环保等方面,重点检查安全生产关键部位和事故易发环节,对存在的问题签发整改指令,抄送监理,同时填写《整改通知单》,并拍照存证。巡查期间同时进行监理考评的日常检查。后来发展成在手机上直接下单,进入信息化系统流程控制。

14.4.3.2　定期检查

在每月底,业主和监理组织的综合检查的内容包括安全、文明施工、环保等方面的保证体系、制度执行情况、现场状况、教育成效评价等工作,检查方式包括查看资料、现场观察、访谈提问等,对存在问题由监理签发整改指令,符合处罚条件的问题由业主安全环保部签发《处罚通知单》。检查结果记入《考核评分表》,并在当月例会上通报。

14.4.3.3　专项检查

专项检查是对某项专业技术施工或设备的安全问题或施工生产中存在普遍性的安全问题进行单项检查,专项检查由安全环保部组织,针对工程建设的关键环节、关键部位安全状况采取有针对性的检查。

专项检查分为内业检查和外业检查,其中内业检查主要包括安全生产责任制、施工组织设计及专项安全方案、安全生产专项费用、风险评估管理、安全技术交底、安全检查评价、安全教育培训、应急管理、分包单位的管理、持证上岗、生产安全事故处理等,外业检查包括安全防护、施工用电、消防安全、设备安全、危险性较大分部分项工程专项施工方案执行情况、安全标志等。

14.4.3.4　季节性和节假日前后安全检查

针对气候特点(如暴雨、洪峰、台风、寒潮等),可能对施工安全生产带来危害而组织的安全检查;或节假日(如元旦、春节、五一、国庆节、党和国家重大会议等)前后防止施工单位施工人员纪律松散、思想麻痹,预防各类事故发生进行的检查。

14.4.3.5 跟进核查

所有的整改通知和指令文件均应明确落实时间和执行人，由监理工程师在规定时间内核查执行情况。

14.4.3.6 管理体系检查

检查管理体系的运行情况，内容包括安全责任制、班前安全活动制度、交底培训制度、设备定期检修、内部奖惩激励等。发现问题及时填写《整改通知单》。检查后填写《考核评分表》《处罚通知单》。

全面检查可在每月的定期检查时进行，也可在必要时组织专项检查。日常的抽查由工程管理部、安全环保部人员在巡查工作中完成，所有检查情况由安全环保部汇总。

第 15 章　南沙大桥工程信息化管理

信息化是指利用信息网络作为项目信息交流的载体从而使信息交流速度大大加快，减轻项目参与人日常管理的工作负担，加快项目管理系统中信息反馈速度和系统反应速度，使人们能够及时查询工程进展情况，进而能及时发现问题，及时作出决策，提高工作效率，以促进建设工程项目管理水平不断提高的过程。建设项目管理信息化需要在建设项目管理涉及的各方主体及各个阶段广泛应用信息技术、开发信息资源，以促进建设项目管理水平不断提高。对于南沙大桥工程而言，仅靠人工手段无法及时、准确地获取和反馈建设过程中如此大量繁杂的信息，必须借助以计算机技术、通信技术、物联网技术、BIM 技术作为代表的信息技术整合各方面的资源信息，完成信息搜集、处理、传递等一系列工作，以便各参与方能及时并准确地利用，作出正确的决策。

15.1　南沙大桥工程信息化管理概述

南沙大桥在对近年大型桥梁建设项目的信息化系统进行全面细致的调研基础上，对本项目进行了全面、深入的规划。业主要求各参建单位满足相应配套的软硬件条件、网络基础、外部环境监控点设置等统一的技术规划。

项目研发和应用的系统有质量管理系统、档案管理系统、钢结构生产远程管理系统、质量安全隐患排查系统、HCS（建设管理系统）、OA（办公系统）、视频监控、特种设备安全监控、拌和站生产信息采集及质量监控系统、中心实验室数据实时传输系统、施工监控与健康监测一体化管理系统、节段梁预制梁厂生产管理系统等。

2014 年，在专家委员会的提议下，南沙大桥决定率先在桥梁建设领域开展 BIM 技术的应用探索，成功研发了“互联网 + BIM 建养一体化管理平台”。该平台除了 BIM 技术应用以外，还将工程建设、养护管理的一系列业务功能模块在 BIM 平台上进行了集成。

15.2　信息化系统在项目管理中发挥的作用

南沙大桥信息化系统重要特点是不再仅限于信息采集、统计分析、演示，而是深入工序管理、质量安全控制的具体过程，实现信息技术和工程建养技术的深度融合，将工作程序、检查反馈等工作交由系统运行，使其成为程序化管理和工程控制的有力抓手。信息化系统的应用在项目管理中发挥的作用主要有以下几个方面：

（1）提高管理效率。

系统通过快速收集、传递、处理信息以提高效率，如质量管理系统、档案管理系统、钢结构生产远程管理系统、质量安全隐患排查系统、HCS、OA 等。在系统的设计上注重数据采集的便利性,尽可能减少输入数据人力消耗,真正实现高效率,降低推广难度。例如南沙大桥的形象进度管理系统,将进度的数据录入工作放在监理签证的阶段,在一个构件的混凝土浇筑前,或者在安装之前都需要经过监理的检查签证,当监理完成检查后,就采用手机 App 进行签证,并拍摄一张被检查的构件照片即可以完成数据采集工作,系统实时在 3D 形象进度图上显示进度。这样设计的优点是无须额外的输入工作,真正做到了实时反应。再如混凝土拌和站生产监控系统自动采集生产数据信息、节段梁生产管理系统用二维码简化信息输入工作等,使系统更容易被一线操作人员接受,切实发挥了提高效率的作用。

(2)强化程序管理。

管理程序在执行过程中常常会出现偷步、走捷径、造资料、事后补签字等现象。应用信息化系统可以在技术上帮助管理者及时发现或者杜绝违反程序的现象,信息化系统成为强化程序管理的有力工具。例如,形象进度及监理签证系统可以对监理的工作进行考勤,监理拍摄的照片也可以作为资料存档在系统里。此外,系统还和拌和楼生产监控系统关联,如果混凝土开始生产时间早于监理签证时间,就会引发系统的报警,业主或总监办可以及时查处,杜绝承包人未批先干的违规行为。安全隐患排查处治系统,将安全隐患“三不放过”的原则,完整地固化在程序中,隐患整改、原因查找、责任人教育等步骤必须全部完成才能闭合一个流程。

(3)提高监控力度。

通过对设备和人员操作进行监控,及时发现问题,提高了处治问题的时效性;同时也为安全、质量考核提供了有效的凭据。如视频监控、特种设备安全监控、拌和站生产信息采集及质量监控系统、中心实验室数据实时传输系统、施工监控与健康监测一体化管理系统以及对班前会的微信监控等,在建设的过程中发挥了显著的纠偏作用。

(4)提高生产效能。

基于物联网技术的索股架设控制系统、节段梁预制梁厂生产管理系统、基于 BIM 钢箱梁设计制造拼装一体化系统等,辅助主缆架设、节段梁预制安装以及钢箱梁制造,实现生产效率和质量的双提升。

15.3　互联网 + BIM 建养一体化管理平台

传统的路桥隧生产管理模式多为二维化管理,彼此信息相互隔离,形成“信息孤岛”。具体体现在对于业主、监理、施工和第三方等,彼此信息不对称,每个参与方的信息多数被圈定在固定的范围,不能实现高效协同工作。为了使信息化管理系统能高效地运行,南沙大桥项目采用 BIM 技术应用到工程的信息化管理系统中(图 15-1),功能体系涵盖了设计、建设和运营养护管理各阶段,重点解决了特大型桥梁工程互联网 + BIM 技术标准化应用模式、钢结构智能制造成套技术、基于产品全寿命周期的预制梁段物联管理、基于互联网 + BIM 的项目协同管理平台以及 BIM 技术标准体系等方面的关键技术问题,为实现特大型桥梁工程全寿命周期管理提供了重要技术支撑。在这一过程中形成的软件产品、技术指南和标准等为今后公路交通基础设施建管养一体化提供了技术指导,提高了我国造桥软实力,推进了我国桥梁建设步入信息化时代。

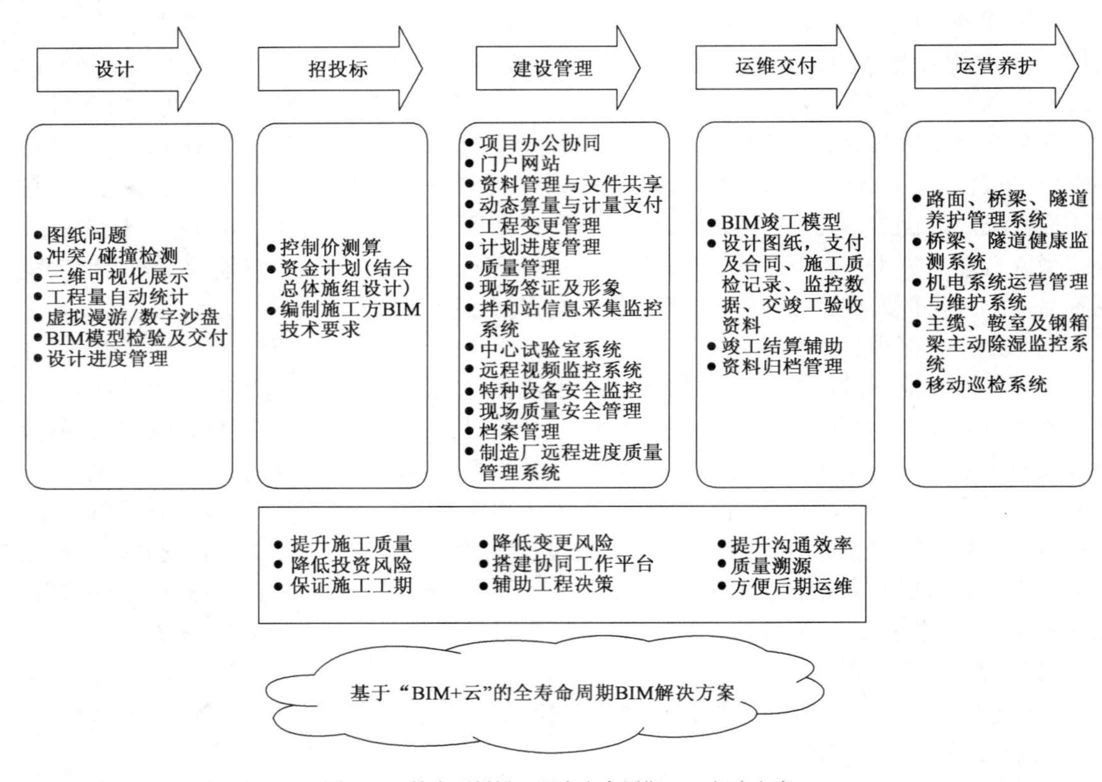

图 15-1　特大型桥梁工程全寿命周期 BIM 解决方案

15.3.1　特大型桥梁工程 BIM 技术应用标准

研发项目组在“无标准、零经验”条件下，针对项目实际问题，通过自主探索并总结提炼，编制了《特大型桥梁工程信息模型建模及交付指南》《特大型桥梁工程信息模型分类与编码准则》《特大型桥梁工程 BIM 技术应用实施导则》等三个标准性文件，用于指导 BIM 技术在南沙大桥工程的标准化应用，具有很高的推广应用价值，为其他同类工程的应用提供了重要的参考借鉴意义。

15.3.2　基于工程全寿命管理的 BIM 平台架构体系

15.3.2.1　南沙大桥基于 BIM 模型的协同管理平台体系框架组成

(1)业务需求(功能模块)。业务需求是桥梁建设期的 BIM 落脚点，业主方、设计方、施工方、监理方等都可以利用 BIM 的功能模块实事求是地解决现场技术问题和管理问题。

(2)信息模型。三维可视化的信息模型是一切数据的载体，包括模型自身携带了设计阶段的各种结构物的基本尺寸、材质、形状等基本属性；桥梁建设期各种业务数据，例如形象进度信息、质量安全信息、施工监控信息等。

(3)协同平台。协同管理平台是所有信息模型和后台数据进行集成和展示的重要工具。工程各方都可以在平台上进行各自的工作，也可快速地和其他工程参与方进行协同，大幅提升了工作效率。

(4)数据共享。为工程各方之间建立协同的数据库,实现高效的信息查找、利用和分析。

15.3.2.2 BIM 协同平台业务协同管理模式

BIM 协同平台根据各个管理业务的特点划分为 12 个功能模块,每个功能模块针对特定的业务与用户使用,功能模块将业务数据汇总至 BIM 协同平台并关联到 3D 构件上,BIM 协同平台根据施工特点开发多业务信息的协同分析系统,实现基于 3D 模型的全业务数据的汇总、查询与分析。

BIM 协同平台最大的优势是在集成了各个业务系统的数据后,可以进行协同分析与管理。BIM 协同平台功能见表 15-1。

BIM 协同平台汇总 表 15-1

序号	BIM 协同功能	数据来源
1	工程量、支付费用与造价的三维可视化查询	计量支付模块
2	根据质量安全情况生成支付条件	质量与安全模块
3	自动生成支付证据(质检记录、影像记录)	质量、安全与进度模块
4	工序流程控制	进度模块、拌和站管理模块
5	进度管控	进度模块,App 现场签认
6	监理签证管理	App 现场签认
7	变更费用与工程造价的分析	计量支付、变更管理模块
8	变更工程量数据从 BIM 模型导入计量支付模块	计量支付、变更管理模块
9	质量事故的溯源分析	App 现场签认
10	基于 BIM 三维模型的施工组织设计与技术交底	进度、质量模块
11	基于 BIM 三维模型的测量复核情况查询	进度、质量模块
12	基于质量问题计量支付管控	质量、计量模块
13	基于安全隐患的计量支付管控	安全、计量模块
14	基于三维构件的电子化档案	档案模块
15	现场签认 App 与档案工作中间检查	App 现场签认、档案模块
16	BIM 三维模型归档及时性预警	进度、档案模块
17	施工过程重要控制数据的查询分析	施工监控
18	施工监控、交竣工验收、健康监测数据协同分析	施工监控、健康监测及验收
19	根据放样数据实现 BIM 与 GIS(地理信息系统)的结合	测量、放样与 GIS 地图
20	钢结构三维设计与加工一体化加工	BIM 模型、套料系统
21	钢结构质量进度远程管理	钢结构、质量、进度模块
22	混凝土预制构件生产进度与质量状况查询	预制构件生产、质量模块
23	混凝土浇筑开盘时间管理	App 工序签认、拌和站模块
24	配合比预警管理	拌和站模块、质量模块

15.4　南沙大桥信息化系统主要的应用模块

15.4.1　基于BIM钢箱梁设计制造拼装一体化系统

“设计制造拼装一体化”是钢结构制造企业现代化生产的需要，实现一体化加工可以提升企业资源配置水平，提高企业核心竞争力，从而提高企业经济效益。项目组结合南沙大桥项目，联合上海振华重工集团股份有限公司、中铁山桥集团有限公司、中铁宝桥集团有限公司三家钢结构制造厂，共同开发了针对扁平钢箱梁的BIM设计制造安装一体化关键技术，该技术主要包括：基于BIM的数字化套料关键技术；基于BIM的焊缝信息管理技术；基于BIM三维模型的钢箱梁虚拟预拼装检测关键技术；基于BIM的钢结构产品全寿命周期制造管理系统。在一定程度上，南沙大桥的BIM应用技术探索推动了国内钢箱梁制造行业的升级。

15.4.1.1　数字化套料技术

为实现生产项目三维一体化加工，基于Tekla三维数字模型，项目组自行开发了工艺余量添加程序，选用了SigmaNEST套料系统，进行工艺余量添加、排版套料、输出精确材料采购清单以及数控加工文件。这些技术的联合应用可以更好地提升项目一体化加工水平，提高材料利用率以及生产效率。

通过三维图纸设计与加工一体化的实施，提高了零件切割下料效率约20%。自动套料损耗率与人工套料损耗率基本一致，实现了3D模型数据与下料数据的准确协同，全面了承继设计意图，减小了出错概率。

15.4.1.2　焊缝信息管理技术

钢结构详图设计软件逐渐从二维转向三维，目前钢结构行业中比较常用的三维软件有Tekla、Solidworks、Pro/E、Catia等。但是无论哪个软件，在建模阶段都很难对焊缝信息进行有效管理，特别是在焊缝编号、焊缝信息统计方面，都或多或少存在缺陷，这给后续的焊材采购、车间生产、质检控制方面都带来了不少麻烦。

针对以上问题，项目组提出了基于三维数字模型的焊缝信息管理理念：通过对三维建模软件Tekla的二次开发，在模型中实现对焊缝的快速编号和属性定义，同时实现对焊缝类型、长度、熔融金属、焊材用量、焊接工时等信息的统计，将焊缝信息在三维建模、生产准备、焊材采购、车间焊接、质量控制等环节进行有效整合，形成完整的数据链，从而在项目整个过程中实现焊缝精细化管理，提高企业的生产力。

焊缝信息管理系统完善了钢结构厂对焊缝信息的管理机制，改变以往粗放型的模式，将精细化管理理念引入项目的资源管理，促进项目管理水平的提高，降低资源消耗，提高企业效益。在钢桥制造行业中引入焊缝信息在三维模型中集成的方法，进一步提高了桥梁制造行业的信息化、数字化水平，为进一步实现钢桥数字化制造和BIM技术的推广奠定了基础。焊缝信息管理系统在南沙大桥项目上进行了应用，在三维模型中生成所有焊缝并统一管理，自动生成各类焊缝信息统计报告，计算焊材采购量、焊接工作量及探伤工作量。焊缝信息管理系统在该项目上的应用效果较为理想：

(1)改变了以往经验估计的采购模式，对焊材消耗进行精确定额，指导焊材采购及合理化厂内资源配置。

(2)改变以往按吨结算方式，实现按焊缝类型、长度的精细化结算，有利于成本控制。

(3)通过在三维数字模型中集成焊缝信息，自动生成各类焊缝信息统计报告，可大幅提高生产效率，节约劳动力成本。

(4)实现对焊缝的可追溯性与数字化管理，为项目的全生命周期管理提供技术支持。

15.4.1.3　基于三维激光扫描钢箱梁虚拟检测与预拼装技术

虚拟装配的实现有助于对产品零部件进行虚拟分析和虚拟设计，有助于解决零部件从设计到生产所出现的技术问题，以达到缩短产品开发周期、降低生产成本以及优化产品性能等目的。以南沙大桥扁平钢箱梁为基础，联合钢厂共同研发了基于三维激光扫描的 BIM 虚拟检测技术和基于摄影测量的 BIM 虚拟预拼装技术，具体有基于三维激光扫描的 BIM 虚拟检测技术和基于摄影测量的 BIM 虚拟预拼装技术。

通过对南沙大桥大沙水道桥 Z52 梁段进行三维扫描检测，最大制造误差控制在 9mm 以内；操作简单易行，每个梁段扫描时间为 2h，软件自动比对点云与设计模型，可大幅提高制造误差检验效率。

15.4.1.4　钢结构产品全寿命周期制造管理系统

项目组依托南沙大桥钢结构 G4-2 标段，联合中铁山桥集团有限公司共同研发了基于 BIM 的钢结构产品全寿命周期制造管理系统。系统通过建设以桥梁钢结构工程项目制造专业承包为中心的产品全生命周期管理平台，提升服务水平、提高效率，缩短工期和节约成本，形成以数据为核心的差异化竞争力，为钢结构制造行业的服务化转型提供了示范。

经验表明，应用平台可视化协同管理，可节省大量的问题分析、沟通、协调时间，有效提高管理工作效率，减少工程变更，可以使桥梁钢结构产品的生产效率提高 2%，生产周期缩短 2%，运营成本降低 3%。产品不良品率可得到有效控制，保守估算，初期每年可为企业创造经济效益 300 万元以上。

15.4.2　基于 BIM 短线法预制节段梁产品全寿命物联管理平台

此平台包括基于物联网的溯源管理系统和节段梁施工监控系统两部分。

南沙大桥节段箱梁预制厂占地 10 万 m^2，共三条生产线，最大存梁数量 1002 榀；设置 19 个预制台座和绑扎台座，所有节段预制箱梁均采用短线匹配法预制生产，共生产 3533 榀节段箱梁。

15.4.2.1　基于物联网的溯源管理系统

在生产过程中，由于梁段数量多，为了避免误差和错误的发生，检查、登记、校核等二作投入的人力多、效率低。基于 BIM 短线法预制节段梁产品全寿命物联管理平台较好地解决了以上问题。

物联网技术是工业领域发展出来的新技术，是“互联网 + 工业”的具体体现。工业产品上增加网络软硬件模块，实现用户远程操控、数据自动采集分析等功能，极大地改善了工业产品的使用体验。项目此处将物联网技术和云计算应用于短线法预制梁厂,建立了基于 BIM 短线法预制节段梁产品全寿命周期物联管理系统。借助 BIM、云计算和二维码等技术,以预制节段梁为基本要素,实现了以下功能:

(1)以梁为单位,在预制、存梁、出梁、架设全过程实现全过程信息化管理,支持材料、质量验收等工程信息的集成和追溯。

(2)实时反映厂区钢筋绑扎台座、预制台、存梁台的生产状态,提高生产调度效率。

(3)实时反映节段梁预制和安装的形象进度。

15.4.2.2 节段梁施工监控系统

预制节段梁数量多,每榀节段梁均根据全桥平曲线、竖曲线等设计参数按照实际监控线形逐榀匹配预制。每榀节段梁可能结构类型类似,但是其三维空间坐标和空间姿态是唯一确定的,故每榀节段梁独一无二,不可替代;节段梁预制成型后逐块悬拼,拼装的过程单向不可逆;节段梁拼装过程中误差会被等比例地不断放大。因此,真实有效的施工监控是这一工艺成功的关键。

传统的施工监控方式存在着人工重复输入数据效率低、信息滞后、共享性不强、形象性不强、不便于管理监控等问题,节段梁施工监控信息管理模块有效地解决了以上问题。采用移动 App 实现数据的及时便捷输入以及“一次录入,多次重复用”。这实现了基于三维可视化模型监控数据的查询利用,各工况监控数据和监控指令实现透明化,工程各方可以及时地共享;实现了对预制和安装误差的有效控制。通过 BIM 构件将施工监控、健康监测、荷载试验、桥梁检测数据分阶段地关联起来,打通各自业务的信息孤岛,可以实现基于构件的全寿命周期管理。

15.4.3 基于物联网技术的索股架设控制系统

坭洲水道桥每根主缆包含 252 根通长索股和 6 根西边跨索股(背索),每根通长索股平均无应力长度为 3043.9m,自主缆索股数量及长度均位居国内前茅。对于这种大量的超长索股架设,传统人工作业方式对索股牵引过程进行监视及口头指挥以及进行索股温度及高差测量等方式已无法满足大跨径悬索桥超长索股架设施工的要求,因此,施工项目部开展了在物联网监控作用下的主缆索股架设、调整、监控的全流程系统研究,从牵引系统设计、牵引过程监测、自动控制、索股调整温度自动量测、动态高差快速量测、调整工装的研制等索股架设的各个方面优化改进形成了基于物联网监控下的索股架设新工法。

如图 15-2、图 15-3 所示,这套控制系统可以实现对牵引系统的运行状态的自动监控、数据采集统计与对比分析、索股温度自动量测及修正。数据中心可在 20s 内快速计算出待测索股温度是否达到可以调索的标准。同时,采用高差数字化测量及指令计算,极大优化了索股架设的效率和架设质量。坭洲水道桥索股牵引长度达到 3100m,每根索股牵引时间稳定控制在 2h 内,平均速度达到了 25m/min。坭洲桥索股架设速度可稳定控制在 10 根/d,最大可架设 12 根/d,工期效益及经济效益显著。通过自动温度测量及改进卡尺对调索进度进一步优化,在此系统作用下,最快达到了 1 晚调整 18 条(54 跨)索股的速度,保证了索股架设的连续性,在提高了架设效率的同时又大大提升了工程质量。

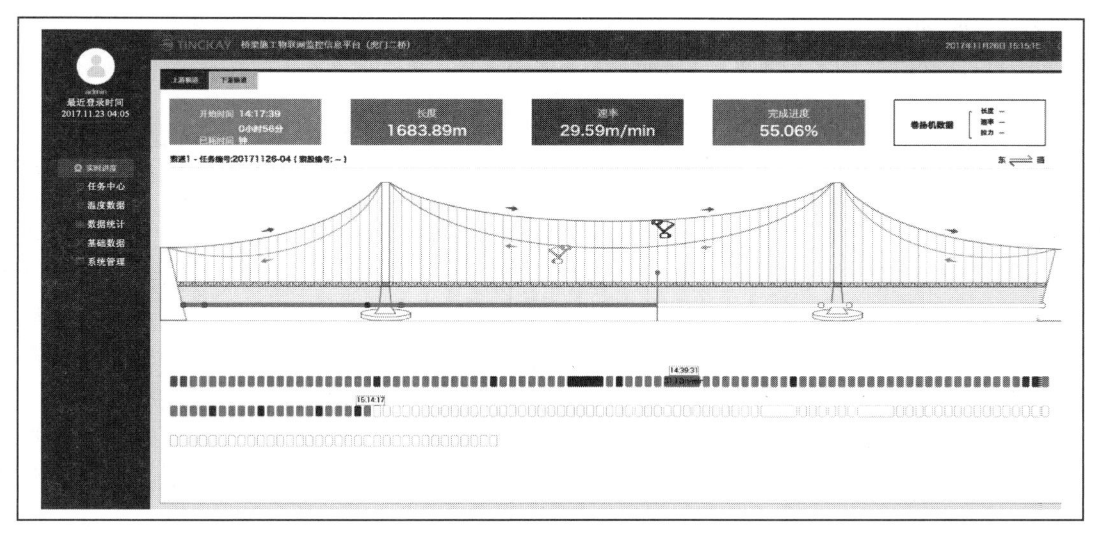

图 15-2　牵引系统数据监控系统应用

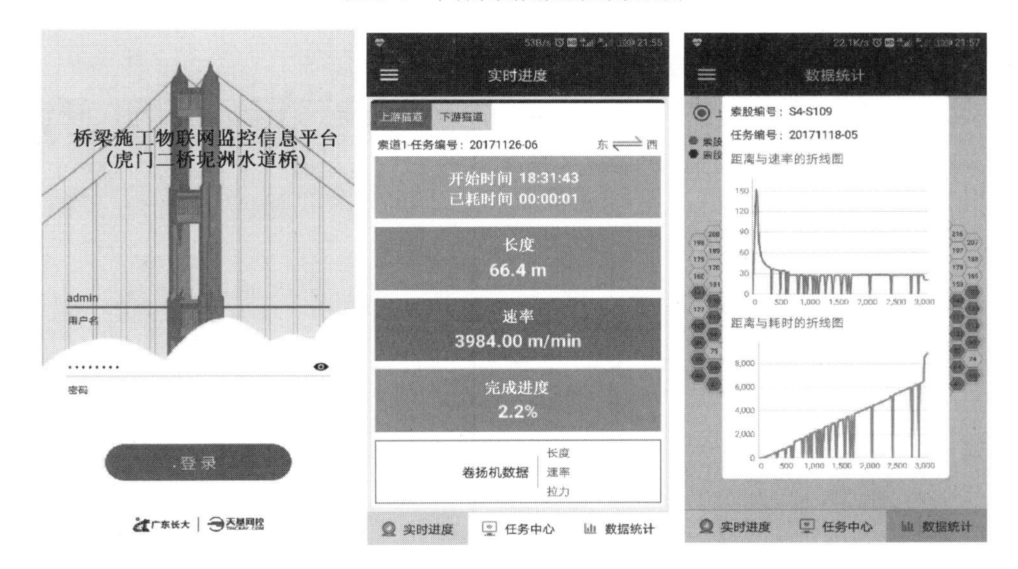

图 15-3　牵引系统数据监控移动端应用

15.4.4　钢结构远程管理系统

南沙大桥钢结构工程生产拥有 20 个不同省（自治区、直辖市）的加工点，地点分散，规模庞大，难以管理。钢结构远程管理系统的使用解决了各制造单位质量、进度、技术等方面传递信息滞后的问题，通过信息系统可及时发现问题。

钢结构远程管理系统主要包括项目动态、项目信息、工程质量、工程进度、过程管理和项目掠影这六大功能模块，其中最重要的两大功能模块是工程质量和工程进度。

15.4.4.1　进度管理

监理每周在工程进度功能模块上对所有钢构件重点工序的实际完成时间进行登记或更

新,并和计划完成时间进行对比,每个月上传进度分析报告。以索鞍索夹管理为例,要求从“每件—每周—重点工序—每月—重要节点—总体工期”的层次进行分析,牢牢掌握实际生产进度。

15.4.4.2 质量管理

由监理、制造单位将各自质量控制检表及三检的抽检结果报告上传至系统。针对不同的构件,采取相应的管理措施(图15-4)。例如:把铸造这一大节点工序细分木模造型、浇注、保温、热处理、划线、精整、检验、验收这8个重要节点,将每个节点相应的内部质量控制表及时上传至系统。对于组装焊接工序,为了防止三检的漏检,要求厂家编制探伤清册,并为每道焊缝编号,三检人员就能根据探伤清册明细和现场施工进度情况及时在厂家自检的基础上进行抽检,并及时上传检测速报,以此来保证每道焊缝质量和提高焊接报检效率。对于精加工工序,监理在重要停止点和检验点复测尺寸精度,并据此填写并上传机加工质量检查记录表以及时发现问题。通过和BIM平台的链接,实现对每条焊缝的全寿命周期管理。通过建立BIM制造级钢箱梁模型,展示、保存板单元生产、节段拼装、主要焊缝、生产参数的数据,在养护期长期收集与单元相关的信息后,可以统计分析钢桥面板疲劳裂纹的统计规律及原因,为养护工作提供帮助。

图15-4 钢结构远程管理系统

15.4.5 工程现场签证及形象进度图系统

对于混凝土浇筑、构件安装等工序检验许可签证环节,系统要求监理工程师必须通过智能手机进行现场签认,并上传现场工程照片存证。现场手机签认仅对工序验收是否合格进行判定,相关数据的签认要按常规纸质文件进行。监理对某一桥梁部位检验签证后,BIM三维模型即时将相应的桥梁部位变色,显示该部位施工完成。

15.4.5.1 应用技术

通过开发南沙大桥手机 App 现场签认功能，将混凝土浇筑/构件安装前的监理签认程序纳入模块，从而实现了工程进度的实时统计。签认的影像资料实时上传平台，实现了三维化的进度管理。此外，还开发了基于构件的进度计划管理模块，实现了计划进度管理，通过 BIM 平台即可实时查看现场的实时进度。

15.4.5.2 成果效益

①工程进度实时统计和三维展示；②实现进度与计划的自动化分析；③现场签认的工序、照片、人物、时间与三维模型的构件相关联，为管养期的信息追溯提供了支撑。该系统将形象进度显示数据采集和监理签证关联，无须另行输入数据，真正实现了形象进度的实时展现，应用效果良好。

15.4.6 混凝土拌和站生产监控系统

系统将混凝土搅拌站的生产数据自动上传至数据库，供业主和监理核查，生产信息包括工作时间、生产方量、生产设计配合比用量、生产实际配合比用量、生产原材料消耗等，可随时监控施工单位是否按照已批复的方案进行生产。当超出容许误差的情况发生时，按层级进行警示信息报送，使相关管理人员及时掌握混凝土生产质量偏差状况，及时调整。同时系统对监理签认时间和混凝土生产时间进行对比，如未经监理签认而开始混凝土生产，将引发系统警报。

15.4.7 实验室数据实时传输系统

系统自动采集工地实验室的混凝土和钢筋试验数据并上传至数据库，监控重要设备的设定参数。采用该系统后，试验员进行力学试验的时间、项目、频率和试验力值等相关信息就传输到数据库，可供业主及监理核查，保证数据的真实性。

15.4.8 特种设备安全管理系统

系统主要是对项目的塔式起重机、架桥机等特种施工设备进行应力和状态监控（图 15-5），并将项目所有设备的运行情况和人员操作情况进行集成，使得监理或业主能通过网络平台对特种设备的运行和操作情况进行远程在线监管，提高发现问题的及时性，从而降低安全风险。

15.4.9 质量安全隐患排查系统

15.4.9.1 应用技术

在手机 BIM App 中，实现完整的隐患排查工作闭环流程，高效完成全过程工作。在手机 App 端增加构件列表，将隐患定位至三维平台中，实现基于三维平台的查看，根据隐患的时间、位置、类型以及原因统计分析。

15.4.9.2 成果效益

利用手机 App，明确了隐患发布、问题整改、整改验收三个环节，并形成闭环化管理，缩短了问题闭合时间；将问题与 BIM 构件关联，可进行三维可视化的汇总与分析（图 15-6）。

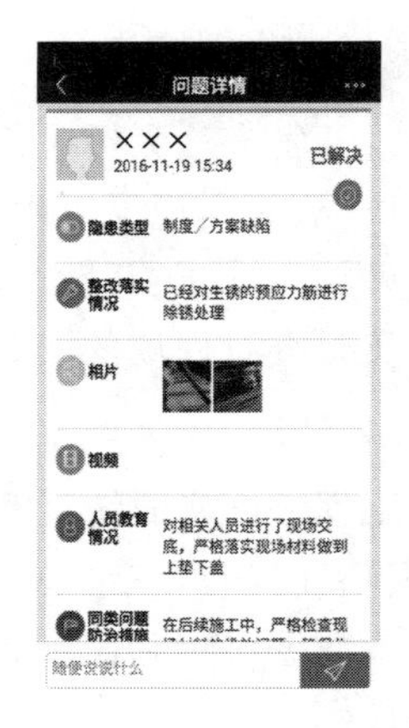

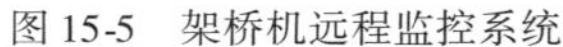
图 15-5　架桥机远程监控系统

图 15-6　质量安全隐患排查系统

15.4.10　施工监控与健康监测一体化管理

15.4.10.1　应用技术

由于南沙大桥的健康监测系统需要等主体贯通后才部署，建设期只开发了施工监控 BIM 系统，主要方案如下：

开发基于 BIM 的三维施工监控系统，使监控数据指令易于各方查阅与存档；以 BIM 构件为中心，有效统一施工监控与健康监测数据，同时衔接监测与检测信息；在 BIM 模型上建立监测传感器模型，实现监测数据与设备维护的三维化管理。

15.4.10.2　成果效益

(1) 为打通施工监控与健康监测两个阶段的数据衔接提供了条件，为后续健康监测等业务预留了数据接口。

(2) 可以实现监控数据的实时查阅，并且能生成相应的监控报表。

(3) 数据可以传至健康监测，实现真正意义上的监控监测一体化。

15.4.11　路面施工信息化管理系统

在钢桥面铺装施工过程中，施工单位以信息化贯穿全程，带动铺装实现智能化、机械化、精细化，有效整合前后场资源和内外部资源，提高工效和工程质量。具体研发应用了以下系统：

(1) 环氧混凝土可视化动态监控系统。

该系统是为了保证环氧沥青混凝土生产过程中环氧沥青、集料计量称重的准确性而开发，可自动判别计量称重情况及混合料生产情况。

(2) 环氧树脂动态报警系统。

该系统可以随时监控环氧树脂投放及使用的数量，一旦发现投放量不符合设计值则启动报警，停止作业并将问题反馈至工作界面和监控人员。

(3) 生产办公一体化系统。

该系统将生产和办公功能集合为一体，可通过手机动态掌握工程管理、任务管理、机械设备管理、材料管理等详细情况，为项目管控和纠偏提供依据。

(4)集料质量追踪。

通过微信二维码扫描,可了解集料集配、生产时间、生产批次、性能指标等信息,实现问题的快速溯源,提升管理成效。

(5)多维度联动施工指挥系统。

如图15-7所示,该系统将沥青拌和站生产信息、运输车辆定位系统、摊铺机运行参数、压路机运行参数等生产要素进行分析,为前后场动态衔接提供重要指挥信息。

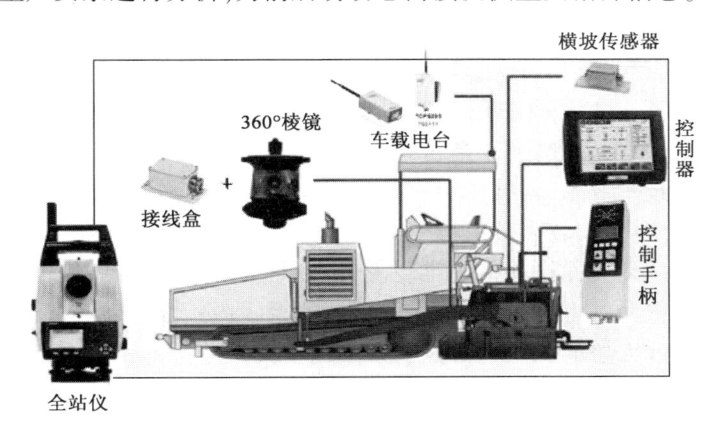

图15-7　多维度联动指挥系统

第16章 南沙大桥工程造价控制

工程造价控制是工程建设管理重要的内容之一，贯穿工程建设全过程中的各个阶段。完整的工程造价控制是指在工程的决策阶段、设计和施工阶段，能够把实际的工程造价控制在计划限额内，在项目建设期间，随时纠正造价发生的偏差，以实现工程造价管理目标。南沙大桥项目规模大、造价高、技术复杂，新技术、新材料、新工艺广泛应用，准确把握造价的难度大；受地质、环境、技术等因素影响，较多的工程变更难以避免；由于建设工期长，容易受到材料价格波动、政策调整等因素影响；而征地拆迁难度大，将导致成本难以控制，因征拆影响工程进度而造成的工程索赔风险很大。由于以上因素的存在，使得国内特大型项目建设常常出现“超概”现象，同样，这也是南沙大桥的工程造价控制面临的巨大挑战。

16.1 南沙大桥造价控制的理念与方略

大型建设项目的控制目标一般都包含安全、质量、工期、造价等几大要素，安全和质量无疑都是“第一”的。从政府和社会的角度来说，往往也会特别关注工期，甚至将工期列成为首要目标。为了同时实现上述目标，唯有加大成本投入。然而，企业是自负盈亏的，必须做好成本控制。如何做好统筹安排，实现全面平衡，是对管理者的重大考验。南沙大桥项目建设纲要提出的造价管理基本目标是：“工程决算总价控制在批复概算范围内。”为实现这一目标，项目业主秉持“造价与合同一体化管理”的理念，通过超大型桥梁项目造价精细化管理体系创新，规范项目运作，探索出一套科学规范、操作性强的造价管理系统方法。

16.1.1 技术与经济相结合，从设计源头上控制工程造价

(1)提前开展初步设计工作，深化设计方案确保工程可行性研究阶段基础资料的深度，完成项目审批需要的各项专题研究，利于主桥工程方案的稳定，从而保证投资规模的有效控制。

(2)在不同设计阶段，结合项目建设条件的研究深化，对主桥、引桥、互通等主要工程方案进行比选与优化。

(3)业主全程跟踪地质钻探，确保钻探进度及成果准确、齐全，利于方案稳定，后期减少变更，达到节约的目的。

(4)施工图阶段，对桥梁构造尺寸、结构配筋和预应力布设等设计进行核查、优化。

16.1.2 加强调研，合理确定特大型桥梁的工程造价

(1)根据项目具体情况，编制总体施工组织方案和分项工程施工组织方案，内容涵盖建设条件、施工组织、资源调配、界面协调、工期规划等相关内容，为合理确定工程造价提供坚实的基础。

(2)选定有经验的咨询单位,加强资料收集及前期调研,共同研究,合理确定工程造价。

16.1.3　制定具有可操作性的合同条款,加强合同管理

(1)对国内其他类似项目的变更结算进行深入分析,吸取相关教训,并针对易出现变更索赔的合同条款进行修改、完善,合理界定划分工程界面,避免纠纷。

(2)合理分配工程风险,使合同条款更体现公平、公正原则,提高合同的可操作性。

(3)完善计量支付规则,实现计量规则、图纸清单的有机统一,减少计量误差。

(4)进行合同交底,实施过程中严格按照合同和法律法规进行管理,为项目建设提供坚实的保障。

16.1.4　编制悬索桥三级清单和补充定额

进行广东省悬索桥三级清单范本与补充定额的研究,便于工程管理,填补有关空白。

16.1.5　建立信息化台账,提高效能

建立基础性工程计量台账,充分利用计算机系统,实时、动态反映投资、进度情况,为项目决策提供有力支撑;同时,极大提高计量支付的准确性、效率,确保资金周转,服务项目建设。

16.1.6　严控变更规模,加快索赔处理及结算

(1)项目建设中进行变更方案比选,严格控制工程造价。

(2)完成后再变更的模式为先变更后计量模式,加快变更处理。

(3)采用建立变更台账、定期变更清理、变更处理奖惩等手段,及时完善变更手续。

(4)变更索赔提早介入,注重事前控制,及时了解情况,及时处理解决。

16.1.7　利用专业咨询力量,对造价进行有效管理

项目通过委托专业的造价咨询单位,运用委托单位充足的专业力量,对工程各部分造价进行精准把控,在项目建设阶段对各类变更的造价施以严格有效的审查监督,有效控制了本工程的造价。

16.1.8　加强交通工程、房建、绿化等附属工程造价管理

除了对项目主体工程进行精准的造价管理外,南沙大桥工程也加强了对于交通工程、房建工程、绿化工程等附属工程的造价管理工作,对工程量、选型、市场量与价的关系进行详细核查梳理,在合同中明确工作界面,从而实现对该部分工程的精准管控。

16.2　南沙大桥工程造价管理难点分析

16.2.1　项目特点决定造价管理难度大

南沙大桥项目作为国内外为数不多的特大型桥梁建设项目,与普通公路建设项目造价管理有较大差异,造价控制难度极大,主要表现为:

（1）由于项目的规模、技术特点及地理位置等因素，南沙大桥项目的总造价及每公里造价均极高，每公里造价约8.68亿元，项目还贷压力极大。

（2）作为特大型桥梁建设项目，技术复杂，新技术、新材料、新工艺比较多，造价难以确定。

（3）项目地位特殊，社会关注度高，招标竞争激烈，如何编制好招标文件，合理确定控制价，对能否选择优秀的承包人参加项目建设，并控制好项目造价意义重大。

（4）项目工期较长，造价受各方面因素影响的概率较高，控制难度大。

（5）建筑材料用量大，占总造价比例高，且招标时材料单价处于近年来低位，未来几年基建项目可能迎来新的增长周期，材料涨价风险极大。

（6）工程受地质、工期、技术等因素影响，变更情况较多。

（7）桥位地处珠江三角洲地带，沿线经济发达，征地拆迁难度非常大。一方面增大了征地拆迁造价，另一方面因征地拆迁影响进度进而增加了工程索赔风险。

（8）随着依法治国的理念的增强，廉政监督、项目风险防控、审计等也对造价管理提出了新的要求。特别是近几年的项目审计，基建程序、合同、计量、变更、结算等方面要求更加规范，更加严格，造价管理的专业化、系统化、数据化、信息化要求大大提高。

16.2.2 特殊结构桥梁工程量清单不够完备

工程量清单是编制招标的标底价、投标报价、中标后计算工程价款和工程结算的依据，在工程造价管理中起到基础的作用。

由于工程量清单在招投标管理及造价管理中的重要作用，行业主管部门编写了全国通用的工程量清单范本及计量支付规则。广东省公路造价管理部门根据造价管理规范化、精细化、信息化以及全过程一体化的需要，在全国通用工程量清单范本的基础上编制了三级清单范本。但是，由于特殊结构桥梁（悬索桥、斜拉桥等）结构复杂、技术要求高、造价昂贵，在过去一直没有得到普遍应用，所以在交通运输部、广东省交通运输厅颁布的《公路工程标准施工招标文件》及概预算编制办法等文件中，对于这类特殊结构桥梁的工程量清单、计量支付规则及概预算项目节的内容均不尽完善，没有统一的标准。造价管理基础技术的欠缺，加大了造价管理的难度。

16.2.3 项目清单精细化程度不足

（1）数据管理比较粗放，无法清晰定位到最小结构单元，不能进行组合统计，无法满足建设各方对数据统计的需要。

（2）由于各分项工程的数据已混杂在分部工程中，对分项工程无法进行精确控制，容易造成错计、漏计、重复计量。

（3）造价管理数据之间无法在最底层实现互通，造成各管理系统之间形成信息孤岛，管理效率大大降低。

16.2.4 造价管理信息化程度不高

公路工程的造价信息化管理是以信息技术为主体的现代化造价管理进程，与传统造价的管理模式相比具有更多的更新和创新。随着计算机技术的迅猛发展，我国造价管理信息化的发展十分迅速，也取得了很不错的成绩，且主要集中在造价的信息标准化和价格信息化管理方面。但由于信息化发展的精细化程度不足，软件开发也针对公路工程中的不同阶段，造成信息不能完全结合,形成了独立性和分级性,没有整合到整个建设工程的全过程。而且,由于数据精细化程度上的限制和信息化整合重视程度不够,导致常规项目的造价信息化系统只能满足基本合同、计量管理的一般流程性功能,没有实现对造价数据的实时监控和动态反映。

南沙大桥作为超大型桥梁项目,常规的项目造价粗放式管理已不适应本工程的精细化、信息化管理的需要,必须要在常规的造价管理基础上,针对以上问题,只有从造价管理中的核心——清单管理上进行突破,真正形成以“精、准、细、严”为基本原则的造价精细化管理,才能做好超大工程项目的造价管理工作。

16.3　南沙大桥项目建设全过程造价控制

南沙大桥工程在以往项目管理经验的基础上,立足体系、制度和管理创新,通过程序化、精细化、标准化、信息化等手段,对合同造价管理进行了一系列的改进,从而达到在项目全寿命周期内严格控制工程造价、规范项目运作、降低项目成本的目标。此外,本工程的《超大项目造价精细化管理系统的完善与应用》管理成果,被审定为第二十五届广东省企业管理现代化创新成果一等奖,并获得《广东省企业管理现代化实践》的入书资格。

16.3.1　投资决策阶段造价控制措施

南沙大桥项目充分重视投资决策阶段的造价控制,通过对各种方案的经济性分析和精细化规划来影响设计、优化设计,从而有效控制工程造价。主要的工作包括:

(1)工程可行性研究阶段深入比选线位,控制投资规模。

由于建设条件复杂、规模巨大,在工程可行性研究阶段划定三条线路,最终选用跨江主桥与过江高压电缆共用走廊带方案。通过优化项目选线方案中的用地要求,既满足了两岸的地方规划,又极大地节约了用地,落实了“坚持可持续发展,树立节约资源的理念”,避免了通过石化建成区需大规模征拆等耗费巨大的其他两条线路。

(2)桥隧方案比选,降低项目工程及投资风险。

跨江通道方案比选时,地方政府曾提出隧道过江方案。项目从建设条件、工程规模、实施难度与风险、施工工期、工程造价与投资收益等方面综合分析,坚持了桥梁过江方案,使项目工程风险和投资风险均较小(节约投资约40亿元),且便于运营期管理维护。

(3)深化主桥方案设计,稳定工程方案。

在工程可行性研究阶段对南沙大桥主桥方案进行了深入研究,其深度基本达到了初步设计的要求。主桥方案比选中,充分征求了各方意见,如在主跨跨径的选择时,除考虑桥梁技术因素外,还充分考虑到了桥位周边港口和码头相关利益方、水利、航道、海事以及各地方政府主管部门等多方意见。跨江通道方案的拟定遵循了先比选确定主跨跨径,后进行桥型方案比选的原则。基于工程可行性研究阶段对主桥方案的深入研究,交通运输部初设批复方案、施工图方案与工程可行性研究推荐方案保持一致。

16.3.2　勘察设计阶段造价控制措施

本项目在方案比选阶段同步设计预算。相较其他大多数工程,南沙大桥项目在设计阶段对施工设计、施工工艺、设施设备等考虑得比较深入详细,对工程造价严格把控。

(1)优选设计单位,推行限额设计。

采用勘察设计方案与经济方案相结合的综合评标办法优选设计单位;推行限额设计制度,对概算、预算、工程量清单、变更等均作了具体的要求,杜绝了设计人员在工程设计工程中,任意提高安全系数和设计标准,只考虑技术方案的可行性,不重视经济合理性的现象,有效控制工程造价;运用价值工程优化设计方案,组织公司内部技术经济人员对初步设计和施工图设计方案及预算进行审核,系统分析方案的功能与费用比,使工程项目的功能更可靠,造价更合理;委托技术咨询单位进行全过程施工图审查(含重大变更),提高施工图设计质量,通过优选,确保了设计方案技术先进、新颖独特、适应性强、经济合理。

(2)采用大比例数字化地形图测量来减少后期变更。

南沙大桥位于珠三角发达地区,路线周边河网密布,厂矿、鱼塘、民居、港口码头较多,为更好地比选线位方案,南沙大桥工程开展了陆地 1∶500(满足数字化建设用地规划红线图的相关规定)、1∶2000 大比例数字化地形图测量工作,并在办理用地规划许可时根据已有成果,按相同深度进行核对、修测及补测。此外,开展了高清航拍工作,并根据航拍成果不定期核实地形地物,保证设计文件与实际情况一致,避免后期出现较大的设计变更。

(3)全程跟踪地质钻探,减少后期变更。

南沙大桥业主开展了钻探全过程跟踪管理工作,保证了地质资料的准确性、完整性,为设计提供可靠的基础资料,减少了后期变更。在南沙大桥工程地质钻探工作中,由于工程线位鱼塘较多,钻探过程中遇到诸多困难,不仅进度缓慢,而且出现了与地方的理赔问题。因此,通过业主全过程跟踪,及时了解现场情况,发现问题,积极与地方沟通协调,保证了钻探工作进度,减少了后期变更,达到了节约工期时间,减少工程造价的目的。

(4)结合现场实际,优化施工图设计。

施工图设计阶段进一步对设计方案开展优化,例如大沙水道桥东锚碇的原方案因地质条件较差,地连墙基础设计深度近 80m,施工风险较大,设计时将锚碇东移 120m 后,基础底部高程提高到 40m 左右。仅此一项可以节约工期近三个月,节省投资约 2000 万元。

16.3.3 招投标阶段造价控制措施

南沙大桥项目特大悬索桥的特殊地位、技术特性以及超大规模,都引起了社会的高度关注,必然带来招投标过程的激烈竞争,无形中极大地增加了招标和造价控制的难度。为做好招标工作,项目重点抓好了以下几项工作:

(1)加强前期调研,合理设定招标模式。

在招标前期,本项目进行了充分的调研,多方面收集和参考其他类似特大桥项目的经验、教训,为科学设置标段划分、资审标准、招标规则、合同条款编写等打好基础。如在保险招标中,由于本项目特大悬索桥的特殊性,一般项目的保险招标模式不适用本项目。为做好保险招标工作,本项目深入了解工程保险市场现状和其他大型项目保险招标的运作模式,对保险总额进行细致测算,将整个保险划分为 2 个标段,并聘请保险顾问公司对保险费率进行测算,采用共保模式,顺利完成了建设期保险招标工作。在主桥土建施工招标过程中,由于南沙大桥项目主桥为两座超 1000m 的超大型悬索桥,技术要求高,施工难度大,因此对参建单位的综合素质要求也相应提高。为做好主桥招标工作,通过前期深入细致的调研,结合项目的要求,确定了合理、可行的资格审查条件和评标办法,最终取得了良好的效果,中标的三家单位均为国内最具施工经验、技术能力、人才保障的顶尖桥梁施工企业。

(2)充分调研评审,确保招标文件编制质量。

招标文件是招标、投标活动中最重要的法律文件,也是招标成败的关键环节。从总体上来看,选择实力强、信誉高的承包人有利于减少质量安全事故、减少返工、减少延误,有利于造价控制。本项目在遵守现行法律、法规的前提下,结合前期调研成果,针对项目技术特点设置合理的商务要求、技术要求以及评标、定标办法,并聘请专家进行反复论证。在主桥施工招标过程中,组织专家对招标文件合同条款、技术规范、施工组织设计等进行了专门的评审,确保了招标文件编制质量。

(3)充分考虑市场价格变化对造价的影响。

本项目属于超大项目,临时工程比较复杂,而且占总费用的比例较高。因此,本项目在项目招标前编制了详细的施工组织设计,对临时设施、投入设备进行了细致的测算,并针对材料市场价与信息价存在较大差异的情况,对砂石料地材、水泥、钢材、钢绞线、主桥伸缩缝、钢箱梁板材等主要材料价格做充分调查,为合理确定项目招标控制价打好了坚实的基础。南沙大桥钢箱梁的用钢量达9万t,为了防止钢材的市场价格波动对工程造价带来不利影响,在招标阶段,经过调研和分析,预计未来钢筋价格有上涨趋势。因此,在招标文件和合同中要求承包人在中标后立即与钢厂签订协议,锁定钢板价格。同时,在合同中将预付款比例提高到合同价的30%,为锁定钢板价格提供资金保障。签约后的两年时间,国内钢材价格出现大幅上涨,钢板价格从约3000元/t上涨到5000元/t。由于提早锁定钢板价格,在后来的时成功有效规避了风险,节约投资约1亿元。

(4)准确计算工程量,合理编制招标控制价。

合理的招标控制价是招投标阶段控制工程造价的重要手段。通过对施工组织方案进行分析,聘请有类似特大桥经验的造价咨询单位核算工程量,编制本项目招标清单预算,力求制定出合理、客观、科学可行的招标控制价。

(5)参考同类项目经验,科学确定招标下浮率。

由于招标控制价的编制主要依据国家定额,而定额与实际市场价格还存在一定差异,所以在确定招标下浮率的时候,不能按照常规项目的市场平均下浮率进行下浮,而是在参考国内多座悬索桥项目造价的基础上,对逐条清单进行分析,最后综合出一个比较合理的下浮率。

(6)管理界面精细化,减少索赔问题。

南沙大桥涉及承包单位众多,协调界面复杂,如主塔下横梁和钢箱梁结合处的协调界面即涉及土建3个标、钢箱梁3个标、支座厂家、伸缩缝厂家、阻尼器厂家、主缆索股制造厂家等,涉及内容包括竖向支座垫石、抗风支座垫石、竖向支座安装、伸缩缝安装、伸缩缝预埋件、阻尼器垫石、阻尼器安装、限位索等8项,这些都是常规项目所不具备的。对承包人之间的界面划分,如不进行精细化规划,在工程建设过程中势必造成界面不清晰导致的索赔。

南沙大桥项目在招标文件合同条款中即对工作界面划分进行了详细的规定,将各承包人的运输、安装、交验等界面详细分解并列在一张表上,有效避免了因界面问题导致巨额索赔的问题。

(7)建立清单标准,确保招标工作顺利进行。

工程量清单是招标投标计价活动中,对招标人和投标人都具有约束力的重要文件,是编制投标标底、投标报价、合同价款的调整和确定、计算工程量、支付工程款、办理结算和工程索赔的重要依据。三级清单是广东省首推的提升公路工程造价管理的有效工具。其中,工程量清单是投标人根据招标文件约定,对招标工程进行投标报价的依据;工程项目清单,以概预算"项、目、节、细目"的工程综合技术经济指标直观地反映建设项目造价管理的总体情况;分项工程量清单是三级清单体系中最基础的数据文件,是以概预算项目节格式为主骨架并建立与工程量清单子目和对应的图纸位置及设计数量明细之间的关系,将概预算体系与清单计价体系相融合而形成的编制文件,可以直观、快捷对分部分项工程技术经济指标的合理性进行评价,实现建设过程中适时掌握造价变化情况,以合理控制工程投资。在南沙大桥建设之前,尚未有完善的悬索桥三级清单。

为提高造价管理效能并确保招标工作的顺利进行,南沙大桥项目在悬索桥清单标准的编制方面做了重要的完善工作。在广东省交通工程造价管理站的指导下,南沙大桥项目业主和设计院共同努力,顺利完成了悬索桥三级清单(图16-1)通用标准的编制工作,填补了国内该方面的空白。

合同段：S2

范围：K1+663.618～K4+505.618

清单编号	清单名称	单位	数量	单价	金额
412-4	钢箱梁及检查车				
412-4-1	钢箱梁				
412-4-1-2	钢箱梁安装	节段	94.000		
412-4-2	检查车				
412-4-2-2	梁外检查车安装	台	2.000		

a)工程量清单

合同段：S2

范围：K1+663.618～K4+505.618

项目节细目号	清单子目号	工程或费用名称	单位	清单数量	设计数量		单价(元)	合价(元)	备注
					数量1	数量2			
1		第一部分　建筑安装工程费	公路公里		2.842				
1-4		桥梁涵洞工程	km		1.950				
1-4-5		特、大桥工程(100≤L,40≤L_K)	m/座		1950.000	2.000			
1-4-5-2		大沙水道桥(1200m双塔单跨悬索桥)	m²/m		48600.000	1200.000			
1-4-5-2-2		主桥(1200m双塔单跨悬索桥：西塔、西、上部结构)	m²/m		48600.000	1200.000			
1-4-5-2-2-3		上部构造	m²/m		48600.00	1200.000			
1-4-5-2-2-3-1		上部主体结构	m³/m²			48600.000			
1-4-5-2-2-3-1-8		钢箱梁	t/m²		24418.200	48600.000			
	412-4	钢箱梁及检查车							
	412-4-1	钢箱梁							
	412-4-1-2	钢箱梁安装	节段	94.000					
1-4-5-2-2-3-1-12		上部主体构造附属工程	m³/m²			48600.000			
	412-4-2	检查车							
	412-4-2-2	梁外检查车安装	台	2.000					

b)工程项目清单

图　16-1

合同段：S2　　范围：K1+663.618～K4+505.618

项目节细目号	清单子目号	工程或费用名称	单位	清单数量	设计数量		单价(元)	合价(元)	备注
					数量1	数量2			
1-4-5-2-2-3		上部构造	m^2/m		48600.000	1200.000			
1-4-5-2-2-3-1		上部主体结构	m^3/m^2			48600.000			
1-4-5-2-2-3-1-8		钢箱梁	t/m^2		24418.200	48600.000			
	412-4	钢箱梁及检查车							
	412-4-1	钢箱梁							
	412-4-1-2	钢箱梁安装	节段	94.000					
		钢箱梁片数	节段		94.000				
		钢箱梁	kg		24418246.000				
1-4-5-2-2-3-1-12		上部主体构造附属工程	m^3/m^2			48600.000			
	412-4-2	检查车							
	412-4-2-2	梁外检查车安装	台	2.000					
		检查车安装	台		2.000				
		检查车	kg		20324.700				

c)分项工程量清单

图 16-1　悬索桥三级清单

16.3.4　项目实施阶段造价控制措施

针对我国现阶段大多数项目造价管理精细化程度低、信息化程度不足、各阶段造价信息难以整合等问题，本项目在建设实施阶段，以完善清单管理为主线，在悬索桥三级清单标准的基础上，对清单进行进一步细分，形成最小结构单位基础台账，且给各结构物建立唯一编码，通过高速公路建设管理系统（HCS6.0 系统）信息化平台，将招投标、计量支付、变更管理、合同管理到工程决算等造价信息有机结合起来，以满足项目造价管理各个环节、各个层次底层信息互通的需要，并通过对造价管理各模块进行信息化、精细化、高效化、动态化管理，充分发挥清单管理在大型桥梁项目造价管理中的主线作用。

项目的主要做法是：以最小结构单位的三级清单为核心，打造项目造价管理系统的精细化基础；运用高速公路建设管理系统（HCS6.0 系统）信息化平台，实现管理过程的程序化、规范化、标准化和信息化；抓住重点管理环节，构建“八位一体”的项目造价精细化管理系统。

16.3.4.1　建立以清单基础台账，打造精细化管理核心

在三级清单标准的基础上，根据南沙大桥项目造价精细化管理的要求以及桥梁建设结构物清晰的特点，将合同工程量清单精确拆分至最小计量结构单元（如每根桩、每根柱、每座承台等），并对最小结构单元进行独立编码，形成清单基础台账，便于对各结构单元的信息进行检索、统计、传递等操作。

16.3.4.2　运用公路建设管理系统，提升管理效能

本项目 HCS6.0 系统基本架构，在清单精确拆分至最小计量结构单元的基础上，开发了概算管理、合同管理、计量管理、计划管理、造价执行管理、变更管理、材料管理以及台账管理模

块,实现了项目程序化、精细化、标准化、信息化管理。

16.3.4.3 基于清单的信息化,构建造价精细化管理体系

悬索桥清单标准化的完善以及精确拆分,为构建造价精细化管理体系奠定了基础。但在全面造价精细化管理过程中,将涉及庞大的信息收集和整理,而且这些信息必须能在建设单位、设计单位、监理单位、施工单位、供应商等各参建方之间进行高效传递和有效使用,没有信息化平台将难以实现。因此,基于清单的信息化管理,是实现造价精细化管理体系的关键,具体包括:

(1)合同管理。

有效的合同管理是确保项目造价管理目标实现的重要手段。为避免出现以往项目合同管理过程中决策不透明、条款设置不公平、结算不规范或不及时以及计划财务两套账等常见问题,南沙大桥项目坚持合同管理与廉政建设相适应原则,努力实现规范化、信息化运作,提高了合同管理风险的可控性。

(2)计量管理。

利用精确拆分到每个结构物的清单形成基础性台账,纳入 HCS6.0 系统后经施工单位、监理单位以及建设单位审核确认后加以固化,不能随意更改,作为计量管理的基础。

(3)计划管理。

为确保工期进度,促进施工单位合理组织人、财、物、工、料、机。本项目在合同中明确规定对施工单位的月度、季度、年度计划完成情况进行考核,但如何高效、快捷、客观地对施工单位已完成工作量进行考核是一个难题。计划考核体系是基于工程部位形象进度的一种体系,而工程量计量体系主要是基于分项工程的一种体系,两种体系有本质差别。另外,由于计划考核主要是对形象进度的考核,相对较粗,所用的单价是综合单价、而计量涉及对资金的支付,相对较细,所用的单价是合同单价,即使在工程完成量数据均准确的情况下,计划系统和计量系统得出的完成投资额也可能截然不同。本项目在计划管理过程中,主要通过两方面来建立计划系统与计量系统的有效链接:①加快计量进度;②建立计划形象清单与计量基础台账的一一对应。

(4)变更管理。

变更管理是合同管理中的难点,变更处理滞后是以往项目结算、决算滞后的主要原因。为加快变更审核工作,本项目建立了变更意向审核制度,对规定变更的申报、审核均通过 HCS6.0 实现系统管理。

(5)材料管理。

甲供材料供应管理在以往项目中常常未得到充分重视,也没有形成一套完善的管理体系。考虑到甲供材料供应管理是项目确保工程质量和进度管理的基础和保障,南沙大桥项目在总结过往项目管理经验教训的基础上,通过与材料管理公司、软件单位以及监理单位沟通协调,糅合材料管理合同、施工合同、材料供应合同以及甲供材料管理办法的相关内容,编制完成了《甲供材料供应管理办法实施细则》,并在 HCS6.0 系统上形成了材料管理模块。

(6)掌握造价执行情况。

造价执行情况就是实时掌握整个项目某个时点完成造价和预测造价与批复概算、预算、合同价之间的对比,这是项目造价管理的一项重要工作,也是以往项目管理中的一个难点。由于

分析造价执行情况时，需要整合合同执行情况、计量支付情况、材料结算情况、变更情况等方面的数据，数据繁多，对应关系复杂，每统计一次，相当于对整个项目造价的一次盘点，需要动用不少的人力物力。因此次数不能太多，一般一季度统计一次。建立清单基础台账以后，通过一次性设置概预算条目与基础台账之间的对应关系，实现数据的自动化统计，既极大减少了人力物力消耗，又可实时监控造价动态变化情况，对项目决策起到了关键的作用。

(7)造价台账管理。

造价精细化管理离不开台账管理。本项目在总结其他项目经验教训的基础上，制定了造价指标三级台账、计量台账、变更台账、索赔与反索赔台账、新增单价台账、进度台账等对造价情况进行实时监控、动态调整、智能化管理。目前项目各类台账齐全，基本可分为基础性台账、实时控制台账、预测性台账、内部管理性台账等四类台账。台账本身的完善和台账在信息化系统上的实现，使造价管理部门成为整个项目的数据中心，提高了数据检索的效率，为项目造价管理和决策分析提供了良好的平台。

(8)结算管理。

建设项目竣工结算是承包人按施工承包合同完成全部施工内容并交付使用后，发包单位与承包单位办理工程价款结算的法律文件。本项目通过 HCS6.0 系统实现了自动汇总计量、支付、变更、材料调差等数据进行结算的功能，对某一个最小结构单元从合同签订开始到最后结算过程中的计量情况、变更情况一目了然，加快了结算过程，减少了结算误差，满足了项目档案和审计的要求。

第5篇

工程成果

南沙大桥于2019年4月2日建成通车，成为《粤港澳大湾区发展规划纲要》发布后第一个竣工的重点交通工程。南沙大桥打通了粤港澳大湾区经济体的“任督二脉”，促进了区域经济发展，成为粤港澳大湾区经济腾飞的重要支撑。项目建设期间通过管理创新和技术创新，实现了一流的质量水平，工程耐久性得到有效保障，内在质量和外在品位有机统一，无安全生产责任事故并且提前通车，工程造价不超概，科技成果丰硕，项目建设的各项控制指标获得了全优的佳绩。在工程技术上，项目探索取得的大量新标准、新工法、新材料、新技术，创造了六个“世界之最”，有力地推动了我国桥梁建设向大跨径、长寿命、高品质方向发展，提升了中国桥梁建设竞争力。南沙大桥的建设成果完全契合交通运输部关于品质工程“优质耐久、安全舒适、经济环保、社会认可”的要求，在建设管理过程中，针对工程质量、安全生产、工程文化方面进行的管理实践，建设理念体现了以人为本、本质安全、全寿命周期管理等理念；管理举措体现精益建造导向，深化了人本化、专业化、标准化、信息化和精细化，为大型桥梁工程建设管理提供了颇有价值的借鉴。同时，项目的成功建设，也为业主主导的超大工程建设管理模式提供了丰富经验。

第 17 章　南沙大桥工程主要成果

南沙大桥工程规划建设历经 16 年(2003—2019 年)。前期工作历经 10 年,可划分为 5 年预可行性研究阶段(2003—2008 年)、5 年可行性研究阶段(2008—2013 年)。建设工作为期 6 年(2013—2019 年)。2019 年 4 月通车后,车流量迅速上升,极大缓解了珠江口东西两岸的交通压力。建设者在建造这座“超级工程”中展现出的高超的技艺、取得的丰富成果,也将使其成为建设“桥梁强国”征途上新的里程碑。

17.1　工程成果

17.1.1　至臻建设,实现工程控制全优

17.1.1.1　工程质量

在“零缺陷”理念的指引下,南沙大桥在工程质量方面提出了较高的标准,通过一系列质量控制管理与技术措施开展了全方位的质量控制。南沙大桥大部分的质量指标实现了高水准常态化,品质工程建设屡创佳绩。项目部分质量控制成果列举如下:

(1)全桥混凝土结构实现内优外美。全桥混凝土结构的强度及耐久性指标 100% 达标。借助信息化监控系统和拌和楼数控计量设备,自开工以来,混凝土拌和实际生产配比稳定,混凝土品质得到有效保证。

(2)钢筋制作及安装实现高精度。消除了钢筋安装间距和保护层方面的通病,采取辅助措施的构件其钢筋间距和保护层厚度(浇筑前)合格率基本达到了 100% 。

(3)预应力张拉有效力值有可靠保障。通过一系列技术和管理措施,锚下有效预应力检测结果显示:全线有效力值合格率稳定在 95% 以上,同束不均匀度指标合格率达 92% 。

(4)钢结构制造基本实现“零缺陷”。实现钢结构焊缝一次检测合格率达到 99.99% 。在钢箱梁总拼解决了锚固构造组装精度、整体线形控制精度和熔透焊接变形等重难点问题,保证了钢箱梁的箱口尺寸 100% 合格;建立总包负责,涂料和涂装分包厂驻厂人员相互监督工序、建立监理三检严格抽检的机制来保障涂装质量。检测结果表明拉拔试验结果合格率达到 100% 。

(5)悬索桥上部结构安装主要指标全优。两座主桥主缆索股架设线形精度、锚跨张力、主缆空隙率、圆度等指标均达到合格率 100% 。索夹及吊索安装均满足要求,主缆缠丝、涂装质量合格。钢箱梁安装焊缝合格率 100% ,线形测量指标均满足要求,主梁上下游高差小于 2cm,合格率 100% 。

南沙大桥通车后,车流量迅速达到每天 20 万辆(标准车),2 年时间内,累计交通量达 1.5 亿

辆(标准车)。在这样严峻的考验下,桥面铺装始终保持良好的性能状态,未出现任何病害。这充分证明建设期所采取的一系列质量控制措施是卓有成效的。

17.1.1.2 工程安全

南沙大桥项目通过对未遂事故和安全隐患的严格管控,取得了安全生产"零责任事故"的好成绩。通过科学创新和周密的防范措施、有效的应急预案和演练,使桥梁结构和临时设施成功抵御了十余次台风袭击,包括"妮妲""天鸽""山竹"等超强台风袭击,实现了创"平安工程"的目标。

17.1.1.3 工程工期

南沙大桥的批复工期为5年,实际施工周期不足5年。在面临地质条件、气候、复杂的社会环境等多方面挑战的情况下,成功实现进度控制,得益于科学的计划、合理的投入、高效的管理、关键点的准确把握和技术的进步。

17.1.1.4 工程造价

实现"超级工程不超概"。通过推行"造价与合同一体化管理,控制工程造价,规范项目运作"的造价管理理念,在项目投资决策、勘察设计、招投标、项目实施阶段探索形成一套科学有效的造价管理系统方法,工程造价控制在97亿元以内(概算111.8亿元),概算结余率13.4%。实现了南沙大桥项目建设纲要提出的"工程决算总价控制在批复概算范围内"的造价管理目标。

17.1.2 打通大湾区经济体"任督二脉"

南沙大桥将成为《粤港澳大湾区发展规划纲要》颁布以来,首个投入使用的"超级工程""民生工程""创新工程"。其建成通车打通了粤港澳大湾区的"任督二脉",大湾区城市群的"血脉"更加通畅。南沙大桥通车后,串联起珠江东西两岸,承担起广州、深圳、东莞、佛山四座城市之间的要素资源流通和生产组织分工。影响的节点包括广州南站、宝安机场这样的交通枢纽,广州南沙自贸片区、东莞松山湖科技园区这样的现代经济载体,以及广州大学城、南沙科学城、深圳云计算中心、东莞散裂中子源等重要的创新载体。

2019年4月2日,南沙大桥通车首日车流量达5.46万辆,随即在"清明"期间,大桥车流高峰日车流量约9万车次,占过江总车流的比例为34%,虎门大桥日均车流量同比2018年同期下降4.27%。通车三年来,南沙大桥目前车流较通车初期增长120%,占过江总车流比例接近一半。南沙大桥的开通为粤港澳大湾区互联互通打通新的动脉,珠江口东西两岸通行能力显著提升,对于促进区域间人流、物流等经济发展要素的快速流动和珠三角实现高质量发展、完善交通体系意义深远。

南沙大桥的通车,被定位为粤港澳全面合作示范区的南沙是最直接的受益者之一,南沙进一步成为吸引投资发展的"聚宝盆"。据公开资料,2019年南沙区生产总值同比增长10.5%,新设企业4.6万家,2020年增长9.6%,新设企业4.9万家。位于南沙大桥东侧的东莞沙田镇,在大桥通车前后落地了思贝克科技港湾新城项目、梅塞尔格里斯海姆(中国)投资有限公司工业气体项目、沃尔玛华南生鲜配送中心以及一大批物流企业的配送基地,每年为当地带来数百亿元的经济产值。能够吸引这些"棋子"落子沙田,其中最重要的因素就是南沙大桥激活了珠江三角洲这一核心区域。

随着港珠澳大桥和南沙大桥相继建成通车，粤港澳大湾区交通基础设施建设步入全新发展阶段。目前，大湾区高速公路通车里程超4500km，世界级机场群港口群加快形成，铁路运营里程近2500km，大湾区快速交通网络正在加快形成，大湾区基础设施“硬联通”持续稳步推进，“1小时生活圈”基本形成。交通便利度的大幅提升，促进了企业上下游供应链高效协同，提升了粤港澳大湾区内部城市间产业协同性，叠加横琴、前海、南沙三大合作平台建设，传统城市发展壁垒被打破，粤港澳大湾区正逐渐成为一个交通互联互通、经济融合发展的大都市圈。2021年，粤港澳大湾区经济总量达到12.6万亿元，成为世界经济总量第一的湾区。未来，南沙大桥还将与正在建设中的深中通道、黄茅海通道以及已建成的港珠澳大桥、虎门大桥等共同组成大湾区跨海跨江通道群，为粤港澳大湾区经济发展提速增劲。

17.1.3 人才培养，企业成长

南沙大桥建设规模大，社会地理环境独特，是一个具有广泛影响力的超级工程，能为企业和个人提供一个自我突破、创造长远价值的平台。项目参与单位包括央企、省属企业、私企等60余家，高峰时曾有成千上万的工人同时施工。自成立伊始，项目业主就紧紧围绕建设目标，秉持“以人为本”的思想，积极调动全体参建工人的积极性和主动性。南沙大桥采用的“业主主导，专业化管理”模式，在一系列的项目建设过程中，经验、制度、人才获得不断的继承和积累，管理理念和方法不断地改进提升，促进了企业的可持续发展。广东省公路建设有限公司在南沙大桥的建设过程中获得了丰富的超大型项目建设的经验和良好的声誉，之后又承担了深中通道、狮子洋大桥等大湾区超级工程的建设任务，公司发展迈上新的台阶。

在南沙大桥的建设中，大量的工人在严格的管理和培训下，职业素质得到明显提高，南沙大桥的工作经历，让专业队、劳务队伍获得了良好的品牌效应，在市场上大受欢迎。通过党建和工程建设的深度融合，实现了培养一批优秀人才队伍、建设世界一流品质工程、塑造一流国际桥梁品牌形象的“三个一”目标。建设单位项目管理团队获得了全国五一劳动奖状、全国工人先锋号、广东省五一劳动奖状、2018年感动交通年度人物、南粤交通楷模等集体荣誉，共12人次获得全国五一劳动奖章、全国优秀共产党员、全国百名优秀工程师、交通运输青年科技英才、全国十大桥梁人物等国家级和省部级个人奖项。

17.2 技术成果

南沙大桥项目以打造百年品质工程为目标，通过10年的艰苦努力，在工程质量、安全、造价、工期等多方面取得了良好成绩，多项指标达到世界一流水平。工程建设过程中取得的成果和积累的经验可以为其他桥梁工程继续发展提供借鉴，助推“桥梁强国”的建设。在建设过程中，项目参与人员依托南沙大桥工程获得授权专利52项（表17-1，其中PCT专利1项、发明专利28项），处于实质性审查的12项，编制国际标准2项、国家标准2项、行业标准2项、20余项企业工法。获得省部级以上奖励16项（表17-2），其中两项特等奖，省部级一、二等奖多项。本项目技术成果在国内多座桥梁工程中得到了推广应用，极大提高了我国桥梁技术国际竞争力。

依托南沙大桥项目产生的专利　　表 17-1

编号	专利名称	类型
1	一种地连墙重力式复合锚碇基础的简化设计方法	发明专利
2	混合式地连墙与重力式锚碇共同受力的复合锚碇基础	发明专利
3	用于改善大跨径悬索桥结构三向静动力响应的结构体系	发明专利
4	一种混凝土节段预制拼装中的波纹管定位和密封方法	发明专利
5	混凝土节段预制拼装中斜向波纹管用定位密封装置	发明专利
6	混凝土结构表层功能梯度的预制工艺	发明专利
7	多股成品索式锚碇预应力锚固装置及其施工方法	发明专利
8	一种悬索桥背索后锚头牵引装置	发明专利
9	一种地连墙重力式复合锚碇基础的设计方法	发明专利
10	悬索桥索股温度自动测量系统及包括它的物联网温度测控平台	发明专利
11	一种便于除湿的吊索防护结构	发明专利
12	一种悬索桥吊索的除湿防腐装置	发明专利
13	一种交叉下穿桥梁低净空架梁施工方法	发明专利
14	多股成品索式锚碇预应力锚固装置及其施工方法	发明专利
15	坡口焊缝机器人平焊焊接方法	发明专利
16	混合式地连墙与重力式锚碇共同受力的复合锚碇基础	发明专利
17	一种悬索桥吊索防腐的方法和结构	发明专利
18	一种低温升耐蚀海工大体积混凝土及其制备方法	发明专利
19	一种超高程泵送海工混凝土及其制备方法	发明专利
20	一种悬索桥型钢锚固系统隔离防护结构	发明专利
21	混凝土侵蚀性介质传输抑制材料及其制备方法和应用	发明专利
22	地下连续墙骨架	发明专利
23	地下连续墙施工方法	发明专利
24	一种地下连续墙的施工方法	发明专利
25	用于改善大跨径悬索桥结构三向静动力响应的结构体系	实用新型
26	一种预紧缆装置	实用新型
27	多股成品索式锚碇预应力锚固装置	实用新型
28	一种正交异性桥面板纵肋与横肋连接处面外变形试验装置	实用新型
29	一种悬索桥背索后锚头牵引装置	实用新型
30	一种桥面板足尺模型三点异相加载试验装置	实用新型
31	可自动上报位置信息的悬索桥索股牵引系统及监控平台	实用新型
32	一种悬索桥索股牵引系统的自动化控制系统及监控平台	实用新型
33	一种自锁紧握索器	实用新型
34	一种基于物联网的索股间距测量装置及系统	实用新型
35	一种精密量测悬索相对垂度的装置	实用新型

续上表

编号	专利名称	类型
36	悬索桥钢丝绳吊索防腐涂层结构	实用新型
37	一种地下连续墙的钢筋笼结构	实用新型
38	一种用于基坑水平位移的观测反射装置	实用新型
39	地下连续墙的连接接头及地下连续墙骨架	实用新型
40	一种地下连续墙的首开钢筋骨架的接头	实用新型
41	一种混凝土构造物模板拉杆装置	实用新型
42	一种跨缆起重机可视化管理装置	实用新型
43	一种箱梁自动喷淋养生系统	实用新型
44	一种箱梁翼缘板止浆系统	实用新型
45	一种吊具转换工装及吊索、起重机与吊具的连接结构	实用新型
46	一种无吊索梁段的施工设备	实用新型
47	一种悬索桥主缆直径测量装置	实用新型
48	锁扣钢管桩导向结构	实用新型
49	成品索式锚碇锚固体系	实用新型
50	整体可换式锚碇锚固体系	实用新型
51	一种混凝土节段预制拼装中波纹管用定位密封装置	实用新型
52	多股成品索式锚碇预应力锚固装置	实用新型

依托南沙大桥项目获得的部分科技类奖项　　表 17-2

序号	奖项名称	奖项等级	颁发人	颁奖年份（年）
1	特大型桥梁工程 BIM + 应用技术研究	一等奖	中国公路学会	2017
2	防腐清水混凝土长寿命设计与施工关键技术研究	科学技术奖三等奖	广东省土木建筑学会	2017
3	大跨径钢桥正交异性钢桥面板设计参数和工程应用	科技进步三等奖	北京市	2018
4	可更换成品索预应力锚固系统研究	科学技术奖三等奖	广东省公路学会	2018
5	1960MPa 悬索桥主缆索股技术研究	科学技术奖特等奖	中国公路学会	2018
6	特大型桥梁工程 BIM + 应用技术研究	中国高速公路 30 年·信息化奖创新技术奖	中国公路学会	2018
7	特大型桥梁工程 BIM + 应用技术研究	“交通 BIM 工程创新奖”一等奖	中国公路学会	2019
8	南沙大桥 BIM +悬索桥上构施工智能监控平台研究	“交通 BIM 工程创新奖”三等奖	中国公路学会	2019
9	超大跨径悬索桥合理结构体系与关键装置研究与应用	科学技术奖二等奖	中国交通运输协会	2019

续上表

序号	奖项名称	奖项等级	颁发人	颁奖年份（年）
10	宽幅箱梁节段预制拼装关键技术与质量评定方法研究	科学技术奖二等奖	中国公路学会	2019
11	超大跨径悬索桥钢结构主动防腐技术系统研究	2020年度科学技术奖二等奖	广东省公路学会	2020
12	短线匹配法节段预制拼装箱梁施工关键技术与质量评定方法研究	2020年度科学技术奖二等奖	广东省公路学会	2020
13	南沙大桥建设关键技术研究	科学技术奖一等奖	广东省土木建筑学会	2020
14	南沙大桥建设关键技术研究	科学技术奖特等奖	中国公路学会	2020
15	大跨径悬索桥悬索体系及锚固系统关键技术与应用	科学技术奖二等奖	广西壮族自治区	2020
16	超大超深地连墙锚碇基础设计施工技术及复合受力研究	科学技术奖二等奖	中国交通运输协会	2020

本项目的主要技术成果有：

（1）1960MPa缆索研发和应用。1960MPa缆索的研发和应用提升了我国桥用缆索制造全产业链，达到了世界领先水平。其中包括制造技术和技术标准在内的系列成果为桥梁向超大跨径发展创造了条件。目前，国产1960MPa钢丝已经进入国际市场。

（2）大型桥梁工程BIM+建养一体化平台的应用。这探索与开创了我国桥梁建设智能工地的建设模式、基于BIM平台的工程建设管理多业务集成模式，实现了信息技术与建设过程管理的深度融合，为设计、建设、养护一体化发展提供了有价值的经验，为项目管理数字化转型迈开了第一步，初步形成了编码标准。自此之后，互联网+BIM技术在国内桥梁建设项目中得到了广泛应用和发展，推动了我国交通建设信息化的进步。

（3）钢筋的安装全面推行胎架、定位架和卡具辅助工艺，为桥梁工程大幅提高钢筋保护层厚度等质量指标的合格率提供了可靠的条件。

（4）应用挤压锥套技术尝试钢筋网片预制吊装工艺（图17-1）。这一举措既提高了钢筋安装精度，又提高了施工速度，是国内首次成功实现索塔钢筋部品化装配施工，为我国桥梁工程高墩高塔施工向装配式发展，实现优质高效提供了一个有效方法。

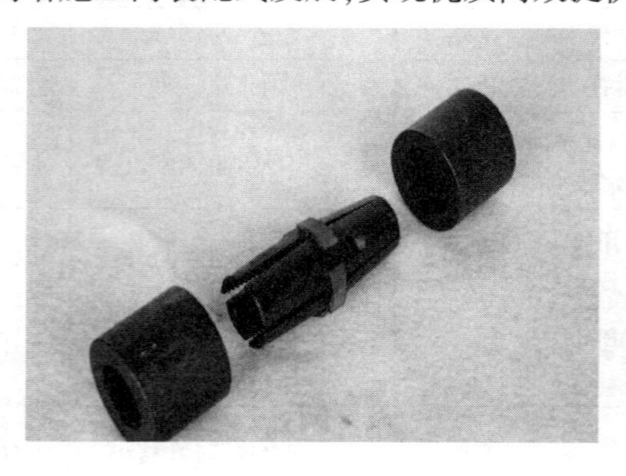

图17-1　挤压锥套技术的应用

(5)主缆索股和钢箱梁安装的系列微创新成果,实现了悬索桥施工进度的大幅提速。

(6)在大体积混凝土裂缝控制过程中摸索出的混凝土耐久性保障综合技术、大体积混凝土裂缝控制技术取得了良好的效果,为建造长寿命混凝土桥梁工程提供了范例。

(7)钢结构制造的系列创新。项目首次结合 BIM 技术三维模型,实现智能下料、三维激光跟踪测量 + 虚拟节段拼装、数字离线编程模拟控制焊接 + 远程控制。这些技术探索,标志着桥梁钢结构生产方式由工厂化、自动化向“智能化”迈进。

(8)多股成品索式锚碇预应力锚固系统研发和应用。项目首次提出了可更换多股成品索式锚碇预应力锚固系统的结构设计方案,并研发了可更换多股成品索式锚碇预应力锚固系统的施工安装工艺。该锚固系统可在不影响车辆通行的情况下,逐根更换成品索,维护成本低。为悬索桥全寿命周期运维提供了成本和效能俱佳的方案。

(9)首次研发使用塔梁间设置纵向静力限位-动力阻尼结构体系(图 17-2)和具有横向减振耗能作用的蝶形弹簧 + 阻尼器(图 17-3),为超大跨径悬索桥实现控制位移、提高行车安全性和舒适性,降低维修养护成本提供了一个有效的解决方案。

图 17-2　纵向静力限位-动力阻尼器

图 17-3　横向阻尼减振器

(10)首次研发使用了缆、梁、锚一体化智能中央除湿防腐系统,通过主缆密封、功能集成的干空气制备站、与健康监测网络兼容的集中监控等手段,实现了钢箱梁、主缆、锚室、鞍室统一主动防腐。这形成了一个智能化、低能耗的管理养护系统。

(11)钢结构制造中研发了先进的自动化钢结构焊缝扫查器,实现焊缝检测的机械化、自动化,大大提高了焊缝的检测效率。

(12)在南沙大桥建设之前,国内没有针对铸钢件与钢板的焊缝检测标准。在索鞍制造期间,经过多方试验检查和论证,明确了采用《钢焊缝手工超声波探伤方法和探伤结果分级》(GB/T 11345—1989)规定的 B3 级标准对铸钢件与钢板的焊缝进行检测和评定,推动了桥梁索鞍制造质量标准的进步。

(13)在国内首次索鞍生产中应用焊接机器人和测量机器人(激光跟踪测量仪),大幅提升了制造质量和效率。

(14)在国内悬索桥中第一次进行厂内散索鞍整体摆动试验,真实模拟成桥后的摆动情况,完善了悬索桥建造质量检验手段。

(15)主缆索股架设采用索股预成型技术和双放索新工法,架设过程采用实现基于 BIM 的信息化系统,实现了牵引系统工作状态监控、索股架设速度分段管控、索股架设进度及过程同步检查等功能,大幅提升了架索效率。每天单边可架设6股,创造了索股架速度设新纪录。由于施工速度的加快,在台风季节来临前完成了钢箱梁吊装,成功避开了安全风险。

(16)在国际上首次自主研发了环氧树脂投放、混溶、泵送、搅拌智能化一体设备、环氧树脂黏结剂、智能化刷涂机、移动式环氧富锌漆喷涂厂房、环氧树脂恒温房等先进配套设备。

17.3 管理成果

17.3.1 为业主主导的大型工程建设管理提供丰富经验

广东省公路建设有限公司在南沙大桥建设中,实行业主主导的专业化项目管理,取得了极大成功,为未来大型工程建设提供了许多丰富的建设管理经验。

南沙大桥业主在以下几个方面有效发挥项目管理的主导作用:

(1)目标导向。高目标是实现高品质工程的前提,在建设期间,业主设立了项目建设愿景和目标,提出了明确的技术标准,通过工程文化建设在全体建设人员中形成围绕目标的向心力。其中最关键的因素是业主管理团队对愿景和目标同心合意的执着追求,共同的信念是取得良好成绩的基础。

对目标的执着追求体现在管理团队较真的态度上。在这里,目标不是口号,而是行动。例如,对于如何达成混凝土结构100年设计使用寿命,他们没有停留在理论公式上的自洽,而是通过试验得到数据指导设计和施工,并采取一系列的工艺措施来保障。他们努力践行初期提出的那些看似很高的技术标准和要求,顶住了诸多压力、克服了困难,大多数都坚持执行,直到工程结束,实现了工程质量的一次跃升。

(2)科学计划。南沙大桥项目的前期规划较充分,筹备期制定了项目建设管理纲要,提出了建设目标并进行了分解,同时针对目标提出一整套工作措施。这一系列举措在建设过程中发挥了重要作用。在前期开展的施工组织策划研究是项目取得全面成功的关键之一。在策划方案中,制定了留有余地的工期计划并按此计划配置资源、设计流程,为工程的顺利推进打下了良好的基础。同时,相应的成本充分反映在预算中,为造价控制赢得了主动权。在计划的编制过程中,管理团队借助了咨询机构开展工作,但咨询单位工作质量的高低与业主是否严格要求、是否能发现问题有关,南沙大桥的管理规划之所以能取得良好效果,其中重要的原因是团队以自身丰富的工程管理经验抓住了关键要点,防范了大量风险。

(3)有效管控。在总结长期工程管理经验的基础上,建立了一套统一而有效的南沙大桥安全质量管理体系和进度计划管控体系;编制了南沙大桥施工标准化文件,运用控制论原理确保体系得到有效运行,标准得到切实执行;“四步法”流程、“专控工序”制度、格式化文件等措施为程序化管理的运行发挥了重要作用;汇集社会的优质资源,引入专业化团队进行协同管理,是提升管理效能的有效手段。此外,在业主的大力推动下,项目实施了信息化技术与建设管理过程的深度融合,信息反馈和处理迅速,大幅提升了管控效率。

(4)统筹协调。大型复杂工程的建设必然涉及多专业、多板块和多资源的协调。这些要素协调不力所造成的冲突会给项目管理带来严重影响。这是业主项目管理的重要工作。南沙大桥的建设全过程都存在多标段、多专业的协调问题，尤其是悬索桥的问题更为突出。业主在规划阶段对各单位的工作界面进行详细分析，对冲突点进行预判，在招标文件中，对各自工作界面进行明确划分，成功避免了施工期大量的潜在纠纷。

17.3.2　形成“零缺陷”质量管理成套措施

南沙大桥项目于2013年提出的建设目标是“安全耐久、环保节约、科技创新、至臻建设”，与交通运输部提出的品质工程建设要求高度契合。在建设工程中，项目秉持“零缺陷”质量管理理念，健全质量控制体系，着力于计划、检查、纠偏三个基本步骤，通过不断调整完善，使工程质量达到最优状态。

(1)健全质量管理机构与体系。南沙大桥实行“政府监督、法人管理、社会监理、企业自检”的质量保证体系，并在业主—监理—承包人自检这一体系的基础上进行了完善和丰富。

(2)制定适应项目实际的标准。编制了《南沙大桥工程质量创优标准》和《南沙大桥专用技术规范》。在交通运输部颁布的验收评定标准基础上，结合项目特点对部分项目进行适当提高和补充，作为本项目工程优质优价的评定依据。

(3)全面程序化管理实现质量过程控制。在相关法规标准的基础上，补充完善系列管理制度、监理规划和实施细则，制定和完善了一系列的工作程序。设计了工序管理“四步法”、工序流程卡制度等针对项目特点而设计的专用程序。

(4)做足预控措施。在制定质量计划过程中，组织工程管理人员开展施工组织和专项工艺研究，对各工序的控制重点和难点以及工序转换时容易出现问题的隐患点进行收集、详细、归纳，对现场管理人员进行交底。

(5)制定钢结构制造的专项质量计划。在开工之初，一桥四方联合编制钢结构制造质量控制计划，明确管理程序、质量控制项目及标准、实施用表，确立了“自检、互检、专检”的三检制度。

(6)实施专业化和精细化试验管理。南沙大桥委托第三方专业单位在现场设置试验检测中心，加强抽检、过程监督和技能培训。

(7)质量管理向产业链上游延伸，从源头把握质量。对于原材料和部分产业链较长的桥梁结构产品，南沙大桥从原料或初级产品等上游环节开始对其质量和工期控制进行主动管控。

(8)注重设备、工具的应用和专项技术措施保证工程质量。南沙大桥积极采用先进、有效的设备和工具进行生产作业和检测，提高效率和稳定的质量。针对重点各项工程采取有效的技术措施大幅提升质量水平，包括对钢筋加工与制作安装精细化管理；开展混凝土专题研究，提升混凝土结构品质；建立预应力精细化施工长效机制；保证控制网的持续稳定、测量放样数据的协调统一和准确等标。

(9)建立考评体系，强化正向激励。南沙大桥通过全方位的检查考评和有效的奖罚措施，持续实现质量控制目标。

17.3.3　丰富和完善了安全生产精细化管理模式

为实现建设“平安工程”的目标，南沙大桥项目推行“治未病”事前管理理念，探索建立了一套包括整体规划、制度体系、技术措施、流程控制、作业环境、技能素养、班组建设等七大要素的管理模式。

开工前出台《平安工程建设规划》,提出安全管理目标,安全生产管理制度体系和规程,并纳入招标文件。建立多层级的安全风险评估和隐患排查处治机制,采用"两级评估、两级辨识、一张表格"的模式,实现了风险防控措施到位,主要重大风险管控到位。创造性地采用"四步法"流程和"专控工序"管理制度,以高质量的专项方案和执行机制提升本质安全。实施三级流程管控,包括项目级流程管控、标段级流程管控以及班组级流程,抓实过程控制。运用首次研发的基于 BIM 的隐患排查治理 App,使"三不放过"制度得以落地执行,充分发挥程序化管理的效能。通过对设施设备实行专业监测、检测、监控,技防结合,建立了覆盖全线重点位置的视频监控系统和特种设备远程监控系统。推广安全技改创新,安全防控细致入微。在一系列的小设备创新改进后,施工现场和作业人员的安全得到了更细致、更周到的保障,实现设施设备的本质安全。通过安全教育培训、平安班组建设和安全文化建设,切实提高了广大施工人员的安全意识和安全素质,提高了行为安全水平。

参考文献

[1] 李娜.高速公路项目监管一体化分析[J].中国公路,2013(8):110-111.

[2] 广东省道路运输协会.关于改革广东省公路收费政策的建议[J].中国道路运输,2006(10):61-62.

[3] 张玮,王敏,李燕,等.基于BIM的建筑工程精细化管理研究[J].昆明冶金高等专科学校学报,2016,32(5):53-56.

[4] 张玉涛.南沙大桥坭洲水道桥超大散索鞍吊装关键技术[J].人民交通,2019(10):80-82.

[5] 代希华,李法雄,杨昀,等.南沙大桥BIM建养一体化建设[J].中国公路,2017(6):68-71.

[6] 杨义武.区域新型城市化发展中实施质量强区战略的理论与实践研究——以广州市番禺区为例[D].西安:陕西师范大学,2013.

[7] 栾大龙,赵焕丛,姚彬.质量管理中数据挖掘系统的建立[J].中国质量,2006(11):87-88.

[8] 王霞.现代质量管理[M].长沙:湖南师范大学出版社,2015.

[9] CROSBY P B. Quality is free: The art of making quality certain[M]. McGraw-hill New York, 1979,94.

[10] 解东升,钱七虎,戎晓力.地铁工程建设安全风险管理研究[J].土木工程与管理学报,2012,29(1):61-67.

[11] 游鹏飞,寇玮华.浅析墨菲定律及海因里希法则对控制事故的作用[J].安全,健康和环境,2008,8(8):14-15.

[12] 朱发鹏.论海因里希法则对安全工作的启示[J].发展,2014(10):86.

[13] 陈家旭.《黄帝内经》"治未病"理论研究[D].北京:中国中医科学院,2008.

[14] 洪蕾,冼华.中医"治未病"的理论研究[J].中国中医基础医学杂志,2007(02):92-94.

[15] 龚龙,刘宝平.浅析海因里希法则对施工安全管理的启示[J].价值工程,2018,37(09):54-56.

[16] 赵鹏.高速公路项目建设领域反腐机制探析[J].发展,2011(10):139-140.

[17] 王志华.浅谈高速公路建设项目推进廉政风险防控的实践与思考[J].新丝路:上旬,2020(4):1-1.

[18] 秦顺全.长虹卧波抒壮志 心昭日月报家邦——改革开放四十年中国桥梁建设成就[J].湖北政协,2018(12):7-8.

[19] 刘霞.交通基础设施对区域经济的影响研究[J].经济师,2021(1):138-139.

[20] FLYVBJERG B. What you Should Know about Megaprojects and Why: An Overview[J]. Project Management Journal, SAGE Publications Inc,2014,45(2):6-19.

[21] 马娟娟.论加强施工现场项目管理制度建设[J].价值工程,2010,29(21):64.

[22] 刘鑫.论制度建设与执行对企业的重要意义[J].商情,2015(3):10-12.

[23] 文海勇.建筑业在国民经济中的地位和发展政策研究[J].经济视野,2016(11):18.

[24] 游庆仲.苏通大桥工程管理实践与基本经验[M].北京:科学出版社,2009.

[25] 汤向华.西能电建:将文化推进与工程建设有机结合[J].中国电业:发电版,2015(10):

56-57.

[26] 王章豹,李才华.工程文化系统的结构和功能分析[J].工程研究:跨学科视野中的工程,2016,1(1):73-83.

[27] 张晶晶.施工型企业的项目文化建设分析[J].企业改革与管理,2019(3):192-193.

[28] 代希华,李法雄,杨昀,等.虎门二桥 BIM 建养一体化建设[J].中国公路,2017(6):68-71.

[29] 闫振海,陈宏强,李法雄,等.BIM 在南沙大桥数字化钢厂中的应用[J].公路交通科技(应用技术版),2017,13(3):239-240.